献给中国接入互联网 30 周年

广东省普通高校人文社科基础研究重大项目

"我国新媒体理论创新整理与研究"

（编号：2016WZDXM033）成果

编 委 会

项目主持人：谭　天
项目组成员：夏　厦　赵　娜　陈律言　邵泽宇　初令伟

主　　　编：谭　天
副　主　编：陈律言

未来已来 探索无界

我国新媒体研究发展爬梳

谭天　主编

暨南大学出版社
JINAN UNIVERSITY PRESS

中国·广州

图书在版编目（CIP）数据

未来已来，探索无界 ： 我国新媒体研究发展爬梳 /
谭天主编. -- 广州 ： 暨南大学出版社，2024. 11.
ISBN 978-7-5668-3984-8

Ⅰ．G219.2

中国国家版本馆 CIP 数据核字第 2024NT5006 号

未来已来，探索无界：我国新媒体研究发展爬梳
WEILAI YI LAI，TANSUO WU JIE：WO GUO XINMEITI YANJIU FAZHAN PASHU
主　编：谭　天

···

出 版 人：阳　翼
责任编辑：冯　琳　郑晓玲
责任校对：刘舜怡　何江琳
责任印制：周一丹　郑玉婷

出版发行：暨南大学出版社（511434）
电　　话：总编室（8620）31105261
　　　　　营销部（8620）37331682　37331689
传　　真：（8620）31105289（办公室）　37331684（营销部）
网　　址：http://www.jnupress.com
排　　版：广州尚文数码科技有限公司
印　　刷：广州市友盛彩印有限公司
开　　本：787mm×1092mm　1/16
印　　张：14.5
字　　数：277 千
版　　次：2024 年 11 月第 1 版
印　　次：2024 年 11 月第 1 次
定　　价：60.00 元

前　言

本书是广东省普通高校人文社科基础研究重大项目"我国新媒体理论创新整理与研究"（编号：2016WZDXM033）成果。整个项目研究经历了三个阶段：

阶段一：立项前

早在 2000 年，项目主持人谭天教授就开始了新媒体研究，其后二十多年发表了大量的论文、研究报告，出版多部新媒体专著和教材。2015 年应《中国新闻传播学年鉴 2016》约请撰写了《中国新媒体研究发展历程回顾（1986—2015)》一文，首次对我国新媒体研究做了全面的回顾和梳理，为项目研究奠定了一定的基础。

阶段二：研究中

2016 年，广东省普通高校人文社科基础研究重大项目"我国新媒体理论创新整理与研究"获得立项。然而，由于当时广州华商学院的新闻传播学力量太薄弱，研究团队未能组建，不得不推迟一年才正式开始研究。此后由于工作量太大、研究难度较大，且参与研究的大多是青年教师，项目不得不延期结项。通过集体攻关，项目终于在 2022 年通过结项。实际上整个研究耗时五年。对此，感谢华南农业大学传媒系副主任、副教授赵娜以及广州华商学院网络与新媒体系副主任陈律言，新媒体中心主任夏厦、副主任邵泽宇，广告系初令伟诸老师的努力付出。还有不少研究生参与了该项研究，在此一并感谢。

阶段三：结项后

在项目验收过程中，评审专家中国社会科学院新闻与传播研究所唐绪军教授、中国人民大学新闻学院彭兰教授、复旦大学新闻学院邓建国教授、重庆大学新闻学院张小强教授、华南师范大学教育信息技术学院张学波教授提出了十分专业的修改意见，项目组在听取专家宝贵意见的基础上，经过一年的修改和充实，终于整理成书出版。衷心感谢各位专家学者的倾力支持和悉心指点，以及广州华商学院传播与传媒学院的鼎力支持。

尽管本项目经过了长时间的研究，然而由于项目组成员大多年轻且理论水平和学术能力有限，对中国新媒体研究只能做一个较为全面、系统的爬梳，希望能给我国新媒体研究者们提供一些参考资料，为初入新媒体领域的研究者节省一点时间。书中可能仍有谬误，还望读者指正。

2024年是中国接入互联网三十周年，这本书权作一份薄礼吧。

谭　天

2024 年 10 月

目　录
Contents

前　言 ·· 1

第一章　绪　论 ·· 1

第二章　新媒体研究宏观扫描 ·· 7
  第一节　我国新媒体研究发展与展望　/ 7
  第二节　我国知名学者对话新媒体研究　/ 18
  第三节　我国新媒体研究学术图谱　/ 24
  第四节　新媒体传播研究前沿话题　/ 39

第三章　新媒体理论创新 ·· 51
  第一节　智能传播时代的媒介技术研究　/ 51
  第二节　新型主流媒体理论初探　/ 57
  第三节　互联网时代的传媒经济研究　/ 65
  第四节　新媒体理论的创新与想象　/ 72

第四章　新媒体应用研究 ·· 82
  第一节　社交媒体发展研究　/ 82
  第二节　新媒体传播研究　/ 91
  第三节　新媒体新闻研究　/ 98
  第四节　新媒体样态研究　/ 107
  第五节　新媒体应用研究创新节点　/ 113

第五章　新媒体文化研究 ·············· 124

第一节　新媒体文化研究综述　/ 124

第二节　新媒体文化研究发展　/ 134

第三节　价值输出与文化认同　/ 141

第四节　网络语言的智能治理　/ 146

第六章　新媒体管理研究 ·············· 158

第一节　习近平总书记关于网络信息的论述研究　/ 158

第二节　新媒体管理规制研究　/ 165

第三节　智能传播与社会治理　/ 171

第七章　取向、方法与趋势 ·············· 182

第一节　新媒体学者的研究取向　/ 182

第二节　新媒体需要跨学科研究　/ 197

第三节　新媒体传播的三次革命　/ 206

第八章　结　语 ·············· 215

参考文献 ·············· 219

后　记 ·············· 226

第一章 绪 论

在互联网加速发展的时代背景与国际环境下，中国新媒体发展面临新的机遇与挑战，新媒体研究也相应得到很大发展。新媒体的跨越式发展应建立在新媒体研究强有力的支撑上，而这个支撑离不开我们对新媒体发展学术史的梳理和研究。

一、 研究目的和意义

1994 年 4 月 20 日，中国全功能接入国际互联网。依托互联网发展起来的新媒体也因此而生并迅速发展。我国新媒体研究发展至今不过四分之一世纪，但发展很快，研究成果累累，不仅发表的文章颇丰，还出版了大量专著、译著和教材。中国新媒体研究具有注重研究脉络梳理的传统，成果形式多为年度综述、阶段回顾和专题研究三种形式，时间跨度较大的综合研究也有出现，如彭兰的《中国网络媒体的第一个十年》（2005）、谭天等的《中国新媒体研究发展历程回顾（1986—2015）》，但系统考察数十年中国新媒体研究成果的大规模研究还没有。因此，为了尽快提升我国新媒体研究水平，以适应新媒体发展的需求，有必要对已有的研究做一个全面的梳理和系统的研究。"中国新媒体研究至今已集聚大量研究成果，对这些成果的学术史考察和系统化梳理具有承前启后的重要意义。……对中国新媒体研究进行学术史考察不仅能够找到未来新媒体研究的新切入点，还能获得研究资料、方法、思路等方面的启发，进一步规范和促进新媒体研究的学术繁荣。"[1]

---

[1] 李开渝、张秀丽：《体系化反思缺位：中国新媒体研究之考察》，《新闻战线》2021 年第 2 期，第 99 页。

本研究的目的和意义很明确，就是通过对我国已有新媒体研究进行较为全面和系统的整理，为专家学者进一步深入研究提供一个参照系和基本材料。因此，本研究可以视为为我国下一步新媒体研究做理论准备。虽然是整理性研究，但我们还是试图寻找我国新媒体研究的取向、特色和方法，进而找出问题、趋势和方向，以期对我国新媒体理论研究的未来发展提出建设性意见。因此，这一基础研究意义重大，既具有较高的学术价值，也有一定的应用价值。

二、 已有研究审视

自 1996 年以来，关于我国新媒体研究的论文逐年增加，在中国知网（China National Knowledge Infrastructure，CNKI）上我们以"新媒体"为主题检索到从 1996 年至 2021 年的相关文章有 23.9 万篇，数量很多，但其中大量文章要么是基于新媒体视角研究各学科领域的问题，要么是新媒体应用和行业发展的业务探讨，真正对新媒体本体展开理论研究的论文并不是很多。那么，多年来我国新媒体研究究竟研究了些什么？我们采用一个最简单的方法——选取 2012—2021 年新媒体研究每年被引用最多的三篇学术论文，因为这些年的年度论文少则 8 000 多篇（2012 年），多则 29 000 多篇（2019 年）。这 30 篇论文如表 1 - 1 所示：

表 1 - 1　2012—2021 年新媒体研究高被引学术论文前三

年份	论文题目	作者
2012	到底什么是新媒体？	匡文波
	论新媒体对文化传播力的影响与提升	孙宜君等
	关于新媒体核心概念的厘清	匡文波
2013	微信公众平台：新闻传播变革的又一个机遇——以"央视新闻"微信公众账号为例	蔡雯等
	论新媒体时代的传播研究转型	韦路等
	作为开放新闻的数据新闻——英国《卫报》的数据新闻实践	章戈浩
2014	大学生微信使用现状调查与分析——以全国 208 所高校为例	郑晓娜
	媒体融合：老套路和新探索	李良荣等
	国内微信的本体功能及其应用研究综述	王勇等
2015	"互联网＋"意味着什么——对"互联网＋"的深层认识	黄楚新等
	微信：中国人的"在世存有"	孙玮等
	浅析政务新媒体的发展现状、存在问题及对策建议	金婷

（续上表）

年份	论文题目	作者
2016	智媒化：未来媒体浪潮——新媒体发展趋势报告（2016）	彭兰
	"新媒体"概念界定的三条线索	彭兰
	新媒体时代新闻舆论传播力、引导力、影响力和公信力的重构	沈正赋
2017	未来传媒生态：消失的边界与重构的版图	彭兰
	短视频的传播策略及效果研究——以"一条视频"为例	李晓彤
	新媒体平台上的科学传播效果：基于微信公众号的研究	金兼斌等
2018	移动化、社交化、智能化：传统媒体转型的三大路径	彭兰
	赛博人：后人类时代的媒介融合	孙玮
	我国县级融媒体建设的现状与问题	谢新洲等
2019	县级媒体融合的现状、路径与问题研究——基于全国问卷调查和四县融媒体中心实地调研	谢新洲等
	混合情感传播模式：主流媒体短视频内容生产研究——以人民日报抖音号为例	张志安等
	中国县级融媒体中心改革发展报告	陈国权
2020	从媒体融合到融合媒体：电视人的抉择与进路	廖祥忠
	面向突发公共事件舆情的政务抖音研究——兼与政务微博的比较	姜景等
	我们需要建构什么样的公共信息传播？——对新冠疫情期间新媒体传播的反思	彭兰
2021	主流媒体短视频人格化的传播效果考察——基于《主播说联播》栏目的视觉内容分析	吴晔等
	技术与人文：疫情危机下的数字化生存否思——2020年新媒体研究述评	苏涛等
	新媒体时代语态变革再思考	彭兰

　　诚然，30篇论文不能涵盖整个新媒体研究，但也能粗略勾勒出我国新媒体研究的大概轮廓。我们从中可以看到：①新媒体研究的涉及面极广，几乎涵盖新闻传播学的各个领域以及相关学科；②随着新媒体的不断发展，研究的对象、视角和方法也不断地变化；③经过多年的高速发展，新媒体研究的层次和深度也在不断提高。

　　与此同时，国内还出版了大量新媒体研究相关出版物，但大多数是教材、译著、年度报告等编译类出版物，新媒体研究专著并不多，高质量的学术专著更少。我们收集了 2003—2021 年出版的主要论著，如表 1-2 所示：

表 1-2　2003—2021 年新媒体研究主要论著

年份	书名	作者
2003	博客——E 时代的盗火者	方兴东、王俊秀
2005	中国网络媒体的第一个十年	彭兰
2008	众声喧哗：网络时代的个人表达与公共讨论	胡泳
2009	沸腾十五年——中国互联网：1995～2009	林军
2009	我们的防火墙：网络时代的表达与监管	李永刚
2012	信息平台论——三网融合背景下信息平台的构建、运营、竞争与规制研究	谷虹
2013	颠覆与重整：手机人的群落与游牧	刘德寰等
2014	流动的家园："攸县的哥村"社区传播与身份共同体研究	丁未
2014	新媒体舆论：模型、实证、热点及展望	匡文波
2015	文化迁徙：媒介新技术与网络文化价值体系发展研究	王井
2015	社会化媒体：理论与实践解析	彭兰
2016	媒介平台论——新兴媒体的组织形态研究	谭天
2016	传播边界的消失——互联网开启再造文明时代	高钢
2016	智能时代：大数据与智能革命重新定义未来	吴军
2017	连接之后：公共空间重建与权力再分配	胡泳、王俊秀
2017	媒体融合：基础理论与前沿实践	邓建国
2017	虚拟现实：最后的传播	聂有兵
2017	传播的进化——人工智能将如何重塑人类的交流	牟怡
2018	互联网新媒体伦理生态及治理研究	于孟晨、梁华平、王苏喜
2019	社交媒体中信息传播与用户行为研究	张学波
2019	县级融媒体中心建设理论与实践	谢新洲等
2020	新媒体用户研究：节点化、媒介化、赛博格化的人	彭兰
2020	道可道：新媒体理论与实务研究	谭天
2020	数字位移：重新思考数字化	胡泳
2021	智能传播：理论、应用与治理	陈昌凤

此外，还有中国社会科学院新闻与传播研究所主编出版的《新媒体蓝皮书》。这些学术专著和年度报告对新媒体有更为系统深入的研究，并且创建了一些新媒体理论，为我国新媒体研究做出了不同程度的学术贡献。

本研究选定的研究对象和检索范围主要是中国内地新闻传播学发表、出版的论文和专著，不包括其他学科和港澳台地区的相关研究。本研究的主要目的是整理我国新媒体研究的已有成果，并在此基础上进行整体性分析和必要的反思。"自我反省是学术成熟的一种表现，对已有研究成果的系统化、体系化反思成为学术研究的应有之义。"①

综上所述，我们对新媒体研究现状做简要的审视，为本研究确定研究框架提供参考，更全面的审视和分析是下面研究的任务。

三、 主要研究方法

本研究主要采用以下研究方法：

（1）文献分析。文献分析主要以学术论文为主，同时也关注会议论坛、学术专著、研究报告等。这里所说的文献分析不是文献综述，而是在文献检索的基础上做一些新媒体研究的研究，以期从中发现新成果、新观点和新理论。

（2）系统研究。本研究采用点面结合、纵横交错的系统研究方法，对我国新媒体研究进行全面的梳理和分析。在尽可能全面系统的基础上，我们选择一些学术创新点和增长点展开深入分析。

（3）案例研究。在中国新媒体发展过程中出现的有影响的现象级事件都可以成为研究案例。

更重要的还是在方法论上，本研究采取跨学科的研究方法，不仅专注本学科的研究，还关注本学科以外的相关研究并加以借鉴和借用。

四、 研究框架设计

要分析新媒体的理论创新，首先要对研究对象进行界定。"New Media"既可以翻译为"新媒体"，也可以翻译为"新媒介"。新媒体又可以划分为新兴媒体和新型媒体。本研究主要针对新媒体，但对互联网这一新媒介也会论及。其次，新媒体研究几乎涉及各个学科领域。在新闻传播学视域下，我们以新媒体理论研

---

① 李开渝、张秀丽：《体系化反思缺位：中国新媒体研究之考察》，《新闻战线》2021年第2期，第99页。

究和应用研究的整理与研究为主，其他相关研究如互联网治理、新媒体教育等，更多属于其他学科领域范畴，就不在这里研究了。再次，本研究不包括港澳台地区。除了个别地方，一般也不做中外新媒体比较研究。

新媒体研究涉及面很广，那么，本研究的范围和边界在哪里？我们选择从以下方面进行梳理：

（1）新媒体研究概说。主要对新媒体研究的历史和现状进行整体梳理，从而了解我国新媒体研究的基本样貌。

（2）新媒体传播研究。新媒体传播是新媒体研究最主要的领域，无论是智能传播中的媒介技术，还是新媒体传播发展中的关键节点，都指向新媒体理论的创新与想象。

（3）新媒体理论创新。聚焦媒介技术、新型媒体、传媒经济等新媒体研究领域，这些领域都是理论创新的重要区域。不仅有应用研究，还有基础研究，最后论及理论创新和学术想象。

（4）新媒体应用研究。新媒体研究除了理论研究之外，其实最多的还是应用研究。从社交媒体到新型媒体，从新媒体新闻到新媒体经济，再到短视频、直播等新业态，都值得我们关注和研究。

（5）新媒体文化研究。文化是新媒体连接人、连接社会的重要载体，它几乎涵盖整个网络空间，我们锁定在文化融合和网络治理这两个重要研究领域，实质上是探讨新媒体与社会的相互建构。

（6）新媒体管理研究。我国新媒体管理日显重要且极具挑战，习近平关于网络与信息的论述正是我们用好、管好新媒体的重要指针。我们通过解读习近平关于网络与信息的论述和梳理新媒体管理规制研究，进而分析智能传播社会治理方面的研究。

（7）取向、方法与趋势。新媒体研究正在创新和颠覆传统的新闻传播学研究，我们通过分析主要研究者来了解新媒体研究的特色，同时探讨跨学科研究的新方法和新趋势。

以上内容可以说是当今我国新媒体研究的核心部分和主要内容。虽然未能穷尽，但在此范围里的全面梳理、深入分析和系统研究会有新发现，也能让学界对我国新媒体研究的现状有一个整体的认知和基本的判断，从而为未来的研究提供可参考的方向、路径和思路，进而促进我国新媒体事业更好发展。

第二章　新媒体研究宏观扫描

本章我们分别用不同方式对不同时段的我国新媒体研究做多维度的宏观扫描和整体梳理，内容分为四部分：第一部分是历史回顾，源自《中国新闻传播学年鉴 2016》的《中国新媒体研究发展历程回顾（1986—2015）》；第二部分是专家观点，源自首届中国新媒体研究高端论坛三位知名学者关于我国新媒体研究的对话与观点；第三部分是使用量化研究的方法，描绘出我国新媒体研究学术图谱（1998—2023 年）；第四部分是 2013—2018 年新媒体传播研究十大前沿话题。这些梳理和分析勾勒出我国新媒体研究的基本面貌。

第一节　我国新媒体研究发展与展望

1969 年，美国 ARPAnet（阿帕网）建成，标志着互联网的诞生。1994 年 4 月 20 日，中国全功能接入国际互联网。自此依托互联网传播，新媒体应运而生。伴随中国新媒体的迅速发展，相关研究也从观察起步到全面探索，再到理论建构，研究的规模、质量和层次不断跃升，呈现出多学科交叉、多领域跨界、多维度研究的繁荣景象。本节内容以中国知网为主要文献来源，试图对我国新媒体研究发展做一个整体的勾勒。

在回顾之前，先要搞清楚两个问题：第一个问题是何为新媒体。关于新媒体的定义众说纷纭，并无统一说法，就研究旨趣而言大致可分为两大取向：一是围绕新媒介（互联网和移动互联网）研究传播学问题以及其他人文社会学科问题；二是立足新媒体研究新媒体产业、媒体融合、传媒制度等传媒业现实问题。第二个问题是新媒体研究发展阶段的划分，主要根据新媒体研究深度和广度的推进，把其发展历程划分为三个阶段。此外，本回顾范围不包括港澳台地区。

一、 起步： 观察与思考 （1986—2005 年）

最早关于新媒体的一篇文献可以追溯到 1986 年发表在《外语电化教学》上的译作《视听教育在新媒体时代的地位》，但那时的新媒体并非今天所讲的新媒体，它只是指教育技术上的新媒介新技术。1986—1996 年只能算是中国新媒体研究的史前阶段。

真正的新媒体应该是基于互联网的，新媒体研究应该在我国接入国际互联网之后。1994 年 4 月 20 日，中国实现与国际互联网的第一条 TCP/IP 全功能链接，成为互联网大家庭中的一员。但中国新媒体的起步在尚未接入国际互联网时就开始了，1993 年 12 月 6 日，《杭州日报·下午版》通过该市的联机服务网络——展望咨询网进行传输，从而拉起了中国报业电子化的序幕。

1996 年 9 月，中国社会科学院新闻与传播研究所网络与数字传媒研究室闵大洪在《新闻记者》上发表《电子报刊——报刊业一道新的风景线》，介绍和分析电子报刊（数字报纸）的发展。我们认为，这才是我国新媒体研究最早的文章。1997 年，北京大学胡泳等人翻译出版了尼葛洛庞帝的《数字化生存》，此书被评为改革开放 20 年来最有影响的 20 本书之一。此后，胡泳等人还翻译出版了《未来是湿的：无组织的组织力量》等多部译著，介绍国外互联网发展现状和研究成果。

1997 年元旦，人民日报社主办的人民网正式上线，它是中国开通的第一家中央重点新闻宣传网站。此后新闻网站如雨后春笋般出现了，相关研究也相伴而来。1997 年 10 月 16、17 日，首次全国电子报刊研讨会在北京举行，与会者来自 30 余家建有自己网站的报刊，以及新闻出版领导机构、管理机构和新华社、中央电视台等媒体。这应该被视为最早的新媒体研究，尽管还仅限于实务层面。

此后，一些学者和传媒人开始了对新媒体发展的观察和探索。1998 年，闵大洪出版专著《传播科技纵横》。1999 年，浙江报人孙坚华领导创办了中国第一家新闻传播学专业学术网站"中国新闻传播学评论"，是当时中国最重要的新媒体研究阵地。闵大洪、孙坚华等也成为中国新媒体研究的先行者。"在新媒体的影响下，传播理论也将发生革命性变化，包括基础理论，甚至新闻的定义也有重新考虑的可能。"①

2000 年，新闻网站建设热潮也引发了网络传播研究热潮。2000 年 6 月 18—

---

① 谭天：《试论因特网冲击下的传统媒体》，《电视研究》2000 年第 5 期，第 51 页。

20 日，全国新闻媒体网络传播研讨会在上海举办，"近百家媒体网站负责人及相关人士，围绕媒体网站的自我成长、与商业网站的关系、网络新闻的采编规律、大型新闻网的运作、网络版权保护、网络新闻人才及媒体网站的技术等七大热点问题进行了深入研讨"[①]。之后，研究内容不断增加，研究领域不断扩展，直到2004 年，"10 年来，网络传播学科所研究的范围不断扩展，包括网络传播法规、网络道德、网络传播对社会政治（包括电子政务）、经济（包括电子商务）的影响、网络传播中的知识产权、隐私权等各项权利的保护、网络传播与社会群体（如青少年、女性、边缘群体、弱势群体等）、网络传播与语言文字（符号）、网络传播与文学艺术、网站建设与经营、网络广告、网络新闻实务、网络媒体与传统大众传媒的关系、网络传播与全球化等"[②]。

2003 年是中国网络媒体发展 10 周年，博客在中国兴起并掀起新的研究热潮。方兴东等人的研究发现："博客的出现集中体现了互联网时代媒界所体现的商业化垄断与非商业化自由、大众化传播与个性化（分众化、小众化）表达、单向传播与双向传播三个基本矛盾、方向和互动。"[③] 他进而认为："新技术将不断为以博客为代表的个人出版助力，个人出版将更具破坏力与建设性。……除了博客社区本身的自律之外，更在于如何对博客为代表的个人出版进行有效的引导与管理。"[④] 与此同时，关于新媒体的研究，开始从虚拟社区转向对博客等自媒体的研究，研究开始向横向延伸（与不同学科相结合、从不同角度研究）和纵向深入（深入理论研究、从现象挖掘本质）。

2004 年，彭兰的博士论文《花环与荆棘——中国网络媒体的第一个十年》对中国网络媒体发展的第一个十年进行全面梳理和理论分析，尔后此文被评为全国优秀博士学位论文（百优博士论文）并出版。2004 年 5 月 22、23 日，由南京大学新闻传播学院和中国江苏网主办的首届"中国网络传播学年会"在南京举行，此后每年以不同的主题在不同的大学举办，后改名为"中国新媒体传播学年会"，逐渐成为国内新媒体传播研究的重要学术会议。

2005 年，与"新媒体"有关的文献数量首次破百篇，被引用大于等于 5 次的文献篇数破 20 篇。此时，互联网进入 Web 2.0 时代，我国新媒体发展也掀起

①　闵大洪：《中国网络媒体 20 年（1994—2014）》，北京：电子工业出版社，2016 年，第 58 页。

②　闵大洪：《中国网络媒体 20 年（1994—2014）》，北京：电子工业出版社，2016 年，第 133 页。

③　方兴东、胡泳：《媒体变革的经济学与社会学——论博客与新媒体的逻辑》，《现代传播》2003 年第 6 期，第 80 页。

④　方兴东、刘双桂、姜旭平等：《博客与传统媒体的竞争、共生、问题和对策——以博客（blog）为代表的个人出版的传播学意义初论》，《现代传播》2004 年第 2 期，第 80 页。

了一个小高潮。然而在当时，无论是互联网还是新媒体，在社会发展和学术研究中所占的比重还比较小，影响还不大。但互联网研究还是远胜于新媒体研究，互联网研究论文每年有数百乃至上千篇，新媒体研究论文从每年几篇缓慢地增加到几十篇，2004年69篇，2005年增至116篇。这一时期，我国新媒体研究的整体水平还比较低，主要研究工作还是观察、描述、整理和思考，处于新媒体研究的起步阶段。

尽管只是新媒体研究的起步阶段，但外部条件和基础工作正在开始逐步形成。一方面是自改革开放以来，我国新闻传播学科快速发展，尤其是传播学为新媒体研究创造了良好的学术条件；另一方面，互联网信息基础建设，尤其是统计工作也为新媒体研究奠定了基础，如1997年建立的以"为我国互联网络用户提供服务，促进我国互联网络健康、有序发展"为宗旨的中国互联网络信息中心（CNNIC），每半年权威发布中国互联网统计信息，也为新媒体研究提供了数据支持。

二、 探索： 全方位推进 （2006—2010年）

2006年，收入中国知网的新媒体研究论文达520篇，是上一年篇数近5倍，此后每年不断增加，到2015年达到8 879篇，新媒体研究进入高速发展时期。从图2-1、图2-2可以看出，2006—2015年十年间，新媒体研究文献数量增长与我国互联网用户发展是成正比的。但从图中也可以看到，随着互联网用户增幅减缓，文献数反而剧增，结合研究内容还可以将这一时期分为两个阶段：前五年新媒体研究全面开花，后五年新媒体研究向纵深发展。

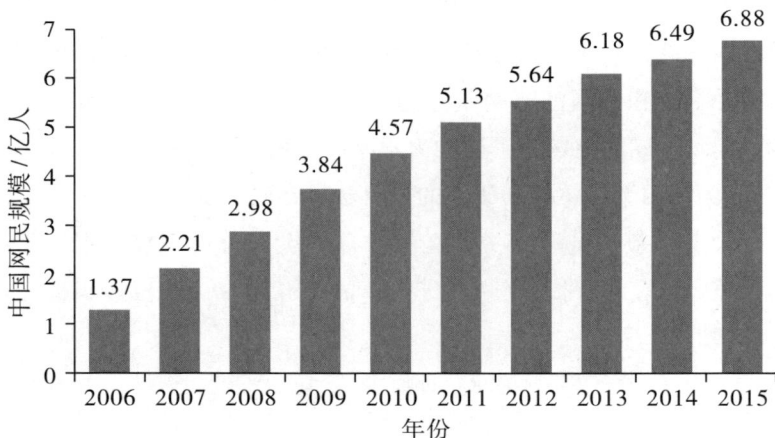

图2-1　2006—2015年中国网民规模

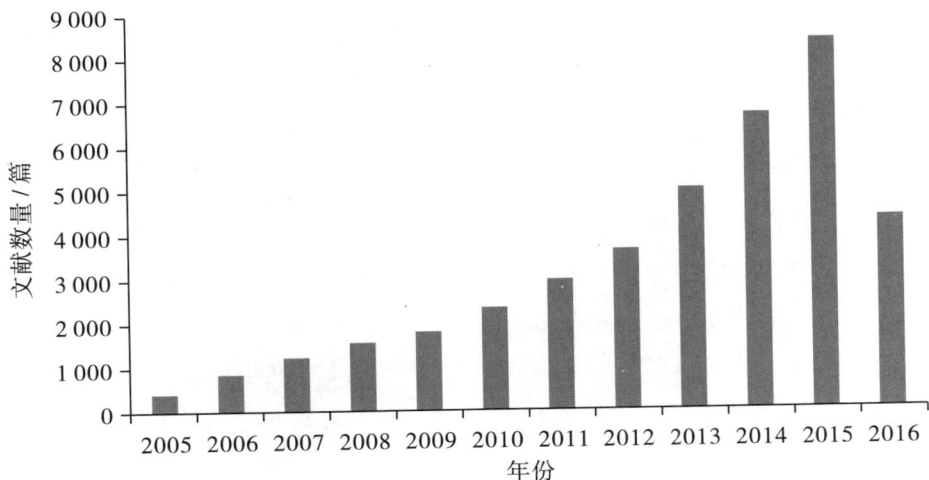

图 2-2　中国知网 2005—2016 年新媒体研究文献数量

先看 2006—2010 年这一阶段，新媒体研究首先在新闻学领域展开，中国人民大学成为研究重镇。蔡雯率先把美国的"融合新闻"探索介绍进来并展开研究，喻国明从传媒经济学视角对新媒体展开了探讨，高钢、彭兰则从媒介融合视角展开研究，匡文波集中研究手机媒体。

与此同时，传播学也开始对新媒体传播展开研究。陈先红提出了"新媒介即关系"的新观点，韦路、张明新讨论了互联网的知识鸿沟，谭天提出了新媒体生态下的传播裂变理论，黄升民提出了"三网融合"的新构想。2007 年，杜骏飞的《我们研究了什么？——1994 年以来中国大陆网络传播领域的学术进展与趋势分析》、郑素侠的《2001～2006 年内地网络传播研究现状的实证分析》，都对网络传播研究发展进行了梳理。自 2006 年起，付玉辉每年都发表一篇网络传播或新媒体传播的年度研究综述。自 2010 年起，谭天等每年都对我国媒介融合发展进行年度分析。其他学者也从不同视角对不同时期的新媒体研究进行梳理。

无论是学界还是业界，都对互联网形成的新传播和悄然崛起的新媒体迅速展开研究：从对网络媒体、手机媒体、新媒体等新概念的界定和辨析，到 Web 2.0、3G、微内容等新技术新形态的分析；从对全媒体、三网融合等新业务新业态的现实观照，到对关系、平台等热词的关注，再到对移动互联网和物联网的前瞻性探讨。在这个阶段，我国新媒体研究群体已逐步形成并不断壮大。

这一阶段，新媒体研究既有相对集中的领域，也有不断扩展的新视域。CNNIC 发布的报告显示，截至 2008 年 6 月 30 日，我国网民数量达到了 2.53 亿人，首次超过美国跃居世界第一位。那一年，北京奥运会助推我国网络媒体全面升级。面对迅速发展的新媒体，学者们纷纷把目光投向它给传媒业带来的急剧变化。崔保国、张晓群认为："中国传媒产业的规模正在迅速扩张，传媒产业内部结构也在发生迅速变化。新媒体的快速成长是推动中国传媒产业变化的主要力量。"① 彭兰认为："一个媒体的全媒体产品未必一定要完全通过自己的平台发布。与内容包装商、渠道提供商、平台提供商等共同完成产品的多种形式生产、多种渠道传播、多种平台'贩卖'，可能是媒介融合带来的产业重组与流程再造的更深层含义。"② 黄升民则希望通过三网融合构建中国式"媒·信产业"新业态。

与此同时，学者们也在讨论新媒体的社会意义和网络社会。例如，彭兰认为："Web 2.0 所强调的，不是人与内容的关系，而是人与人的关系。它为个体提供了一种新的社会界面、社会纽带。"③ 徐小立、秦志希发现："'信息知沟'正在威胁社会的和谐与均衡发展，政府应该更大地发挥其在信息产业均衡发展中的主导力量。"④ 王秋菊、刘杰则揭示了"网络传播在当代公民社会阶层变动中的作用以及社会各阶层对网络舆论传播的影响"⑤。

更多的学者还是讨论互联网与新媒体带来的新问题，有从新闻学、舆论学视角研究的，朱颖、陈小彪讨论了网络环境下的新闻自由及其边界，李良荣、张源认为新老媒体结合将造就舆论新格局，陈力丹则讨论"人肉搜索"等问题。新媒体研究还扩展到社会学、政治学、伦理学、管理学等其他学科视角，既有文化批判，也有应用研究。杜骏飞谈到网络社会管理的困境与突破，胡泳分析了互联网上创造的公共领域，蔡骐、谢莹分析了受众视域中的网络"恶搞"文化，龚玲等分析了网络口碑对受众品牌态度的影响。有学者则开始了更为宏观视野的观照，如高钢对互联网未来发展与社会变革进行了前瞻性研究，丁未则通过深入的个案研究探讨了新媒体赋权问题，彭兰从社区到社会网络拓展了互联网研究视野与方法。但整体而言，从每年剧增的论文中可以看到，大量的研究还是低水平和重复性的，大多数论文还是聚焦在新媒体实务方面。这一阶段的新媒体实务研究主要集中在不断出现的新媒体形态，如博客、手机媒体、数字电视和网络电视以及 Web 2.0 的传播形态，大多数文章还是现象分析和案例研究，还停留在经验性

---

① 崔保国、张晓群：《新媒体对中国传媒产业的影响分析》，《现代传播》2008 年第 1 期，第 87 页。

② 彭兰：《如何从全媒体化走向媒介融合——对全媒体化业务四个关键问题的思考》，《新闻与写作》2009 年第 7 期，第 18 页。

③ 彭兰：《WEB 2.0 在中国的发展及其社会意义》，《国际新闻界》2007 年第 10 期，第 44 页。

④ 徐小立、秦志希：《虚拟世界中的现实秩序——中国中部一个地区的网络经验》，《新闻与传播研究》2007 年第 13 卷第 3 期，第 63 页。

⑤ 王秋菊、刘杰：《网络传播对当代社会阶层变动的影响》，《当代传播》2007 年第 4 期，第 52 页。

描述的层次。此时传播学及其他学科的进入也推动了新媒体研究，社会网络分析法等新的研究方法也引入新媒体研究。

2008 年，网络媒体开始跻身主流媒体行列。2009 年 8 月，新浪推出"新浪微博"内测版，成为第一家提供微博服务的门户网站。微博自此蓬勃发展，逐渐展示出强大的传播力，与之相关的各种网络热词迅速走红网络。2010 年被称为媒介融合年，我国三网融合开始起步。如果说微博在改变传播形态，那么三网融合则在改变传媒业态。2010 年，中国社会科学院新闻与传播研究所发布了国内第一部全面关注中国新媒体发展状况的年度报告——新媒体蓝皮书。它不仅及时全面反映了我国新媒体发展现状和趋势，而且较好地整合了国内十分零散的新媒体研究力量，从这个意义来看功莫大焉。同年，崔保国主编的《中国传媒产业发展报告》（蓝皮书）出版，也开始为新媒体研究积累资料。

三、升级：建构新理论（2011—2015 年）

《中国新媒体发展报告（2012）》指出：自 2011 年以来，中国新媒体的成长进入一个极为特殊的阶段。中国新媒体发展态势强劲，互联网和手机用户数量持续增长，新的应用和传播形态不断涌现。新媒体不仅进一步变革着大众传播格局，而且快速向政治、经济、文化诸多领域渗透，成为一种高度社会化的媒介。具备强大传播功能的新媒体日益深刻地影响着社会发展，其"双刃剑"效应进一步凸显。快速、开放发展的新媒体极大拓展了人类空间，虚拟与现实的社会冲突成为世界性新问题，各国在大力发展新媒体的同时也在不断加强新媒体治理。如何趋利避害，化新媒体风险为国家发展机遇，是中国当前最重要的问题之一。

在这一阶段，新闻传播学的新媒体研究主要集中在以下 10 个方面：①本体论（网络与新媒体的基础理论研究），如媒介平台理论、大数据理论等；②新媒体传播，包括新的传播模式、新媒介特性等；③新媒体产业，包括商业模式、产业链、数字营销等；④新媒体新闻，包括网络新闻的生产、集成、分发、运营等；⑤新媒体技术，包括数据挖掘、无人机拍摄、机器人新闻等；⑥新媒体管理，包括网络监管、传媒规制、伦理道德等；⑦新媒体文化，包括互联网文本特征、互联网文化价值、网络社会特征；⑧媒体融合，主要是传统媒体与新兴媒体的融合发展，新型媒体构建；⑨新媒体影响，包括新媒体在社会、经济、政治、文化等方面的影响与作用；⑩新媒体教育，从学科建设的角度出发研究如何培养新媒体专业人才。研究对象也不断发生变化，不仅包括以微博、微信为代表的自媒体和社交媒体，也包括云计算、大数据、可穿戴设备等新技术，还包括网络舆情、数字新闻、数字营销等新服务，甚至还进入非新闻领域，如网络游戏、电子商务等。

此时，"关系"和"平台"两个热词出现的频率越来越高，有些学者从媒介社会学角度提出关系问题，有些学者则从媒介经济学视域提出平台概念。彭兰提出从内容平台到关系平台，喻国明提出"关系革命"，传播学研究正通过信息传播进入关系传播层面。在新的传播形态和媒介生态下，研究者开始把目光投向基础研究和新兴媒体，并聚焦到新媒体的组织形态：黄升民、谷虹提出信息平台理论；谭天提出媒介平台理论，进而提出新观点：新兴媒体不是"媒体"，而是基于互联网的媒介平台。长期以来，学界一直把新媒介和新媒体这两个相近概念混为一谈，未能把新兴媒体和新型媒体区分开来，也给新媒体研究带来不少困扰和阻碍。但随着人们对媒介平台的深入认识，研究也从媒介融合向媒体融合推进。

2011年1月21日，腾讯推出了微信，这个智能移动终端的即时通信应用软件很快就发展成为服务最为广泛、功能最为强大的社交平台，迅速进入中国社会各个角落并产生广泛影响。学者们纷纷开始应用社会学理论来研究社会化媒体和网络社会空间：谭天、苏一洲分析了社交媒体的关系转换，彭兰探讨了社会化媒体在融合中的深层影响，陈昌凤分析了社会化电视的传播创新，熊澄宇、张铮分析了在线社交网络的社会属性，何镇飚、王润讨论了新媒体时空观与社会变化。研究也更加学术化，如张杰的社会化媒体与网络社会"不确定性"研究，李彬、关踪严探讨媒介演进及其研究的空间转向。

我国新媒体研究的服务意识很强，一是服务于政府，二是服务于传媒。随着互联网发展，中国进入了风险社会，网络舆情与网络治理日显重要，各新闻院校和科研单位纷纷建立舆情研究机构，向政府提供舆情分析报告，开展舆论场、网络治理等研究，尤其是网络群体性事件及对策研究。如童兵对官方、民间舆论场的剖析，董天策、王君玲和隋岩、苗伟山进行网络群体性事件研究，喻国明分析社会化媒体崛起背景下的政府角色和中国社会网络舆情的结构特点，陈力丹、曹文星对微博问政发展趋势进行了分析，方兴东等对基于网络舆论场的微信与微博传播力进行了评价和比较研究，邱新有、陈旻则提出政府、传统媒体、微博信息博弈的纳什均衡。

新兴媒体的强势崛起和传统媒体的转型需求，使新闻业和传统媒体面临更大的挑战，不少学者开始研究新传播、新媒体的新问题、新对策。例如，唐绪军等认为微传播是正在兴起的主流传播，匡文波基于定量研究得出新媒体是主流媒体的判断，喻国明提出新闻传播理论与实践的范式创新和当前中国传媒业发展面临的转变，丁柏铨讨论了新兴媒体发展规律及与新闻传播规律的关系，张志安、束开荣探讨了新媒体与新闻生产研究，陈力丹等则论述了大数据与新闻报道，谭天等提出了"一体两翼""体外循环"等融合策略。

2014 年是中国正式接入国际互联网 20 周年，黄楚新、王丹从融合与转型的角度对中国互联网发展 20 年的媒体变革进行回顾；李良荣、方师师从互联网与国家治理方面对中国互联网 20 年发展进行再思考；彭兰概述了中国互联网 20 年的渐进与扩张，进而论述从网络媒体到网络社会的演变，她认为："经过二十年渐进与扩张的中国网络媒体，正在一个全新的网络社会的版图上，开始新一轮的发展与竞争。新闻网站与传统媒体究竟去向何方，也必须在'网络社会'而不仅是'网络媒体'这样一个基础上进行新的思考与谋划。"[1] 同年 3 月 18 日，首届中国新媒体研究高端论坛在暨南大学举办，这个论坛规模虽小但层次不低，学者们讨论了我国新媒体研究中的重大问题。随着智能手机的出现、4G 的推出，移动互联网发展更快。根据 CNNIC 统计报告，截至 2015 年 12 月，中国手机网民规模达 6.2 亿人，手机上网人群占比为 90.1%（见图 2 - 3）。更多的移动互联网应用被研发出来，更多的手机 App 涌现出来，中国新媒体进入移动社交时代，学者们对移动互联网、场景、"互联网 +"等新问题、新概念展开了研究。此时，研究队伍也迅速壮大，除了新闻传播学者不断推进研究之外，还有一些从其他学科转到新闻传播领域的学者给新媒体研究注入新鲜血液，但总体来看，新媒体研究的跨学科协同创新尚未形成。

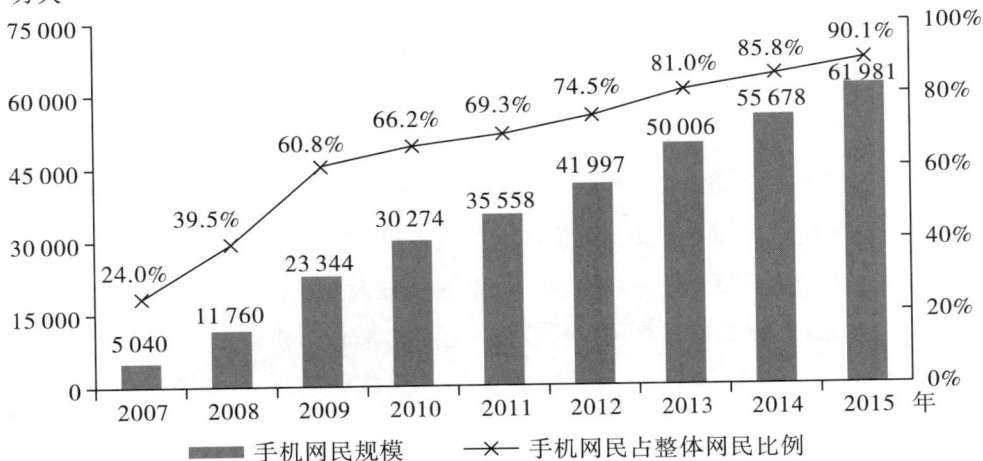

图 2 - 3　2007—2015 年中国手机网民规模及其占整体网民比例

（来源：CNNIC 中国互联网络发展状况统计调查）

① 彭兰：《从网络媒体到网络社会——中国互联网 20 年的渐进与扩张》，《新闻记者》2014 年第 4 期，第 15 页。

近年来，大量国外互联网新著被翻译出版，国内学者也不断推出新媒体专著，如彭兰的《社会化媒体：理论与实践解析》、胡泳的《网络政治：当代中国社会与传媒的行动选择》、刘德寰等的《正在发生的未来：手机人的族群与趋势》、谷虹的《信息平台论——三网融合背景下信息平台的构建、运营、竞争与规制研究》等。

互联网在迅速发展的同时也出现了许多弊端和乱象，如网络谣言、色情暴力、虚假信息、病毒诈骗、侵犯个人隐私、泄露国家机密等，如何加强监管和治理整顿，既是政府面临的问题，也是学界应研究的课题。2011 年 5 月，国家互联网信息办公室设立，以加强互联网建设、发展和管理。2014 年 2 月 27 日，中央网络安全和信息化领导小组成立，中共中央总书记、国家主席、中央军委主席习近平任组长。两会上，"维护网络安全"首次被写入国务院政府工作报告。2014 年 11 月 19—21 日，首届世界互联网大会在浙江乌镇举行。2015 年 12 月 16—18 日，第二届世界互联网大会以"互联互通·共享共治——构建网络空间命运共同体"的理念吸引了全世界关注的目光。与此同时，以腾讯、阿里巴巴、华为为代表的中国网络信息科技企业已走出国门，标志着中国正从网络大国迈向网络强国。习近平总书记在多次讲话中对互联网发展和新媒体传播提出迫切要求，这让新闻传播学界更加清楚新媒体研究的职责和重任。

四、 前景： 问题与挑战

杜骏飞认为，中国内地的网络研究领域是一个广泛的学科交叉的领域，不同子学科之间是具有渗透性和互动影响的；网络研究学术领域的进展与业界的技术进步、市场景气程度呈现同步变化——具有应用性越强的研究，其学术发展越是由市场需求所决定；数量意义上的学术研究规模受到了来自国家权力的"外部因素"的强有力制约，然而，有关意识形态的制约在人文社会科学研究方面引起了较为明显的反弹：制约越是严厉，研究越是趋热。总体分析，中国网络研究的学术发展，蕴涵着"初期繁荣—沉淀和停滞—深度化—进一步繁荣"的周期变化。①

纵观 2014—2016 年立项的国家社科基金一般项目，涉及新媒体的研究项目占比都在 60% 以上，主要研究领域有：①新媒体传播，包括微博、微信、网络

---

① 杜骏飞：《中国网络研究的学术进展与学科结构》，《上海交通大学学报（哲学社会科学版）》2009 年第 4 期，第 5 页。

视频、网络舆情、网络文化等；②媒体融合与转型，包括报刊出版、广播电视、广告经营、媒体融合、发展战略等；③互联网治理，包括网络生态、网络治理、网络安全、政策法规等；④其他方面研究，包括新媒体语境下政治、民族、国际传播等面临的新问题。总体来看，这些研究项目多为对策性研究和应用研究，基础研究极少。

中国人民大学、暨南大学、北京大学、中国社会科学院等纷纷成立了新媒体研究机构，不断加强与政府、传媒和企业的合作。与此同时，各种类型、层次的新媒体学术会议也频繁举办，不少新闻院系纷纷开办网络与新媒体专业。但新媒体基础研究的滞后，致使众多新媒体专业五花八门，新媒体教育人才捉襟见肘。曾凡斌认为："我国的新闻传播学研究长期满足于对策研究，缺乏理论关怀。对策研究表面上看有利于企业、有利于政府，但是，缺乏理论基石的对策性研究实际上是没有根据的，没有理论基石的对策最终仍然不能很好地指导实践。"[1]

这是一个需要重新定义的时代，新媒体并不是传统意义上的媒体，新兴媒体不断地崛起，新型媒体正在构建中，媒介融合会形成各种新的媒介形态。这是一个需要重新出发的年代，"小新闻，大传播，新业态"的新格局已经形成，重组、重建、重构正在成为新常态。互联网正在重构人类社会的方方面面，新媒体正在推动新闻传播学科的重建，新闻传播的学术版图和研究格局也需要重组。如今我国新闻传播学界已经迅速建立起一支庞大的研究队伍，各大高校和科研院所纷纷组建了新媒体研究机构，开展了新媒体各个领域的研究，也取得了不少研究成果。但就总体而言，力量比较分散，水平亟待提高，尚未满足社会发展和传媒转型的需求。我们需要直面现实的挑战，整合力量、跨界合作、协同创新。

2016年，谭天出版了专著《媒介平台论——新兴媒体的组织形态研究》，构建了新兴媒体理论体系；高钢的《传播边界的消失——互联网开启再造文明时代》和闵大洪的《中国网络媒体20年（1994—2014）》分别梳理了我国新媒体传播和发展的历史脉络。但整体形势仍然不容乐观，新媒体研究在现有的学科框架和知识场域已难以舒展。影响和制约我国新媒体研究进程的，既有外部环境，也有内在因素：一方面是互联网和新媒体发展速度过于迅猛，致使研究滞后于现实发展；另一方面在于原有学科支持不足，新闻传播学难以提供有效的理论和方法。

在互联网和新媒体的猛烈冲击下，新闻传播学面临前所未有的挑战。在传

---

① 曾凡斌：《我国新闻传播学研究国际化的现状、环节与突破》，《中州学刊》2015年第2期，第174页。

技术发展和媒介融合的趋势下，传播生态和传媒业态都发生了极大的变化，新闻传播从学科发展到人才培养都面临着严重的不适应，这种不适应造成学界的焦虑、迷失甚至一定程度上的慌乱。① 近年来，学界开始对新闻传播学研究和学科建设进行反思，一些学者提出学科重建和转型的构想。黄旦认为："在当前新传播技术革命的背景下，新闻传播学科的建设再不能是在原有框架中的修修补补，而是需要整体转型。这包括三方面内容：研究方式向经验性研究转向；在教学上要改变原有以媒介种类划分专业的做法，转向以传播内容为类别，并与新媒体实验室互相勾连；在思维方式上，要引入网络化关系，以重新理解和思考传播、媒介及其与人和社会的关系。"② 谭天认为，新媒体研究不仅要"走进传播学"，还要"走出传播学"。毫无疑问，互联网发展和新媒体研究必将助推我国新闻传播学科重建。

展望未来，我们还要以互联网思维大力推进新媒体研究。凯文·凯利说："今天的世界已经够复杂了，而明天的一切将会变得更加复杂。"③ 如何应对更加复杂的明天？克莱·舍基提出，可以通过分享、对话与合作，凝聚成"群体智慧"和"群体意志"，进而产生"集体行动"。我们需要整合国内外学界、业界、政界和商界的学术资源和研究力量，构建一个强大的新媒体研究矩阵，在跨学科、平台化和国际化三个维度推进我国新媒体研究。随着移动互联网、物联网、人工智能的发展，我们对新媒体研究也要从平台推向生态，从媒体推向社会，从实务研究提升到理论建构。我们要采用多种合作形式，建立起链接各种学术资源和各方研究力量的新平台，大力推动新媒体理论研究、成果转化和人才培养，充分发挥跨学科、跨部门的集群优势，立足学术、面向社会、服务决策，努力打造国际知名、国内领先的研究基地和智库。我们还要积极推进国际交流合作，一方面要紧密跟踪国外新媒体研究前沿，另一方面要敢于超越国外，争夺世界互联网研究的话语权。

第二节　我国知名学者对话新媒体研究

在新媒体研究中，来自该领域前沿的学者对新媒体研究的内容、取向和路径

① 谭天：《从"新闻学与传播学"到"传播学与传媒学"》，《新闻记者》2015年第12期，第38页。
② 黄旦：《整体转型：关于当前中国新闻传播学科建设的一点想法》，《新闻大学》2014年第6期，第1页。
③ ［美］凯文·凯利著，东西文库译：《失控：全人类的最终命运和结局》，北京：新星出版社，2010年，第697页。

进行了深入探讨。2014 年 3 月 18 日，由暨南大学新媒体研究所和中国人民大学新媒体研究所联合举办的首届中国新媒体研究高端论坛在暨南大学召开，论坛邀请了三位新媒体研究前沿的学者——中国人民大学新媒体研究所所长彭兰教授、香港城市大学互联网挖掘实验室创办人祝建华教授和暨南大学新媒体研究所所长谭天教授，与会人员就新媒体本体认知、研究对象和范畴，研究路径选择、学科支援，以及目前国内新媒体研究和教学亟待解决的问题与国外的经验，展开了深入的对话和观点的碰撞。论坛气氛活跃、形式新颖，采用自由探讨与临场互动的形式，与国外学界流行的学术沙龙颇为类似。此外，各大新闻传播院校的师生及《现代传播》《新闻爱好者》编辑部等 200 余人参加了论坛。无论是观点碰撞还是达成共识，学者们的对话都让新媒体研究的轮廓和核心内容愈加清晰。

一、 本体认知和研究范畴

直奔论坛主题，谭天认为中国新闻学三十多年做了一件事，就是"走进传播学"，但面对新媒体研究，"走进传播学"是不够的，还要"走出传播学"，以社会学、经济学、管理学等其他学科的理论和视角来研究新媒体。他指出，"新媒体"如今已变成一个耳熟能详的概念，然而，许多新媒体研究者只是忙于应对层出不穷的新媒体技术现象，而对概念本身缺少充分的认识。谭天提出了一个基本问题：到底什么是新媒体？

彭兰以自身十多年来研究网络传播和新媒体的经历来说明她在不同阶段对于新媒体的观察和思考。她认为网络绝不仅仅是个媒体，并对网络的四重属性做出界定：第一，媒体属性，更准确地说是不局限于大众传播的"媒介"属性。传播学领域的学者大体将网络作为大众传播的新平台、新渠道进行研究。第二，技术属性。以 IT 为代表的技术界最早关注网络，《计算机世界》《中国计算机报》发表了大量关于互联网技术的文章，学界也在研究互联网的技术属性。第三，新的社会形态的属性。2014 年，中国接入互联网 20 年，已从"网络媒体"到"网络社会"。第四，新的经营平台的属性。

针对"今天我们谈论的还是新媒体吗？"的话题，彭兰认为，现在是一个新的新媒体时代。新的新媒体以一些新的技术作为支撑，例如社会化媒体的大范围普及和应用，移动传播把互联网推向了一个新的时代，还有物联网、云计算、大数据等。以数字化技术为支撑，网络化和交互性是对任何时代的任何新媒体都适用的特点。所有新的媒体形态都不是孤立的，会产生丰富的联系，人与人之间借助新的媒介，产生亲疏关系。

祝建华介绍了香港城市大学"传播与新媒体"硕士专业命名起因。20 世纪 90 年代中期互联网刚刚起步之时，多媒体技术与大众用户的贴近性更强，美国和欧洲的一些院校也开始设置 Digital Media（数字媒体）专业。他从动态的角度考虑到多媒体或许会随着技术更新被淘汰，而新媒体作为时间意义上的相对概念，能够在特定历史语境中获得相对稳定的内涵和外延，于是建议将专业名称定为"传播与新媒体"。

针对"新媒体到底是什么，新媒体专业到底在做什么?"的话题，祝建华认为，新媒体技术、新媒介组织形态和用户使用等都在不断地演变，无法做到从一开始就为新媒体设定一个非常准确且形成共识的定义，也没有必要强求。回顾近二十年，各国的大学开设了诸多类似叫法的专业，绝大部分办学者和研究者并不纠结于定义。什么是新媒体? 简而言之，就是以前不存在的媒体。2014 年，新媒体是以社交和移动网络为平台的媒体；二三十年后，新媒体或许呈现崭新的技术和生态，可能不再是计算机网络，而是不止一位研究者所预言的"生物媒体"。彭兰对此持有一致的观点，她认为：新媒体的"网络化"实质上是终端之间、信息之间的联系，至于以什么方式联系恐怕永远超出我们的想象。现在的计算机是电子信号模拟的，未来可能是生物的、分子的，更接近于人脑的思考、运算方式。

在谭天看来，新媒体作为一个内涵丰富的聚合概念，其所指的多样性和研究的复杂性使得我们难以严格地进行界定，但在具体研究中不可避免要面对它。形成的共识是，新媒体是一个相对的概念，在不同的发展阶段有不同的定义。他认为：新媒体实质上不是媒体，或者说不是传统意义上的媒体，而是基于互联网的媒介平台。所谓的"门户论""平台论"，其实都是对媒介组织形态的考察。新媒体研究有必要锁定其研究范畴。媒介是一个传播学概念，媒体是一个传媒经济学概念。那么，从媒体的角度来说，新媒体和传统媒体有什么根本的区别?

借助"互联网思维"和"新媒体基因"的概念，彭兰分析了新媒体和传统媒体的差异。她认为，首先，新媒体对于产品的意识更为强烈，对于传统媒体如何将内容变成产品的研究，或许可以借鉴营销学对于产品较为成熟的理论。其次，新媒体更为重视对于网民力量的挖掘和利用。她以"封装"一词描述传统媒体的内容生产，即按照自身的价值判断、对于新闻事件"5W"要素的挖掘，把看起来无限的事件信息人为地装进了所谓的新闻作品之中；而新媒体则是一个开放的生产平台，网民成为生产的主体。

谭天指出，新媒体研究应当关注传媒现实，当前传媒业面临的一大问题是传统媒体转型和媒介融合。针对"报社出现亏损甚至面临存亡，学界的研究者们能够提供哪些理论依据或策略参考？"的话题，祝建华教授认为：传统媒体的问题一部分是体制问题，学者们无能为力；另一部分是从业人员尤其是管理层的观念问题，学者们可以给予帮助。

二、路径选择和学科支援

新技术的发展催生和促进新媒体研究领域的形成，这也是来自不同学科各个领域的学者能够走到一起的重要原因。然而，不论学界如何追赶，总也赶不上业界技术创新的步伐。尽管十多年来国内新媒体研究紧跟技术发展的趋势，但这种紧跟只是一种对新技术现象的解释性尾随，而且重复现象严重。彭兰、祝建华、谭天三位学者一致认为，传播学视域中的新媒体研究应当避免技术中心论，对媒介技术本身的关注往往会掩盖更深层次的内涵。谭天指出，新媒体研究不单是技术问题，实质上探讨的是基于新媒体技术的传播问题，乃至新媒体的商业模式。

对于"走出传播学"的观点，三位学者产生了分歧。祝建华倾向于回归传播学本身，他认为采纳其他学科的视角和方法不意味着抛弃自身的目标和方向。回想新闻学"走进传播学"的三十年历程，学者们收获了传播学的理论思想和研究方法，例如对受众/用户的研究，对传播效果的关注。现在新闻学已经走上了一个新平台，或者说是媒体生态——互联网，在此基础上，应该思考的是如何进一步达到更高的层面。传播学学科本身也在不断地完善和提升，以学科内的理论、方法来研究互联网、新媒体基本管用。纵观十多年来各学科对互联网的研究，新闻传播学历来是比较边缘的，这个学科本身通常被认为学术性不强、传统底蕴不厚。但是，传播学在互联网研究中的重要性、中心性正逐渐被接受和认可。这不是某一位学者的努力，而是整个学科，包括以传统媒体为研究对象的传播学者群体建立的基础。他在北京大学网络研究所工作时，曾与同事一起设计一种为社会科学研究和政府企事业单位服务的专业信息抓取工具，当时网络技术专家虽然掌握了各种各样的信息抓取方法和技巧，但是不知道应该抓取什么，而他用传播学最基础的"5W"模式就解决了这一问题。在传播学学科内，不少学者批评此模型过于简单，其实"5W"勾画出了信息体系中最重要的基本要素。他认为不需要超脱现实地寻找新课题，不妨思考一下社会化媒体、移动互联网，或者新媒体技术、平台和生态中这"5W"呈现的是怎样的状态。

谭天则倾向于采用不同的研究路径，所谓"既要走进传播学，也要走出传播学"不是指应该走向哪里，而是指不局限于传播学的范畴。"走出"不等于"离开"，而是立足于新闻传播学科的强项，利用社会学、经济学、管理学等学科的理论和视角研究新媒体。新媒体研究典型的交叉特征显然不能被原有的学科体系所涵盖，新的学科体系知识架构亟待确立。

彭兰对于"走出传播学"的观点表示认同，她认为研究新的传播现象需要跨学科的合作，这是不言而喻的。她还指出，视野开阔是前提，但必须有焦点，要找到自己的优势和核心价值所在。传播学领域的一些理论、方法、思维对于其他学科或许会有重要启发，借鉴其他学科的视角和方法可以充实、提升我们的研究，例如社会心理学、社会学和计算机科学。得益于计算机科学的教育背景，她时刻保持对于技术的关注，借助信息挖掘技术更好地提升研究方法。为说明社会学对于研究的启发，彭兰举了一个例子：她本能地觉得研究新媒体需要了解社会学，经常翻阅相关书籍，没想到偶然发现的《社会网络分析方法》解决了传播学中一个重要的研究手段问题。在新媒体环境中如何衡量意见领袖？文本分析可能不是最好的方法，但对社会网络中心性的衡量和计算或许可以。新媒体研究归根结底研究的还是人，社会心理学多年来的研究成果或许能够成为我们反思当下的参照，帮助我们得到一些更准确的判断。

三位学者在"新媒体研究需要传播学之外的其他学科支援"的话题上取得了共识，但由于研究兴趣的差异，他们选择的学科不完全相同。彭兰倾向于社会学、社会心理学和计算机科学，祝建华认为是计算机科学、统计学和心理学，谭天则选择了经济学、社会学和计算机科学。尽管彭兰和谭天都是理工科出身，但三位学者一致认为新媒体研究的核心是人，而非技术，借鉴其他学科的主要是思维和方法。

在全球新媒体研究蓬勃发展之时，中国的学者们发现这一研究领域虽已成功建构学术身份、迅速奠定学术地位、初步获得研究成果，但新兴学科和领域在发展过程中不可避免的困境也随之而来。彭兰认为，研究手段和研究方法是目前的研究中的核心问题。例如社会网络分析方法，她早已关注，但困惑于如何应用，不知怎么计算中心性等。武汉大学沈阳教授在这方面非常得心应手。数据应该如何抓取？这是新媒体研究迫切需要和其他学科合作解决的一个问题。把微博或其他平台中的数据抓取出来，转换之后放到 UCNET 或者其他工具里使用，如果可以拥有这些技术和手段，并形成将数据、方法和研究思路结合的策略，我们的研究会有进一步突破。

祝建华指出，虽然新技术为新媒体研究创造了新的数据采集和分析手段，在大数据条件下，通过文本挖掘、数据挖掘得到的用户研究与以前的研究相比优势明显，但是研究者们在采纳这一研究方法时其实忽视了消极、被动的用户。在微博上围观、"潜水"的用户或许在数量上超过经常发布、参与互动的用户，他们的使用习惯却被忽略了。在所有社会化媒体上，能够被关注、跟踪和研究的都是积极、主动的用户。由于数据抓取技术是基于这部分积极、主动的用户，我们因此似乎得出了一些过于乐观的结论。用户的参与程度被过高估计了，社会化媒体的美好前景也因此被过高估计了，这是一个目前还没有被提上议事日程的问题，但是非常重要。

三、 人才培养和国外经验

除了新媒体研究的问题，彭兰认为新媒体专业设置的问题不可忽视，新媒体教育对象指向的是新媒体从业者，这些年她在课堂上教授了一些应用课程，例如早期的网页制作、多媒体新闻，现在的信息图表，以后也会试图向数据新闻方向发展。在教学过程中她发现，学生们在两个方面都有很大的障碍：一是技术方面。这个问题需要用多种方式来解决，比较理想的教育模式是双学士模式，让学生们先学计算机，学到一定程度之后再学新媒体。二是艺术表现力方面。例如信息图表，用一些简单的软件做出来，对媒体来说不够美观。学生们从小受到的艺术熏陶不够多，恐怕不是教学能够解决的。一门课既要解决技术问题，又要解决新闻传播的视野、方法和选题策划问题，还要解决艺术表现力问题，显得捉襟见肘。因此，从新媒体教学来说，技术、内容和艺术三者的结合，包括在课堂上的融合，是亟须解决的问题。

祝建华从个人的学习、研究经历出发，分享了对于新媒体教学的看法。他认为要明确新媒体教学的培养目标不是 programmer（程序员），也不是 graphic designer（平面设计师），而是懂一点技术，知道能够达到什么样的程度，具备与技术人员沟通的能力，也懂点艺术品鉴，能跟搞创意的人基本对话的人才。与程序员和艺术家交流合作，除了需要一定的人际沟通能力以外，还需要一些知识和技术作为支撑。文科生千万不要抗拒技术，虽然学习过程是很痛苦的，文科的思维方式和计算机学科的不一样，计算机学科的思维方式和统计学科的也不一样，但是如果有这样的思想准备和知识素养，就可能成为纽带、桥梁，或是中心节点。

放眼世界其他国家，传统媒体也正面临巨大的挑战，发生根本性转变，在已经普遍走向数字化的基础上进一步"数据化"。反应灵敏的部分美国大学新闻传播院系及时提出了相应的对策，纷纷招募"数据新闻故事"人才并开设相关专业或课程。祝建华对美国 *The Chronicle of Higher Education*（《高等教育纪事报》）

上重要新闻传播院系的新媒体或数字媒体专业大学教师招聘广告进行了分析，以探究美国大数据时代的新媒体专业设置、学生技能和师资来源问题。他发现，美国大学开设数字新闻专业或课程会按照两个维度来表述：一是以传统的新闻制作（production）或以新型的数据分析为主（analytical），二是以个案故事（case-driven）或以数据展示为表现手段（data-driven）。虽然其核心都是"讲故事"（story-telling），但故事的起点、终点，以及故事的素材是人、事、物还是数据，都是有区别的。两个维度的交叉，形成了四种取向，即"个案导向的制作型""个案导向的分析型""数据导向的制作型""数据导向的分析型"。各个院系会按照已有的基础和学校使命进行选择。我国新媒体教学可从中借鉴。

透过当下纷繁复杂、日新月异的新媒体技术现象，三位处于新媒体研究前沿的学者对新媒体本体认知、研究对象和范畴，研究路径选择、学科支援，以及目前国内新媒体研究和教学亟待解决的问题与国外的经验，进行了冷思考和热交换。此次论坛取得了以下四点共识：其一，新媒体是一个随着技术的变革而内涵、外延不断发生变化的概念，应在不同阶段对其进行观察、思考并揭示特性，初步明确其范畴和边界；其二，新媒体研究视野广阔、视角多元，每一个研究者都可聚焦于自己关注的问题，选择倾向的方法和路径，回归传播学本身，抑或取其他学科之长；其三，研究方法问题是当前新媒体研究亟待解决的问题之一，不仅要重视传播学的研究传统，还要引入其他学科的研究方法，使新媒体作为一个学科交叉的领域而生发出学术创新生命力；其四，新媒体研究绝非技术中心，探讨的本质是信息对人的意义，人借助信息产生的关系，以及人与人之间的关系问题。

第三节　我国新媒体研究学术图谱[①]

一、研究背景

自 1994 年 4 月 20 日我国全面接入国际互联网开始，国内互联网传播开始飞速发展，新媒体也由勃兴到普及进而成为媒体的主流。随之而来的新媒体研究应运而生，早期的新媒体研究者们探讨了媒介技术的发展对信息传播、社交关系、公众参与和权力结构等方面的影响，这些研究为中国新媒体研究奠定了基础，并

---

① 广州华商学院 2019 级网络与新媒体专业邝宇飞同学对本节亦有贡献。

为后来的研究提供了理论和方法论的支持。随着移动互联网的发展，研究者开始关注移动设备和移动应用对传媒和社会的影响，如移动应用在信息传播、社交媒体、电子商务等方面的作用。这些研究拓宽了中国新媒体研究的领域，并对移动互联网时代的社会变革进行了深入的思考。此外，社交媒体的兴起也成为中国新媒体研究的重要议题。研究者开始关注微博、微信、抖音等社交媒体平台对信息传播、舆论引导、个人隐私和社会关系等方面的影响。他们研究了社交媒体用户行为、信息传播模式和社会网络结构等问题，为了解社交媒体对中国社会和文化的影响提供了重要的参考。近年来，随着新媒体技术的发展和创新，部分学者开始将研究方向转向人工智能、大数据、虚拟现实等新兴技术在新媒体领域的应用和影响。这些研究在一定程度上促进了新媒体产业的创新和升级。

总体而言，我国新媒体研究已有二十余年，研究的规模、质量和层次都在不断提升，取得了丰硕的成果。部分学者也开始注重对新媒体研究成果的梳理，如彭兰、苏涛等学者已连续多年对新媒体研究做年度述评，也有部分学者将我国新媒体研究的某个特定阶段进行切片梳理，如对新媒体研究前十年的成果总结等。但目前国内鲜有学者对近 30 年来新媒体研究演化进行整体探索，运用量化分析方法对新媒体研究脉络进行爬梳的文章尚付阙如。

因此，本研究尝试对 1998—2023 年我国新媒体研究脉络进行勾勒，应用可视化文献分析软件 CiteSpace 绘制我国新媒体研究的知识图谱，梳理和总结我国新媒体研究的文献来源、分布年代、作者及机构等特点，尝试用数据来对我国新媒体研究发展做一个大致的勾勒，以期抛砖引玉，为未来的新媒体研究提供一定的参考。本节整理的新媒体研究成果不包括港澳台地区。

二、 研究方法、 数据来源与参数设定

（一） 研究方法

研究方法是科学研究中用于获取、整理和分析数据的系统化步骤和程序。在科学研究中，合适的研究方法能够确保研究结果的可靠性和有效性。CiteSpace 是在吸纳和参考普莱斯科学前沿理论、结构洞理论和信息觅食原理的基础上，依托 Java 平台创制的可视化文献计量分析工具。[1] 本研究充分利用 CiteSpace 强大的信

---

① 陈悦、陈超美、刘则渊等：《CiteSpace 知识图谱的方法论功能》，《科学学研究》2015 年第 2 期，第 242 – 253 页。

息可视化和计量分析技术，通过对中国知网 CSSCI（中文社会科学引文索引）数据库中 1998—2023 年新媒体研究相关文献进行处理，运用聚类分析、发文量分析、关键词突现分析等功能，将抽象数据和信息转化为可视化图谱，以期揭示新媒体研究领域的演化趋向、研究热点、研究不足。

需要注意的是，CiteSpace 作为一种研究方法，其特性决定了它侧重于解决"是什么"的问题，但判断力与阐释力不足，需要借助传统文献综述法来对图谱进行合理的学理阐释，以解决"为什么"的问题。本研究综合这两种分析方法，通过对相关文献的精细阅读及深入思考，以批判和阐释的方式解读 CiteSpace 呈现的可视化图谱，观照和剖析我国新媒体研究的全貌及纹理。

（二）数据来源

本研究以中国知网为文献检索数据库，检索条件为"主题词＝新媒体或新媒介"或"关键词＝新媒体或新媒介"，学科为"新闻与传媒"，文献类型为"学术期刊"，来源类别为"CSSCI"，检索年限为"1998—2023 年"，共检索出文献 12 227 篇，后使用 CiteSpace 进行去重、删减，得到有效文献 12 150 篇（检索时间：2023 年 2 月 15 日）。

本研究只采集 CSSCI 的数据，有两方面的考量：一是 CSSCI 是我国首个较为完备的人文社会科学引文数据库，收录了大量具有代表性的社科期刊和学术论文；二是通过采集 CSSCI 的数据，有助于确保研究的可信度和可比性，也能够更好地反映中国社科领域的研究动态和学术成果。

（三）参数设定

本研究运用 CiteSpace 软件（版本为 6.1.R6）导入所需的文献数据，数据导入软件的处理条件分别为：设定"Time Slicing"（时间范围）为 1998 年 1 月至 2023 年 1 月，"Years Per Slice"（时间分区）设置为 1 年；"Term Source（主题词来源）"项下默认全部勾选；"Node Types"（节点类型）中选择"Keyword"（关键词）、"Author"（作者）、"Institution"（机构）等。"Selection Criteria"（抽取标准）设置为"g-index"，其中 $k = 25$。

三、 新媒体研究文献数据分析

（一） 新媒体研究总体态势分析

通过对二十余年来在 CSSCI 上新媒体研究发文量的统计，可以整体把握新媒体研究的发展趋势。本研究统计了 1998—2023 年我国新媒体研究文献的发表时间分布，如图 2 – 4 所示，我国新媒体研究文献的数量经历了"缓慢起步""快速攀升""平稳波动"三个阶段。

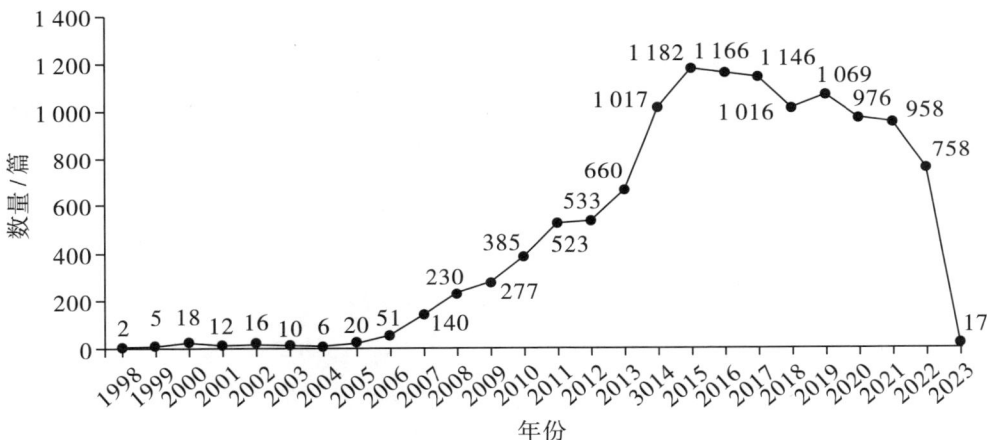

图 2 – 4　1998—2023 年我国新媒体研究文献发表时间分布

1. 缓慢起步阶段

1998—2005 年，我国新媒体研究开始进入较为缓慢的起步阶段。1998 年，随着因特网（Internet）的广泛使用，万维网（WWW）因具有多媒体、超文本性、互动性的特点，被称为一种新型网络传播媒体①，即新媒体。一些学者和传媒人开始对新媒体进行观察和探索。1998 年，闵大洪出版专著《传播科技纵横》；1999 年，浙江报人孙坚华创办了中国第一家新闻传播学专业学术网站"中国新闻传播学评论"，这是当时中国最重要的新媒体研究阵地。2000 年新闻网站的建设热潮引发了新媒体研究的热潮，2003 年博客的兴起进一步推动了学界对新媒体的关注。2004 年，清华大学彭兰教授在其论文《花环与荆棘——中国网

---

① 刘萍、何佳讯、张琪：《WWW 作为广告新媒体的运用与传播特性分析》，《情报科学》1998 年第 3 期，第 200 – 207 页。

络媒体的第一个十年》中对中国网络媒体的发展进行了全面的梳理和分析。同年，Web 2.0 诞生，这一概念颠覆了传统传播模式对受众的忽视，受众不再是单纯的信息被动接收者，而是发展成具有交互作用的内容共创者。2005 年，我国互联网正式进入 Web 2.0 时代，同年，新媒体研究的文献数量创历史新高。

2. 快速攀升阶段

2006—2015 年是新媒体研究爆发的一个阶段，其中 2015 年发文量达到了高峰 1 182 篇。这一阶段新媒体研究的文献数量增长与我国互联网用户的发展几乎是成正比的。根据暨南大学谭天教授的观点，这十年间新媒体研究可以分为两个阶段：前五年是全面开花，后五年是向纵深发展。① 2011 年，随着微信的推出，这个智能移动终端迅速进入中国社会，并对社会各个方面产生了深远的影响。学者们也开始跳出对新媒体研究的单一视域，开启了跨学科的研究尝试。

3. 平稳波动阶段

2016—2023 年进入较为平稳阶段，其间文献数量会有一些波动，总体来说，研究热度略有回落，开始深耕部分细分领域。2016 年，大数据、云计算、物联网、人工智能等技术发展迅速，学界也开始对这些领域有所回应，这一年整体研究呈现多元化与精细化的特点。② 近年新媒体研究"面对技术与人文的复杂纠缠和两难困境，呈现出浓厚的反思与批判色彩"③。

（二）新媒体研究文献来源分析

分析某研究领域的文献来源期刊，有助于了解该领域重要期刊的空间分布情况。④ 本研究绘制了 1998—2023 年我国新媒体研究文献来源期刊（CSSCI）刊载数量前十名的分布图。如图 2 – 5 所示，刊载论文量大于 20 篇的期刊有 5 本。从期刊类型来看，新媒体研究文献来源期刊类型较为多样化，其中包括图书馆学、

① 谭天、夏厦、刘睿迪：《中国新媒体研究发展回顾及展望》，《新闻爱好者》2017 年第 9 期，第 35 – 40 页。

② 苏涛、彭兰：《多元化、精细化与范式创新：2016 年新媒体研究的特点与进路》，《国际新闻界》2017 年第 39 卷第 1 期，第 41 – 62 页。

③ 苏涛、彭兰：《技术与人文：疫情危机下的数字化生存否思——2020 年新媒体研究述评》，《国际新闻界》2021 年第 43 卷第 1 期，第 49 – 66 页。

④ 伍新木、任俊霖、孙博文等：《基于文献分析工具的国内水资源管理研究论文的可视化综述》，《长江流域资源与环境》2015 年第 24 卷第 3 期，第 489 – 497 页。

社会科学、情报理论与实践等多个领域的期刊。这表明新媒体研究开始探索跨学科研究，并且吸引了不同学科背景的学者进行研究。

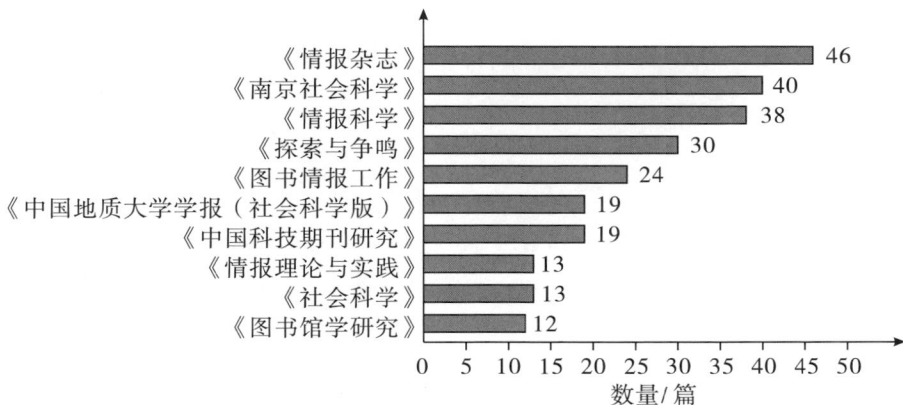

图 2 - 5　1998—2023 年我国新媒体研究文献来源期刊（CSSCI）刊载数量前十名

（三）新媒体研究影响力分析

通过分析新媒体研究学者的发文量和合作关系，能够准确而直观地呈现高影响力作者与团队。本研究根据上述知识图谱绘制方法，绘制了 1998—2023 年新媒体研究学者图谱，共生成节点 813 个，连线 209 条，如图 2 - 6 所示。从整体上看，大多数学者都是在独立开展研究，只有少数是团队在进行合作研究。从小群组切片来看，处于多线条中心的人物，说明其与多名学者开展了广泛的合作，如黄楚新、左志新等，皆处于合作分布的中心。而与中心人物相连的合作者，如与中心人物左志新相连的合作者高方、沈金萍、李栋等，他们的圆圈大小与发文数量无关，圆圈大小仅代表这些合作者与中心人物的合作链接度，合作链接度越高，则圆圈越大。

从发文作者数量来看，1998—2023 年国内共有 807 位学者在 CSSCI 中发表了有关新媒体的研究论文，其中发文量排名前十的学者都是我国新媒体研究领域具有代表性的学者（如表 2 - 1 所示），他们的研究成果对于新媒体研究领域的发展和进步起到了积极的推动作用。

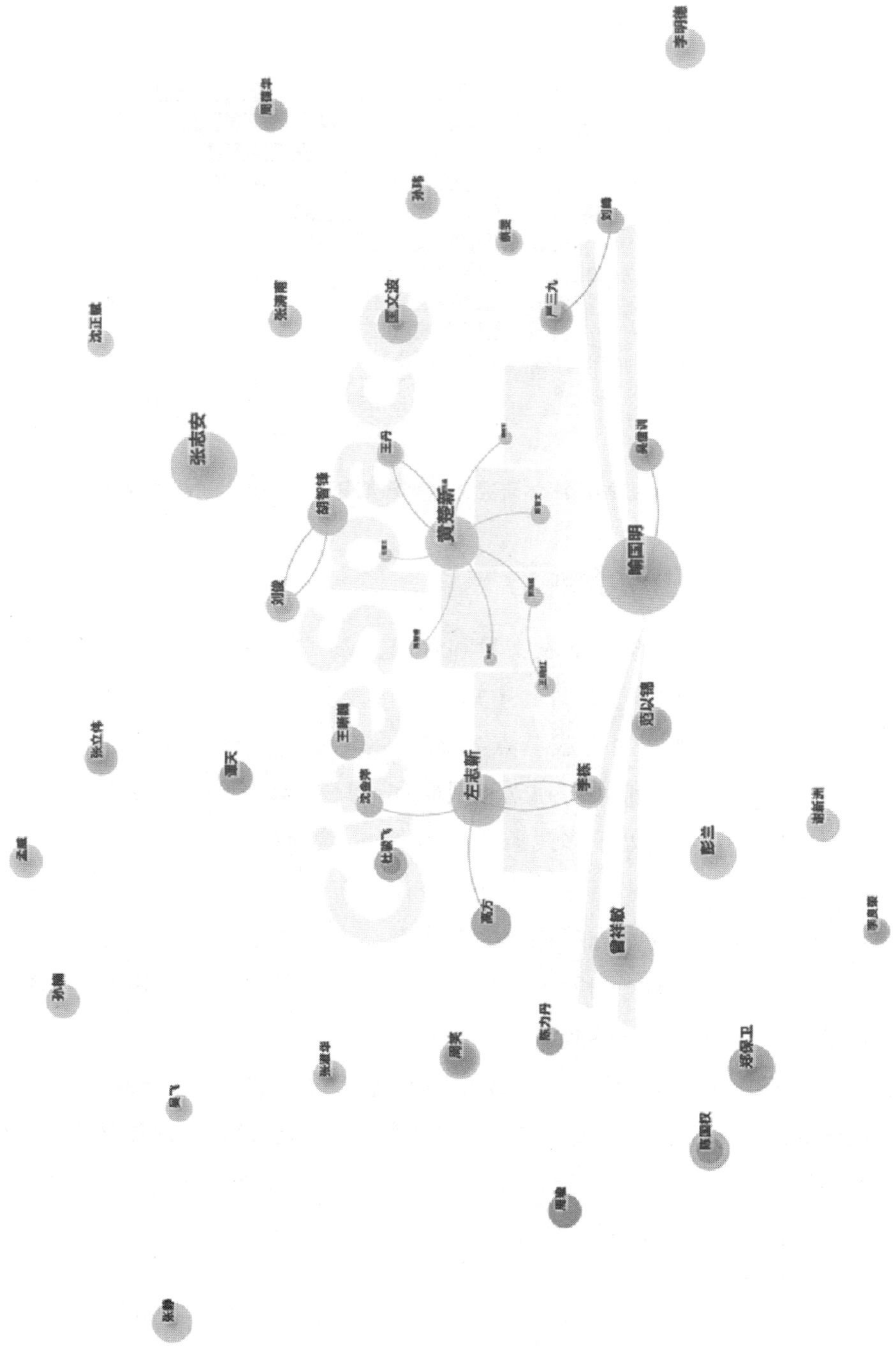

图2-6　1998—2023年新媒体研究学者合作网络图谱

表 2－1　1998—2023 年新媒体研究高产作者前十名

排序	作者姓名	发文篇数
1	黄楚新	63
2	张志安	43
3	喻国明	42
4	左志新	38
5	曾祥敏	32
6	范以锦	31
7	匡文波	30
8	彭兰	30
9	胡智锋	27
10	谭天	24

在学者合作方面，中国社会科学院的黄楚新与王丹、陈智睿、郑智文、唐绪军、郭海威、刘美忆建立了最大的合作关系网络，其次是左志新与沈金萍、高方、李栋。值得一提的是，学者团队合作关系基本建立于 2016 年之后，说明在我国新媒体研究进入平稳波动期后，部分学者开始寻求建立稳定的合作关系，组建研究团队。此举将有助于发挥各自优势，实现互补，拓宽研究领域，推动研究向纵深发展。

（四）研究机构分布与特征分析

研究发文作者所属机构的数量和地区分布可以清晰展现该领域的研究高地和合作关系。本研究运用 CiteSpace 软件对研究机构的关系和数量进行可视化呈现，生成节点 774 个，连线 482 条，绘制出我国新媒体研究机构的网络图谱（见图 2 –7）。

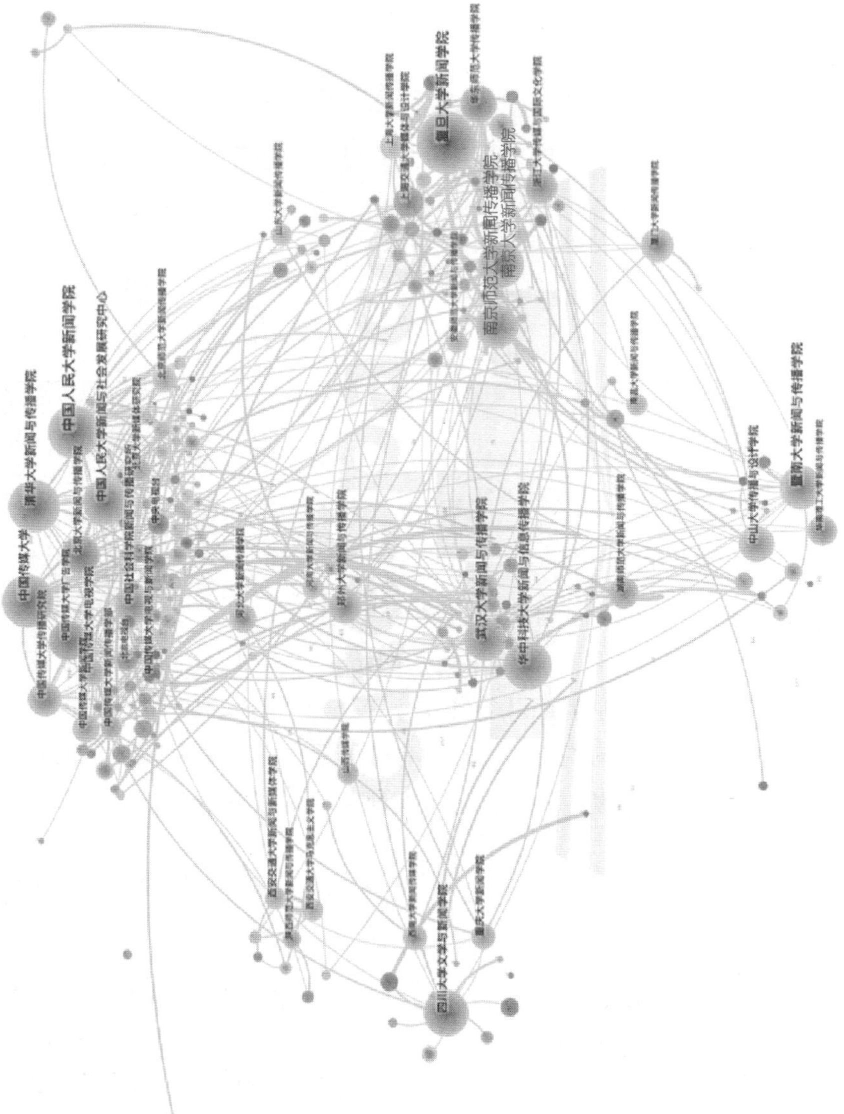

图2-7 1998—2023年新媒体研究机构分布图谱

如图 2-7 所示，从整体来看，我国新媒体研究机构分布在北京地区的明显多于其他地区。北京作为学术交流和合作的重要中心，吸引了来自全国各地的学者和研究人员，他们在北京的学术交流和合作过程中，往往会形成合作关系，进而促进新媒体研究机构的发展。同时，北京作为中国媒体行业的核心地区，拥有众多媒体机构和传媒企业，这些机构和企业在新媒体领域的研究和应用上具有丰富的经验和资源，它们又进一步催生了新媒体研究机构的繁荣。

从局部来看，不同地区都涌现出研究新媒体的主力院校，如华东地区的复旦大学、南京大学，华中地区的武汉大学、华中科技大学，华南地区的暨南大学、中山大学，西南地区的四川大学。研究主力院校的出现有助于带动同地区其他院校的新媒体研究，提升地区整体水平。如四川大学与四川师范大学、成都理工大学、四川外国语大学均有合作。

从合作网络来看，未发现明显的跨机构、跨地区合作趋势，可见我国新媒体研究目前还是以机构内部合作为主，如中国传媒大学新闻学院与电视学院、广告学院、传播研究院之间的联动。

从跨界合作来看，学界与业界的合作连线在图中并不明显，呈现的业界机构节点仅有中央电视台、北京电视台。新媒体行业发展迅速，不断涌现出新的技术和应用，使学界与业界的联动成为必然。通过联动，不仅可以帮助学者及时了解业界的实际需求和问题，从而使研究成果更贴近实际应用，还可以实现资源的共享和互补，提高研究的质量和深度，更好地实现知识的转化和应用。

表 2-2　1998—2023 年新媒体研究高产机构前十名

排序	机构名称	发文篇数	中心性
1	中国人民大学新闻学院	350	0.07
2	复旦大学新闻学院	257	0.03
3	武汉大学新闻与传播学院	178	0.06
4	暨南大学新闻与传播学院	177	0.02
5	中国传媒大学	158	0.07
6	清华大学新闻与传播学院	145	0.04
7	南京大学新闻传播学院	140	0.02
8	中国人民大学新闻与社会发展研究中心	139	0.04
9	华中科技大学新闻与信息传播学院	133	0.02
10	四川大学文学与新闻学院	104	0.03

中心性是一种衡量网络中节点重要性的指标，具有较高中心性的节点在网络中具有更多的连接和更大的影响力。通过对表 2 - 2 的数据进行分析可知，根据发表论文数进行排序，中国人民大学新闻学院以 350 篇论文位列第一，其次是复旦大学新闻学院（257 篇）和武汉大学新闻与传播学院（178 篇）。这些机构在新媒体研究领域的发文数量较多，显示了它们在该领域的活跃度和研究实力。

结合中心性指标我们可以看出，中国人民大学新闻学院和中国传媒大学在中心性上都具有较高的数值（0.07）。这表明这两个机构在新媒体研究领域不仅发文数量较多，而且在学术网络中具有较多的连接和较大的影响力。

此外，武汉大学新闻与传播学院、清华大学新闻与传播学院、中国人民大学新闻与社会发展研究中心也在中心性上具有一定的优势，分别为 0.06、0.04、0.04。这些机构在新媒体研究领域的学术地位较高、影响力较大，对该领域的发展和研究具有一定的贡献。

总的来说，中国人民大学新闻学院、中国传媒大学等机构在新媒体研究领域的发文数量较多，并且在学术网络中具有较高的中心性。这些机构在新媒体领域的研究和学术交流中扮演着重要角色，对该领域的发展和进步起到了积极的推动作用。

四、 研究热点与趋势分析

（一） 新媒体研究热点总体分析

关键词是文章内容的高度提炼和集中体现，通过对 1998—2022 年新媒体研究关键词的频次进行分析，可以探究研究热点的变迁。本研究在 CiteSpace 软件中设置时间分区为 "1998—2022"，由于年份跨度较大，将 "Years Per Slice" 设置为 "2"，绘制出我国新媒体研究关键词共现知识图谱（见图 2 - 8）。图中每一个节点代表一个关键词，节点越大，字号越大，代表该关键词出现的频率越高。

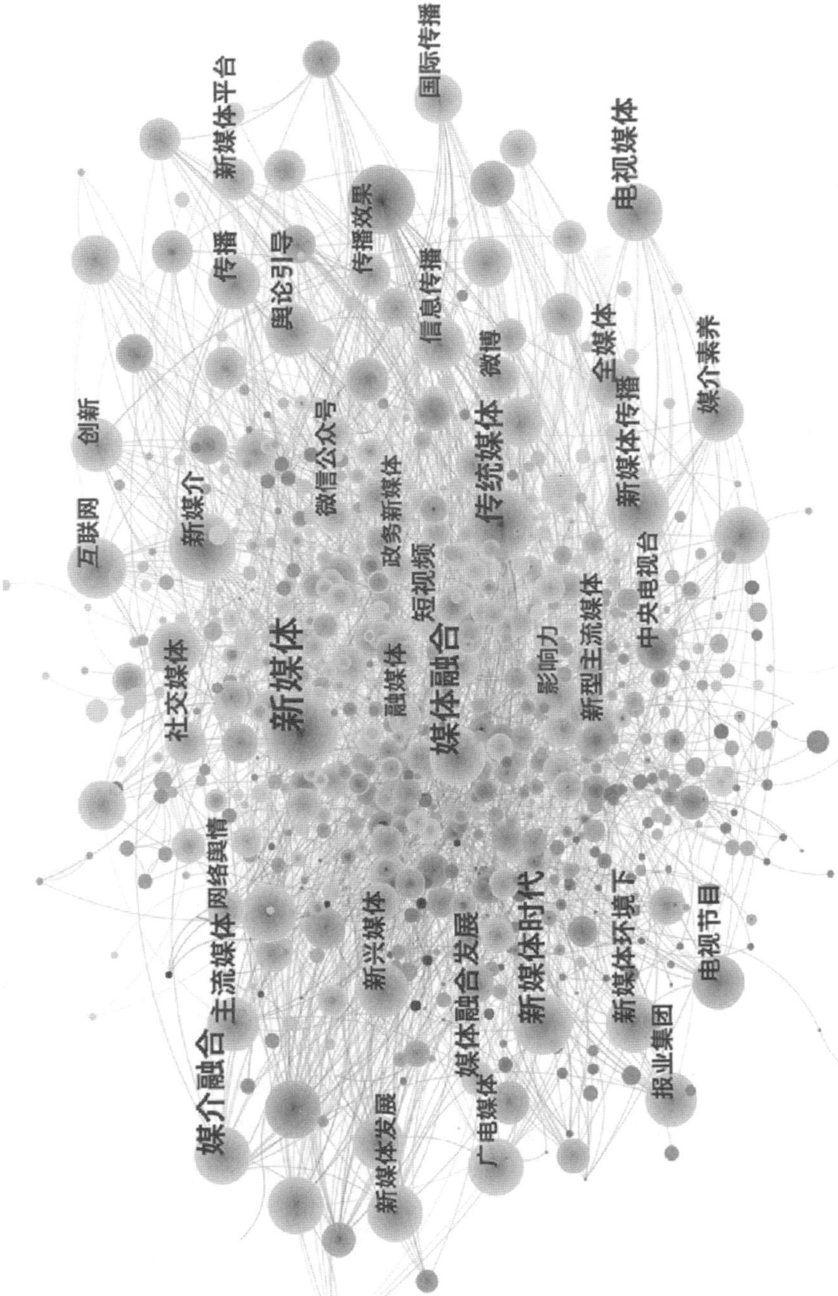

图2-8 1998—2022年我国新媒体研究热点知识图谱

表2-3　1998—2022年新媒体研究关键词前二十名频次和中心性统计

排序	关键词	频次	中心性
1	新媒体	1 973	0.11
2	媒体融合	801	0.04
3	传统媒体	514	0.18
4	媒介融合	476	0.07
5	新媒体时代	387	0.09
6	电视媒体	260	0.15
7	主流媒体	235	0.06
8	媒体融合发展	212	0.03
9	全媒体	182	0.06
10	新媒体传播	173	0.11
11	短视频	162	0
12	新媒介	157	0.11
13	社交媒体	154	0.06
14	传播	151	0.05
15	新媒体环境下	147	0.08
16	舆论引导	127	0.03
17	新媒体平台	118	0.04
18	新型主流媒体	115	0.01
19	融媒体	114	0
20	媒介素养	113	0.05

通过对图2-8和表2-3的分析发现，我国新媒体研究的热点非常多元，媒介融合、社交媒体、短视频、全媒体、媒介素养等都曾是新媒体研究的热点。其中，新媒体（频次1 973，中心性0.11）、媒体融合（频次801，中心性0.04）、传统媒体（频次514，中心性0.18）、媒介融合（频次476，中心性0.07）等热点处于新媒体研究领域的中心地位。从关键词的分布时间来看，2006年研究热点出现井喷式增长，热点关键词高达187个，同时，这一年"电视媒体""电视节目""中央电视台"等主流电视媒体成为新媒体研究的重点关注对象。在这些新媒体研究热点中，媒体融合、媒介融合、媒体融合发展、融媒体、融合发展、三网融合、深度融合、融合传播等关键词持续出现，可见从新媒体出现伊始，关于媒体融合热点的研究就从未间断过。

（二）新媒体研究热点突变分析

本研究运用 CiteSpace 的 "Burst Detection（突变检测）" 来检测关键词的骤增情况，通过观察哪些关键词或主题在某个时间段内突然出现或增长，从而发现研究的热点和变化趋势。

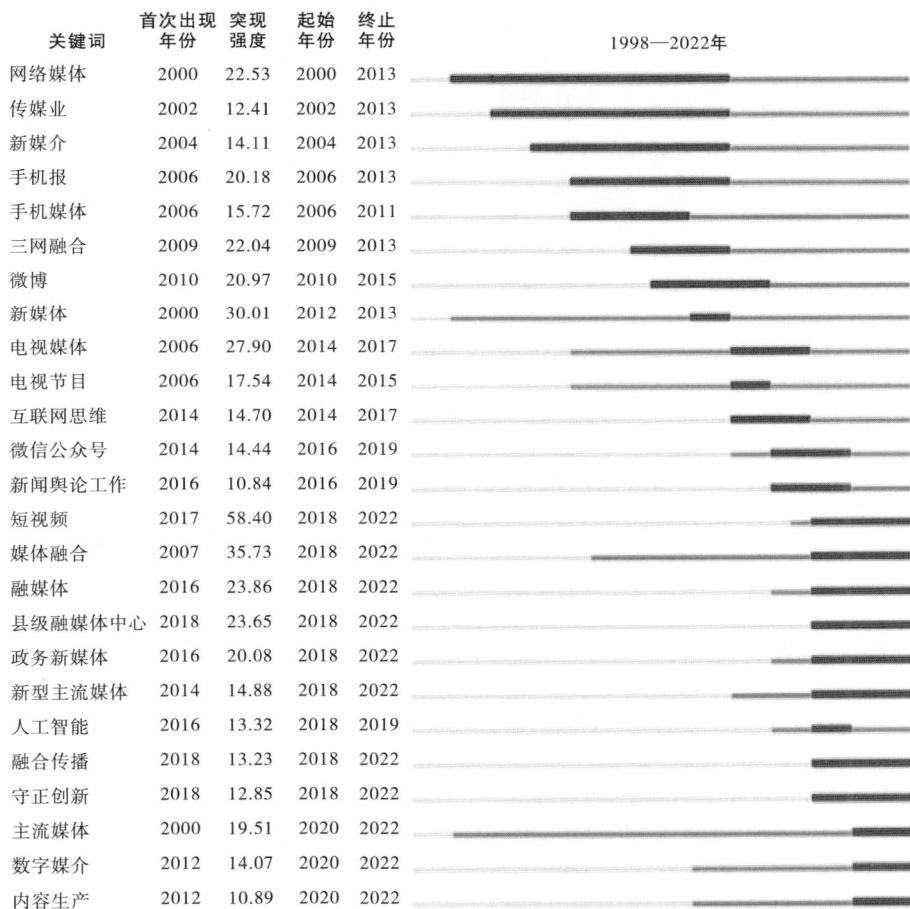

关键词	首次出现年份	突现强度	起始年份	终止年份	1998—2022年
网络媒体	2000	22.53	2000	2013	
传媒业	2002	12.41	2002	2013	
新媒介	2004	14.11	2004	2013	
手机报	2006	20.18	2006	2013	
手机媒体	2006	15.72	2006	2011	
三网融合	2009	22.04	2009	2013	
微博	2010	20.97	2010	2015	
新媒体	2000	30.01	2012	2013	
电视媒体	2006	27.90	2014	2017	
电视节目	2006	17.54	2014	2015	
互联网思维	2014	14.70	2014	2017	
微信公众号	2014	14.44	2016	2019	
新闻舆论工作	2016	10.84	2016	2019	
短视频	2017	58.40	2018	2022	
媒体融合	2007	35.73	2018	2022	
融媒体	2016	23.86	2018	2022	
县级融媒体中心	2018	23.65	2018	2022	
政务新媒体	2016	20.08	2018	2022	
新型主流媒体	2014	14.88	2018	2022	
人工智能	2016	13.32	2018	2019	
融合传播	2018	13.23	2018	2022	
守正创新	2018	12.85	2018	2022	
主流媒体	2000	19.51	2020	2022	
数字媒介	2012	14.07	2020	2022	
内容生产	2012	10.89	2020	2022	

图 2-9　1998—2022 年突现关键词前二十五名

图 2-9 中，关键词对应的时序条中，深色部分代表其发文量激增的时间段。在 1998—2022 年突发性强度排名前二十五的关键词中，最早出现的是 "网络媒体"，最开始出现于 2000 年。这与 2000 年全国新闻网站建设热潮不无关系，而且就在 2000 年 6 月，上海举办了全国新闻媒体网络传播研讨会，近百家媒体网站相关人员参加，进一步推动了关于网络媒体传播的研究。

根据 1998—2022 年突现关键词的总体情况，我国新媒体研究议题的演变过程如下：2000 年前后研究重心放在互联网接入后的网络媒体及其在传媒业中发挥的作用；2006 年左右，伴随着技术进步，手机便携性提高，功能逐渐多样化，学界迅速跟进，手机作为移动终端成为新媒体研究的新热点；2009 年，三网融合被第一次写入国务院政府工作报告，学界对于三网融合的探索为下一阶段的实质性进展做了充分准备；2010 年前后，随着微博、微信等社交媒体的兴起，新媒体的概念更加具象化，由此带来了人们对于网络"公共领域"的探索和"舆论引导工作"这一全新研究议题；2014 年，中共中央针对媒体融合发布首个指导性文件，媒体融合工程正式成为国家顶层设计层面的战略部署；2017 年，短视频风靡全网，除了对短视频本身的研究之外，短视频还为传统媒体转型提供了选择，"融媒体""县级融媒体中心""政务新媒体"等议题相继出现；之后，随着人工智能技术的发展成熟，生成式人工智能（Artificial Intelligence Generated Content，AIGC）、社交机器人等新兴内容生产方式、传播方式也引发了学界的广泛关注和探索。

综上所述，可以看出我国新媒体研究的议题主要围绕技术革新、政策导向两个方向展开。一方面，新闻传播学是一门时效性强、实践性强的学科，研究议题通常来自社会热点和业界应用；另一方面，也暴露出我国新媒体研究盲目追求热点的弊端。

五、 总结及展望

本研究通过 CiteSpace 的知识图谱分析，对 1998—2023 年我国新媒体研究演化历程进行了梳理。研究发现，我国新媒体研究经历了缓慢起步、快速攀升和平稳波动三个阶段。新媒体研究的热点涵盖媒体融合、传统媒体、社交媒体等多个领域，反映了学界对新媒体发展多个领域的关注和探索。但透过数据也发现了新媒体研究的一些不足，如研究机构的地域分布较为失衡，主要集中在北京地区，或者集中在其他地区的主力院校；同时，关于新媒体研究的团队合作也暂时呈现较为封闭的样态，跨地区、跨机构合作较少。

在过去的二十多年里，新媒体研究经历了持续的发展和演变。从互联网的普及到移动互联网的崛起，再到社交媒体和大数据的兴起，新媒体研究领域涌现出媒体融合、网络舆情、社交媒体影响、虚拟现实等研究热点。学者们关注新媒体对信息传播、社会关系、舆论引导等方面的影响，同时也关注新媒体技术的应用和发展。跨学科合作和实践探索成为新媒体研究的趋势，为未来新媒体的发展提供了重要的理论和实践支持。本研究希望通过对我国新媒体研究进行整体勾勒，帮助研究者们从较为宏观的视野对新媒体研究进行回顾，从中探索出更多有潜力的理论增长点，进而推动新媒体研究进一步发展。

第四节　新媒体传播研究前沿话题

通过对新媒体研究的宏观梳理，我们观察到 2013—2018 年新媒体传播研究呈井喷之势。仅以"新媒体传播"来检索，2018 年的论文数（402 篇）是 2013 年（128 篇）的约三倍。那么，这几年学术界在这方面到底在研究些什么呢？本节聚焦学者们关注的十大前沿话题，并做简析，以便给后续研究提供参考。

一、技术赋能

近年来，技术赋能是一个热词，实际上是研究新媒体中传播与技术的关系，以及背后的权力游戏。大多数研究还是停留在新媒体技术的应用上，如基于大数据、人工智能的各种新媒介技术应用，以及这些应用对新闻传播的影响。"从大数据到小数据，改变新闻传播范式和底层结构，让小数据驱动新闻传播的升级转型，就能让新闻传播更加'智慧'。"[1]

有学者则进行了更深入的探讨。喻国明等认为，在信息技术从传播工具、渠道、媒介、平台进化为基础性社会要素的过程中，互联网作为一个新的权力来源，正形成社会权力的转移与转化。因此，需要探讨关系赋权的动力机制与影响机制。[2] 张才刚指出："新媒体平台的技术属性，与内容产品形态演进有着内在关联。在揭示生产主体、生产资源以及产品形态变迁的基础上，思考新媒体平台功能与价值的实现方式，解读新媒体内容生产的内在逻辑与基本规律，客观认识新媒体时代内容景观的形成原因及其发展趋势。"[3] 杜智涛、张丹丹进而考察技术赋能对社会形态的影响，认为技术赋能与权力相变将影响网络政治生态的演进。[4]

从技术到权力，从媒介到社会，研究者正不断地把研究推向更深层次，探讨技术赋能对产品形态、传媒业态、媒介形态的影响，及其动力机制、演进路径和

① 詹新惠、卓娜：《数据赋能，让新闻传播更加"智慧"》，《青年记者》2018 年第 28 期，第 15 页。
② 喻国明、马慧：《互联网时代的新权力范式："关系赋权"——"连接一切"场景下的社会关系的重组与权力格局的变迁》，《国际新闻界》2016 年第 38 卷第 10 期，第 6—27 页。
③ 张才刚：《新媒体平台赋能与内容生产的基本逻辑》，《中国编辑》2018 年第 4 期，第 26 页。
④ 杜智涛、张丹丹：《技术赋能与权力相变：网络政治生态的演进》，《北京航空航天大学学报（社会科学版）》2018 年第 31 卷第 1 期，第 26－31 页。

发展趋势。

二、 身体 （具身） 传播

近年来，传播者的在场与离场，虚拟空间的具身性和网络传播中的身体问题引起学者们的关注，既有哲学层面的思考，也有技术—传播的解构。陈月华是我国较早关注传播中身体问题的学者之一，她在《传播：从身体的界面到界面的身体》一文中，通过对虚拟现实的研究指出，人类有可能在赛博空间通过沉浸式面对面交流找回在场效应。

然而，纵观整个传播研究史，身体问题在传播研究中几乎不受重视。"麦克卢汉不仅把身体视为媒介/技术诞生的创造性来源，还把身体当作媒介/技术的定位场所。他的身体—媒介/技术思想深藏着救赎和回归的迷思，折射出他独特的技术人文主义，同时也暴露了其理论的局限。"[①] 刘婷等认为，研究者们亟须回答的问题是：身体在人类未来的交流中居于何种地位？身体的物质性对人之为人有何种意涵？

刘海龙等则更为深入地探讨了身体传播对传播学研究的影响，从知觉现象学与认知科学的视角梳理具身性与传播研究的身体观念后提出具身性问题。他们研究发现："具身性为反思既有的两种传播观念以及关照新传媒技术实践提供了难得的逻辑切入点。首先，批判性地揭示传播传递观所隐含的刺激—反应这一实证主义逻辑，凸显身体及其知觉类型在传播效果研究中的系统性缺席；其次，从符号与现实关系的角度检视传播仪式观的作用机制，尝试以具身视角填补由这一作用机制所造成的学理困境；再次，以具身观念反观新传媒技术及其实践，将虚拟现实理解为具身性的传播实践，借此为彻底离身的技术神话去魅。"[②]

孙玮则从存在现象学、技术现象学、后人类理论出发，结合移动网络、虚拟现实、人工智能等新媒体实践，回顾并探讨了身体议题在传播学研究中的基本状况，以及对传播学创新发展的价值与意义。孙玮认为："媒介不是撇开了身体、外在于主体的工具，而是与身体互相构成，融为一体。"[③] 其还进一步探讨了媒介融合中正在造就的新型主体"赛博人"。彭兰则从社交平台上的自拍来探讨身

① 刘婷、张卓：《身体—媒介/技术：麦克卢汉思想被忽视的维度》，《新闻与传播研究》2018 年第25 卷第 5 期，第 46 页。

② 刘海龙、束开荣：《具身性与传播研究的身体观念——知觉现象学与认知科学的视角》，《兰州大学学报（社会科学版）》2019 年第 47 卷第 2 期，第 80 页。

③ 孙玮：《交流者的身体：传播与在场——意识主体、身体—主体、智能主体的演变》，《国际新闻界》2018 年第 40 卷第 12 期，第 101 页。

体的在场及社会互动环境的影响。

2019 年 6 月 2 日，"具身传播"研讨会在中国人民大学新闻学院举办，来自不同学科领域的学者深入探讨"具身传播"。虚拟现实的具身性、媒介与身体的关系、身体的在场与离场、身体的公共性与个体性诸多问题引起了学者们的广泛探讨，大大拓展了新媒体传播的学术空间。

三、　社会化传播

近年来，在新媒体传播研究中，"社会化传播"一词出现的频率越来越高。"传播领域正呈现出一些新的趋势：传播者从专业媒体机构扩展到非媒体机构和个人；内容生产模式从组织化到社会化；传播模式从单向大众传播到以社交关系为纽带的互动式群体传播；传播渠道从互相分隔到跨界融合；传播对象从被动接受到参与信息生产；传播范围从地方化到全球化；传播效果从传者基本可控到传受双方共同发挥作用。"[①] 与此同时，传统媒体的衰落、大众传播的危机，促使社会网络形成新的传受关系和传播形态。新媒体传播研究在呼唤社会化传播理论的建构。

尽管社会化传播已成为传播学和新媒体研究的热词，但相关的理论研究还比较少，有学者提出："社会化传播改变了以往的信息传播模式，传播者和接受者之间的关系被重构。"[②] 隋岩等在分析群体传播时代个人情绪的社会化传播路径时发现："个人情绪的社会化传播，是私人情绪通过传播交流变成社会集体情绪的过程。"[③] 但目前主要的研究还是集中在社会化传播一个方面的应用——社会化媒体营销，实际上是数字营销的延伸。社会化传播研究应该超越媒体和营销的狭窄领域，在社会网络中人人都是媒体，互联网上每一个节点都可以引发传播活动。传播学更应关注社会化传播的结构、功能，群体与个体的协调，个人与社会之间更为复杂的关系。

李夏薇是最早给出定义的："社会化传播是一个宽泛的概念，强调的是一种弥漫式、辐射式的传播方式，强调每个互联网用户都是传播的一个节点，是一种基于社会化媒体平台，在信源、希望获取信息的受众和信宿之间进行沟通并且实现信息和内容分享的行为。"[④] 谭天把关系和资本导入定义："社会化传播是指在

---

① 李凌凌：《社会化传播背景下舆论场的重构》，《中州学刊》2016 年第 9 期，第 160 页。
② 关峥、王海燕：《社会化传播下受众自我议程设置的探析》，《视听》2019 年第 1 期，第 148 页。
③ 隋岩、李燕：《论群体传播时代个人情绪的社会化传播》，《现代传播》2012 年第 12 期，第 12 页。
④ 李夏薇：《社会化传播初探》，《青年记者》2017 年第 20 期，第 12 - 13 页。

互联网连接的虚拟与现实的空间里，任何个体和组织都会形成传播行为，通过各种媒介平台和传播工具的关系转换，进而引发社会资本流动和各种传播活动。"[①]他进而提出构建社会化传播理论的设想，这个理论体系包括基本理论、媒介形态、内容与服务、关系与连接、用户与互动、效果与效用六个部分。他认为社会化传播不是替代大众传播，而是涵盖并发展包括大众传播在内的经典传播理论，或许通过社会化传播的理论研究能够更好地重建传播学的理论大厦。

四、 推荐算法

推荐算法是目前人工智能在传媒领域最主要的应用，一方面它给内容分发带来精准传播的推送效果，另一方面也因此造成价值取向的困扰。"在个性化推荐大行其道的同时，公众信息偏食问题凸显，还容易陷入'信息茧房'，带来一系列负面影响。"[②]由此可见，推荐算法的发展喜忧参半。

有学者认为，"从表面上来看，算法推荐让每个人接受不同的资讯内容，但本质上，算法推荐所遵循的公式算法和系数加权是把所有个体的网络行为视作'数字化'和'标准化'，并使之拘泥于一套看似科学和客观的数据计量方法中，而这套方法背后隐藏着'同一化'的技术内核，最终促成个体的'信息孤岛化'"[③]。也有学者认为，"基于个性化推荐的算法审查机制，在对用户的阅读内容进行筛选和推送的过程中，明显包含了设计者的个人主观因素，这在一定程度上侵犯了用户自身对信息进行选择的权利；而算法审查中可能隐藏着的误差、偏见、干预等，又可能导致用户错过众多应知而未知的信息，在一定程度上侵犯用户的知情权"[④]。有学者进一步研究发现，基于内容的推荐容易导致"信息茧房"现象，基于协同过滤的推荐会引发受众对阅读内容的失控，基于时序流行度的推荐有诱发电子媒介"黄色新闻潮"的风险。[⑤]学者们还对算法技术的非对等性导致的算法权力进行了批判，提出"社会亟待对算法权力进行引导与规范，从而发挥其在大众传播中的积极作用"[⑥]。

① 谭天：《构建社会化传播理论的思考》，《浙江传媒学院学报》2018年第25卷第2期，第44页。
② 黄楚新：《破除"信息茧房"，不以流量论英雄：重塑新媒体时代的吸引法则》，《人民论坛》2018年第17期。
③ 吴卫华：《算法推荐在公共传播中的理性问题》，《当代传播》2017年第3期，第81页。
④ 周建明、马璇：《个性化服务与圆形监狱：算法推荐的价值理念及伦理抗争》，《社会科学战线》2018年第10期，第172页。
⑤ 陈昌凤、师文：《个性化新闻推荐算法的技术解读与价值探讨》，《中国编辑》2018年第10期。
⑥ 李林容：《网络智能推荐算法的"伪中立性"解析》，《现代传播》2018年第8期，第82-86页。

学者们对于推荐算法的担忧和批判，实际上反映出在算法应用中价值理性与工具理性的冲突，如何解决或达到某种平衡呢？吴卫华用价值理性纠正和引导工具理性，使得工具理性和价值理性能够达到二元平衡。[①] 师文等提出用人文关怀弥合技术逻辑背后的价值缺失。[②] 喻国明等认为，算法是信息传播革命的必然结果和有力工具，但在不断优化算法的过程中仍需要遵循"以人为本、以影响力为追求、以结构建设为入口、以公共性为底线"基本的价值观。[③]

推荐算法存在的问题显而易见，如何解决？人文价值与商业价值能否达到一种平衡？对此，学者们提出了不少积极的观点，但还须落实到优化算法的制度建设和数学模型中。

五、知识传播（知识付费）

随着互联网在教育、医疗、法律等领域推出知识付费产品，目前的研究多集中在针对知识付费市场发展、运营模式等应用研究，但学者们更关注在知识传播理论层面的探讨。

有学者对线上知识付费的主要类型、形态架构与发展模式进行剖析（喻国明、郭超凯，2017）；有学者对知识付费的概念内涵、兴盛原因与现实危机进行梳理（丁晓蔚、王雪莹、高淑萍，2018）；有学者基于实证分析，对用户在线知识付费的影响因素进行研究（杜智涛、徐敬鸿，2018）；也有学者对网络知识付费的生成逻辑、内容生产与价值进行审视（孙佳、严定友，2019）。

部分学者开始将研究的高度提升到知识传播学术层面的探讨中来。有学者从知识传播模式的角度研究知识付费，认为个体的节点式传播、开放平台的参与式传播、多元整合的内容传播是知识付费的主要特征。（邹伯涵、罗浩，2017）有学者关注到互联网知识传播范式的转变问题，认为"正在发生的'知识付费'是互联网平台知识范式的重大转变，从过去的公共、分享式的知识社区转变为有着工业化、专业化的知识生产机制和基于数字经济的知识服务产业；从过去碎片化的信息获取转变为依赖知识中介，获取跨界通识、中层化的知识类型"[④]。有学

---

① 吴卫华：《算法推荐在公共传播中的理性问题》，《当代传播》2017 年第 3 期。
② 师文、陈昌凤：《社交分发与算法分发融合：信息传播新规则及其价值挑战》，《当代传播》2018 年第 6 期，第 50 页。
③ 喻国明、曲慧：《"信息茧房"的误读与算法推送的必要——兼论内容分发中社会伦理困境的解决之道》，《新疆师范大学学报（哲学社会科学版）》2020 年第 1 期。
④ 马澈、穆天阳：《一种新的互联网知识传播范式："知识付费"的逻辑与反思》，《新闻与写作》2018 年第 4 期，第 41 页。

者也关注到知识生产与传播范式的变革，指出"知识付费，以市场化的方式，将人们的'认知盈余'货币化，构成了知识经济时代独特的知识生产与传播范式。在线化、专业化和产业化是新一轮知识付费兴起的主要特点"①。有学者对互联网时代的认知盈余与知识变现问题展开学术思考，经研究认为在"认知盈余货币化的趋势下，自20世纪中期娱乐和信息界限模糊为'娱信'的基础上，娱乐和知识的界限也开始变得模糊，带来公私不分、知识密度降低、知识更新机制缺乏等问题，从本质上并没有扭转克莱·舍基所构想的让消费转变为创造的状态"②。

随着从概念内涵探讨到传播模式归纳再到传播范式转换的提出，以及对知识变现问题的学理关注，学者们对知识传播有了更加深入的研究。

六、 场景与空间

随着移动互联网时代的到来，作为用户与新媒体的重要接口和连接节点，场景的作用和意义日益凸显。彭兰、谭天最早对场景问题展开研究，他们指出：场景可能成为移动媒体的新入口（彭兰，2015）；场景是传统媒体融合转型的关键（谭天，2015）。在移动互联网时代，场景逐渐成为人的需要、生活空间、市场价值的新的承载物。（喻国明，2017）接入、场景、资本是社交媒体的三大构成。（谭天、汪婷，2018）有学者提出，家庭、交通车载、个人媒体是5G时代三个最重要的应用场景。（卢迪、邱子欣，2019）还有学者论述了内容与场景的关系。（李易阳，2019）

学者们进而对场景理论进行了深入探讨。马宁主要从应用层面考察："移动互联网络的场景构建和传播模式变迁，为媒介融合和新媒体发展提供了有益的创新路径参考。"③ 郜书锴则构建了场景理论的内容框架，他强调："场景时代带来的积极与消极影响，表面上看是技术问题，实质上是个信任的问题。"④ 然而，场景毕竟只是新媒体传播中的一个重要节点和转换空间，它与相关要素和所在环境还有千丝万缕的联系，因此我们还要进一步拓展研究的空间。

场景只是互联网连接的一个特定空间，学者们进而把研究的目光投向新媒体

---

① 陈昌凤：《知识付费的多重属性与本质特征》，《人民论坛》2019年第23期，第130页。
② 孟建、孙祥飞：《数字知识传播：创造、生产、消费、边界——关于互联网时代认知盈余与知识变现问题的学术思考》，《新闻爱好者》2017年第5期，第21页。
③ 马宁：《移动互联网络的场景构建与传播模式变迁》，《现代传播》2016年第38卷第6期，第142页。
④ 郜书锴：《场景理论：开启移动传播的新思维》，《新闻界》2015年第17期，第48页。

传播中的各种空间，从话语空间到信息空间，从逻辑关系到利益关系。有学者探讨了新媒体视域下网络空间意识形态话语权的逻辑生成。（饶苗苗、何小春，2019）有学者探讨了算法定义的新型信息空间，指出其利益导向和信息操纵的特点。（罗教讲、刘存，2019）谭天应用空间理论深入分析了互联网电视发展中的空间转向："作为空间产品的电视节目正呈现生产空间多元化、传播空间社交化、运营空间平台化的新特点。节目的内涵和外延正在变得更加丰富多彩，互联网思维赋予我们更多的想象空间，互联网电视正不断地推动节目创新创优。"[1] 从场景到空间，新媒体传播研究的不仅是空间的延伸和拓展，还要关注空间的转向与文化的转向。

七、 连接

在新媒体视域下，人们对传播的研究不仅由信息传播进入关系传播，进而把关系表征为连接，连接人、连接物、连接服务，并由此涉及更多传播学及相关学科问题。彭兰对"连接"的演进做了全面梳理和深入分析后指出，当一切物体成为终端时，"信息传播"这个词的含义会发生深层变革，人对信息的需求也会发生深刻变化。谭天进而提出"媒介即连接"的观点，指出媒介是关系连接器，新媒体的连接方式主要是通过关系产品。

部分学者分别从文化和传媒经济的视角认识连接。有学者认为跨文化虚拟共同体是连接、信任与认同。（肖珺，2016）有学者指出网红经济实际上是传播者与内容的连接。（邵泽宇、谭天，2018）也有学者指出连接会重新定义内容价值："以今日头条为代表的一批新媒体快速崛起，以连接为王来重新定义内容价值，在某种意义上颠覆了人们对媒体的理解。"[2] 有学者还指出连接会形成互联网新的权力范式，"它从本质上改变了人与人连接的场景与方式，推动社会关系网络从差序格局、团体格局向开放、互动的复杂分布式网络转型，引发了社会资源分配规则及权力分布格局的变迁"[3]。

然而，"连接一切"并不都会给人类社会带来福音。彭兰在《连接与反连接：互联网法则的摇摆》一文中提到，今天人们也在面临着过度连接的重负，不断增长的连接在延伸人的社会关系的同时，也将更多关系负担与社会压力传递给

---

① 谭天、覃晴：《作为空间产品的电视节目》，《现代传播》2016 年第 38 卷第 2 期，第 83 页。
② 沈静、史晓多：《媒体运营：内容为王转向连接为王》，《青年记者》2018 年第 3 期，第 91 页。
③ 喻国明、马慧：《互联网时代的新权力范式："关系赋权"——"连接一切"场景下的社会关系的重组与权力格局的变迁》，《国际新闻界》2016 年第 38 卷第 10 期，第 6 页。

人。当连接达到一定程度后，其对用户的意义可能就会减弱，甚至走向反面。例如强互动下的倦怠与压迫感、圈层化对个体的约束及社会的割裂、线上过度连接与线下连接的挤占、人与内容过度连接的重压、对"外存"的过度依赖等。对此，她指出："适当的反连接意识与能力在未来或许应作为一种新的网络素养，这种素养是人在网络时代保持独立与自主性的一个基础。"[1] 对于连接，我们也需要更多的反思和批判，需要审视连接所带来的各种问题，如侵犯隐私问题、伦理道德问题、网络安全问题等。

随着对连接的深入研究，我们还需要其他学科的支援，例如计算机科学会有助于人们对复杂网络中连接机理的认知。连接还是一个从物理到心理、从物质到文化的关系构建过程，我们还需要对连接的主体、客体及其相互作用展开更多的研究。这些研究将为人与技术、用户与媒体、网络与服务建立起更为健康良好的共生关系。

八、 新媒体治理

互联网治理的相关研究已有很多，新媒体治理的则相对较少。尽管二者有关联，但前者关注的是整个网络社会的治理，而后者集中在新媒体的监管和整治。

有学者提出新媒体治理体系的构建可从治理主体构建、治理机制构建、治理能力构建三个维度来综合考虑。（刘先根、彭培成，2014）有学者在对中国新媒体社会责任的行业践行状况进行解析后提出以社会责任为核心的新媒体共同治理的治理理念与治理体系。（钟瑛、李秋华，2017）有学者针对新媒体治理中的多主体，如何协调新闻媒体、政务媒体与政府管理之间的关系，提出政治沟通的制度调适。（张涛甫、徐亦舒，2018）有学者结合大数据与小数据分析，从传播内容、传播功能和影响效应三个角度来考察政府新媒体在网络治理中的角色，提出政府新媒体的未来发展应着力于扩大受众覆盖面、优化传播内容、提升信息质量等。（孟天广、郑思尧，2017）

新媒体治理也是一种公共治理，对此，郑恩等在研究中发现："事件的话语生产方式代表了一种创新的媒介逻辑，这种新型逻辑推动着'媒体—公民—政府'三者的互动，重构着权力配置机制，在一定程度上预示了公共治理路径的

---

① 彭兰：《连接与反连接：互联网法则的摇摆》，《国际新闻界》2019 年第 2 期，第 36 页。

转型。"①

在新媒体治理中，虚假新闻是老问题，短视频是新领域。有学者针对新媒体时代虚假新闻的特点和成因提出治理对策："首先应借助技术手段，通过大数据和区块链技术加以预测和核实，防止虚假新闻的出现。在此基础上，要根据新媒体传播的特点来修订和完善已有的法规，并发挥好专业人士的作用，有效开展媒介素养教育，多管齐下治理虚假新闻。"②

诚然，互联网治理研究的许多成果可以应用到新媒体治理中，但新媒体的发展日新月异，会遇到许多新情况、新问题、新挑战，需要更多具有针对性的对策研究。对此，唐绪军等提出："加强对新媒体伦理、大数据开发与运用伦理、内容分发机制等问题的研究，细化互联网平台行为规范，强调互联网企业社会责任与网络行为的多元主体责任。"③

九、　短视频

对于短视频的兴起与快速发展，学者们不仅关注其发展态势，还进行了深入研究。有学者关注我国短视频生产的新特征与新问题，认为社会协作是短视频生产与传播的突出特点。（王晓红、任垚堤，2016）有学者从"创新扩散"理论角度分析推动我国短视频快速扩散的各种创新（产品、受众和渠道），并分析了短视频发展面临的挑战。（邓建国，2018）有学者关注短视频"下半场"的发展，认为应把握好短视频的媒介社会责任，正确处理公私域中的内容与价值标准，构建短视频公共空间的秩序与规则。（邓若伊、余梦珑，2018）有学者从伦理角度剖析短视频平台的伦理困境，认为简单地将这一困境归咎于短视频平台的缺失是欠妥的。（顾杨丽、吴飞，2018）有学者将研究视角聚焦于政务短视频传播，提出"政务新媒体链"概念，认为连接是政务新媒体应用短视频的精髓所在。（邵泽宇、谭天，2018）有学者从视觉说服的视角探究短视频如何构建国家形象。（董媛媛、田晨，2018）有学者关注短视频生产力，指出"以人为本"将是其持久的文化基因。（彭兰，2019）

学者们对短视频的认识与传播研究也在不断加深。有学者认为短视频的本质

---

① 郑恩、龚瑶、邓然：《基于话语分析与公共治理视角的新媒体事件话语生产类型及叙事模式》，《长安大学学报（社会科学版）》2011年第3期，第89页。
② 顾理平：《新媒体时代虚假新闻的治理》，《新闻战线》2019年第11期，第67页。
③ 唐绪军、黄楚新、王丹：《中国新媒体发展趋势：智能化与视频化》，《新闻与写作》2017年第7期，第22页。

是用户赋能，短视频在很大程度上完成了表达权和展示权的平权，"内容"是移动短视频平台的重要研究视角。（郭全中，2018）有学者尝试跳出常规的"内容"视角，从"关系"层面进行探讨，深入探索抖音背后的用户"关系"及"社交互动"，认为基于"关系"的"社交"建设是短视频平台建设的重要方向。（熊茵、季莹莹，2019）还有学者指出，短视频从生产流程、媒介内容到传播模式都体现出鲜明的融媒特性，社交生产是移动互联生态中短视频的传播逻辑。（李淼，2019）从内容到平台再到社交关系，学者们对于短视频的认知视野在不断拓宽。

针对移动短视频重塑场景空间，部分学者探讨了短视频场景与空间传播。有学者指出，作为互联网空间中的一个多元交流场景，短视频平台从单纯的互动分享空间转变成受众话语表达权载体和消费景观新生地，网络短视频场景的变革改变了人们的思考方式、交往模式和消费行为。（王长潇、刘盼盼，2018）有学者从传统空间生产理论及视角出发，指出短视频叠加了原有空间并不存在的经济意义与关系意义，主要体现为带来了资本资源与话语权力的再分配。他从身份、技术与场景化三个维度阐释了短视频空间生产的内在机理："短视频的空间再生产，并不是创造新空间，而是对既有空间的关系强化或者结构改变。所以，这种再生产的本质是一种'增强'或'修辞'策略。"① 总体而言，人们对短视频的研究才刚刚开始。

十、 智能传播

近年来，人工智能的发展与应用对新媒体传播产生了很大影响。业界更多研究智媒体，关注人工智能对传媒业的重构；学界则更多研究智能传播，分析人工智能给新闻传播带来的变化和影响。

目前，人工智能在新闻传播领域的应用研究主要集中在传播者、传播过程、对传媒业格局的影响以及未来展望、人工智能案例、人工智能与中国发展和法治进程等方面。涉及实际应用价值的研究多于理论研究，人工智能的应用价值成为当下的热点研究对象，同时，从宏观角度将研究视点放在中国发展和法治进程的文献相比前两者更少。跨学科与其他学科的相关联系研究严重缺乏，研究方向和成果还有待丰富。（唐瑜伟、刘勇峰，2018）

学界针对智能传播组织了多个学术研讨会。华东师范大学举行"生存，还

---

① 王建磊：《空间再生产：网络短视频的一种价值阐释》，《现代传播》2019 年第 7 期，第 120 页。

是毁灭——人工智能时代数字化生存与人类传播的未来"圆桌对话，探讨人工智能时代新闻传播业的重构与重组、人工智能时代的技术政治路线、数字资本主义与人工智能的变革、人工智能的本源、相关的法律问题和人文反思。（吕新雨等，2018）上海交通大学与国际传播学会主办的"2018 新媒体国际论坛——智能传播：机遇与挑战"，针对智能传播给社会带来的深远影响，从社会系统层面对新闻生产、社会动员、算法推荐、文化传播等重要议题展开了讨论，进而探讨新闻传播学科建设、课程教学和人才培养等问题。（李晓静、刘祎宁，2018）

有学者认为，未来新闻业与人工智能的结合，需要在物联网环境下重新定义新闻，同时，对智能化新闻应保持理性期待，新闻业应用人工智能的技术创新要张扬人的价值。（张志安、刘杰，2017）有学者提出"算法即权力"，论述了算法范式在新闻传播中的权力革命。（喻国明等，2018）有学者从哈贝马斯的精神交往中得到启发，提出"理性交往"的观点："人机交互，技术与价值理性共融，可让人工智能更多地体现人的主导性与价值观。"[1] 还有学者从存在现象学、技术现象学、后人类理论出发，结合移动网络、虚拟现实、人工智能等新媒体实践提出："传播研究必得回归身体世界，将自身重新放置到当前智能主体的世界中，才能重建传播与人类存在的根本性关联。"[2]

总之，新闻传播学对智能传播的研究仍然沿用工具理性的建构和价值理性的批判，未来还需要将二者结合与提升。

上述十个话题的深入探讨，一方面推动了传播学的跨学科研究，另一方面正在形成新的研究领域，进而从深度和广度上推进我国新媒体研究。

本章小结

通过以上研究我们发现：我国新媒体经历了近 30 年的发展，新媒体研究已经成为新闻传播学最广泛也最热闹的一个研究领域。从整体来看，我国新媒体研究虽然成果貌似很多，但高质量的研究并不多；研究新媒体的学者虽然人数众多

---

[1] 陈昌凤、石泽：《技术与价值的理性交往：人工智能时代信息传播——算法推荐中工具理性与价值理性的思考》，《新闻战线》2017 年第 17 期，第 71 页。

[2] 孙玮：《交流者的身体：传播与在场——意识主体、身体—主体、智能主体的演变》，《国际新闻界》2018 年第 40 卷第 12 期，第 83 页。

且与日俱增，但核心队伍成员并不多；新媒体研究学界涉及的面很广且议题很多，但对业界的作用和影响还比较有限。通过知名学者对话和新媒体传播研究十大前沿话题梳理，我们了解到新媒体传播研究的主要方向、研究热点、重要观点，从中也大致可以看出我国新媒体研究的基本走向。

综合以上研究可以找出我国新媒体研究存在的主要问题：一是我国新媒体研究整体上还不强，还须加强队伍建设；二是新媒体研究需要跨学科，以及整合各种学术资源和研究力量；三是新媒体研究的走向是智能传播和智媒时代。概括来说就是未来新媒体研究必须跨学科、团队化和智能化。针对这些问题，我们在后文还会进行讨论，最后再提出解决问题的对策。

第三章　新媒体理论创新

本章我们首先聚焦新媒体研究的理论创新，看看它能否跳出传统的理论框架。新媒体发展与新技术发展紧密相关，而对媒介技术的研究自然会影响到新媒体研究，尤其是智能传播时代。新媒体发展驱动传媒转型，而新型主流媒体的出现和打造也迫切需要理论支持。新媒体发展与互联网经济紧密相关，因此传媒经济的理论建构也成为理论创新的重点。最后论及基础理论研究，也是新媒体研究最薄弱的环节——理论创新和学术想象。

第一节　智能传播时代的媒介技术研究

传媒的发展总是与媒介技术紧密关联，基于新技术和互联网所产生的传播新形态、传媒新业态和媒介新生态有目共睹，问题是：它是如何产生影响的？产生影响的过程中又遇到什么新问题？这正是本节想要讨论的。

一、　新技术如何影响新媒体发展

过去，人们把技术对媒体发展的影响简单归于技术决定论。许多媒体人把新媒体简单看作新技术。于是，不少传统媒体拼命在技术上发力和追赶，不仅无济于事，反而与新兴媒体的差距越来越大。面对新媒体的冲击，一位传统媒体的领导如此说：不是我们的内容不行，而是我们的商业模式不行了。可见技术并不是直接作用于媒体，而是由新技术催生新的商业模式，进而影响媒体发展。我们知道技术并不是完全中立的，它是有价值负载的。"对技术的价值负载的深入认识直接关涉到两种基本的技术观。一方面，技术决定论（technological determinism）者认为，技术所负载的独特价值主宰着人类社会文化价值的变迁；另一方面，社会建构论（social constructivism）者将技术看作社会利益和文化价值取向所建构的产物。显然，作为一种重要的人类实践活动，技术的价值负载是在技术与社会的互动整合中形成的。"①

首先，新技术的诞生、发展和完善有一个过程。其次，新技术能不能应用于媒体，如何应用，也是问题。有的新技术能用于媒体，但并不能一下子见效，例如网络搜索技术，如果没有竞价排名这一商业应用，是不能产生 Google、百度这类以搜索引擎为主要业务的新媒体企业的。

由此可见，新技术是直接或间接影响着媒体，新技术或许可以直接影响传播形态，但对传媒业态和媒介生态的影响则是间接的。新技术是通过关系、资本、权力等中介作用于新媒体的，同时也通过与社会的相互建构对彼此产生影响，这种影响是间接的，是在互动中进行的。新技术影响新媒体的路径大概是这样的：新技术—新产品—新媒介（新传播）—新生态（新平台）—新业态。在这个过程中，媒体与用户、与政府产生各种关系，进而形成各种权力的博弈，而资本和市场的力量在其中推波助澜。

然而，我们要清醒地看到，新技术对新媒体形成和发展的影响是多方面且极其复杂的，新技术可以轻易改变传媒业务，对整个传媒业的影响是深远的。新技术往往通过各种中介和系统来间接作用于新媒体。新技术如何影响传媒业发展？如何成就新媒体？又如何影响人们的生活？这取决于人们的认知水平，也考验人们的思维能力，还取决于人类进步和社会发展的整个文明环境。

不可否认，自有互联网以来，人们更多思考的是如何借助互联网技术提高效率、满足欲望，对其带来的困扰、妨碍和伤害则重视不够、应对乏力，往往先发展后治理，致使出现乱象和痼疾，已经到必须认真对待、深刻检讨的时候了。数字资本主义及其所引发的各种悖论必须引起我们的警惕，而这些问题的解决恐怕需要我们把这些问题置于更大的系统、更宏观的视域来考察。

二、 构建新媒介生态和网络社会

任何一项重大技术应用都会改变媒介生态。微信的出现，构建了移动社交的新媒介生态，而短视频的出现，让其成为新媒介生态的结构性力量。新媒介生态的形成也改变了传媒业态（构建了新的传媒业态，如社会化传播带动了社会化媒体的兴起，短视频的盛行造就了许多短视频企业、基于短视频的自媒体和营销市场），使

---

① 段伟文：《技术的价值负载与伦理反思》，《自然辩证法研究》2000 年第 8 期，第 30 页。

媒介生态由以图文为主的信息传播系统转向视听与图文兼具的信息传播系统。

新媒体也可以称为网络媒体，其发展态势可以概括为社会网络化和网络社会化两个方面。"当新媒体技术扩散和采纳的比例逐渐提高，学者们又总是适时地转向社会塑造论，探讨新媒体技术的应用何以在社会历史情境中产生社会影响，进而推动社会塑造的进程。"[①] 社会学家把研究的目光投向网络社会的空间与时间。在《网络社会的崛起》一书里，卡斯特分别从技术、经济、文化等视角讨论网络社会中的空间和时间，认为空间是共享时间之社会实践的物质支持。他还提出"流动空间"的概念及三个层次：第一个层次是电子信息网络，第二个层次是网络的节点与核心，第三个层次则是构成这些的空间组织。概括起来就是三个关键词——网络、节点与组织。卡斯特是一个马克思主义者，他对网络社会的时空观也带有马克思主义哲学的意味。他把网络社会看成流动的而非静止的，而无时间之时间则是否定之否定。

关于技术与社会的关系，目前有四种理论——技术决定论、社会建构论、社会形成论、技术驯化论。学界越来越多把目光从前两种理论移向后两种理论。拜厄姆认为："社会形成论和驯化理论各自的重点并不相同，但它们一致认为技术与社会的影响是双向的。"[②] 新媒体改变了人们的理解认知系统，以及人们价值意识建构的方式、内容和强度。新媒体的发展最后应该是促进人的全面发展，新媒体可为人全面而自由地发展提供条件和环境。网络社会是一个复杂巨系统，我们要研究其中的空间、时间、运动和相互作用，恐怕需要把著名的热力学第二定律"熵增原理"运用到社会网络和网络社会中。人们开始怀疑新技术能否给新媒体以及构建的新生态、新空间带来公平、健康和幸福。如果我们不能让新技术、新媒体飞奔的脚步等一等它们的灵魂，那么就该是抛弃它们的时候了。

三、　媒体技术应用中的技术伦理

从伦理学来看，我们要做的第一件事是鉴定大数据技术可能引发的风险。美国国家科学基金会（NFS）支持学术界人士成立了"大数据、伦理学与社会理事会"（Council on Big Data, Ethics and Society）。这些风险可能泄露医疗记录、个人习惯、财务状况、家庭关系这些私密信息，被人利用、假冒、诈骗等。大数据

① 韦路、丁方舟：《论新媒体时代的传播研究转型》，《浙江大学学报（人文社会科学版）》2013 年第 5 期，第 93 页。

② ［美］南希·K. 拜厄姆著，董晨宇、唐悦哲译：《交往在云端：数字时代的人际关系（第 2 版）》，北京：中国人民大学出版社，2020 年，第 51 页。

技术中的伦理问题包括数字身份（digital identity）、隐私（privacy）、可及（access）、安全/安保（safety/security）、数字鸿沟（digital divide）。对此，学者们提出了一些伦理治理的原则。然而，仅有原则是不够的。人工智能的出现和应用，给新媒体发展带来了更多的伦理问题和伦理失范。如何解决技术伦理的失范问题？有学者提出："互联网伦理规范需要从技术、商业和社会三个维度着力。"[①]

随着算法的出现，"人找信息"变成了"信息找人"，技术价值问题已经不能简单划分为工具理性和价值理性，也就是说技术伦理已不只是工具理性。因此，有学者提出："智能算法推荐具备工具理性、科技理性的条件与特点，精准、快速、高效是人类技术进步的体现，但工具理性、技术理性也受诟病，它目的至上，忽略了价值理性中那些思想意识、义务、尊严、美、规训等信念。人机交互，技术与价值理性共融，可让人工智能更多地体现人的主导性与价值观。"[②]把价值理性与工具理性结合起来考虑问题恐怕是解决技术伦理问题的唯一途径。

技术伦理更多的是从哲学层面、社会学层面来思考问题，我们还要把这些研究成果通过法律和制度的形式，即在技术层面管好新技术和新媒体，使之更好地造福人类，这要形成全人类的共识，构建互联网命运共同体。

四、 智能传播研究的初步探讨

最近十年新闻传播学科对智能传播的研究还处于初级阶段，我们来梳理一下这些研究。张洪忠等《2019年智能传播的八个研究领域分析》一文从国内外论文中归纳出智能传播研究在2019年的八个关注方向：社交机器人、机器写作、类人类机器人、算法、智能传播的媒介伦理、智能传播对媒介生态的影响、智能传播的法律问题、智能传播时代的新闻教育。笔者主要梳理了国内关于智能传播的研究并归纳为以下四个方面：

（一）智能传播发展

众多学者从宏观层面和不同视角对智能传播发展进行了描述：《众媒时代、信息实在和智媒传播——关于我们处在一个何种传播时代的漫思》《未来的智能传播：从"互联网"到"人联网"》《智能技术体"域定"传媒的三重境界：未

---

① 谭天、曾丽芸：《伦理应该成为互联网治理的基石》，《新闻与传播研究》2016年第23卷第A1期，第61—68、126页。

② 陈昌凤、石泽：《技术与价值的理性交往：人工智能时代信息传播——算法推荐中工具理性与价值理性的思考》，《新闻战线》2017年第17期，第71页。

来世界传播图景展望》《人工智能：营销传播"数算力"时代的到来》《人工智能时代新闻传播教育困境》《关于智能时代新闻传播学科建设的若干思考》。这些研究有助于人们对智能传播发展态势和走向有一个较为全面的认识。这些研究中还提出了"人联网""数算力""超线域定"等新概念。

（二）智能传播理论

学者们还从多个理论视角对智能传播进行学术探讨，主要有《交流者的身体：传播与在场——意识主体、身体—主体、智能主体的演变》《论智能传播时代的传播主体与主体认知》《传播中的离身与具身：人工智能新闻主播的认知交互》《智能传播中的"使用与满足"》，并对智能传播的主体和认知展开了深入分析。2018 年，《新闻记者》组织了一次关于智能传播的学术对话，学者们就智能传播生存与发展中的若干问题展开深入讨论。吕新雨等在总结中指出："新媒体时代，新闻传播业所处理的问题其实依然是价值和意义重构的过程，也就是主流意识形态的意义再生产的过程。当一个社会的共识意义和主流价值的再生产不能维持良性发展，就会产生危机。今天人工智能时代的新闻传播业要面对的就是这样的危机，这是我们所有讨论的核心问题。"① 智能传播的理论研究更多指向传播主体及其认知和伦理。

（三）算法与伦理

算法与伦理是近年来学界关注较多的两个问题。"国内学者对于算法的关注度高过国外学者，国内学者以观点和观察为主，国外学者以实证研究为主。"② 关于算法的论文主要有：《技术与价值的理性交往：人工智能时代信息传播——算法推荐中工具理性与价值理性的思考》《解构智能传播的数据神话：算法偏见的成因与风险治理路径》《驯化、人机传播与算法善用：2019 年智能媒体研究》。学者们主要对算法目前面临的缺陷和价值展开讨论，其中不少已涉及技术伦理问题。

在算法的伦理问题上，部分外国学者认为目前算法已经做出了一些带有伦理意味的决定，但这样的机器决策很可能不是基于以理性为中心的传统核心人工智能视角，而是基于机器学习过程以及情感和情绪的模型。国内学者对这一问题做

---

① 吕新雨、赵月枝、吴畅畅等：《生存，还是毁灭——"人工智能时代数字化生存与人类传播的未来"圆桌对话》，《新闻记者》2018 年第 6 期，第 42 页。

② 张洪忠、兰朵、武沛颖：《2019 年智能传播的八个研究领域分析》，《全球传媒学刊》2020 年第 7 卷第 1 期，第 43 页。

了较多探讨，陈昌凤等在韦伯工具理性与价值理性二分的基础上指出，在工具理性通过科技快速扩张的同时，价值理性也正被人为嵌入和制度化。算法偏向可能导致的价值偏向可大致分为六个维度：确定性、可解读性、误导性、公正性、自主性、可追溯性。① 董天策等对算法新闻涉及的隐私权问题、技术伦理问题、价值偏向问题做了梳理，阐明其研究进展，初步探讨了未来强人工智能技术下算法新闻可能涉及的伦理问题与伦理规范，揭示进一步研究算法新闻的可能方向。② 严三九等通过问卷调查为主、深度访问为辅的方式，调查了算法工程师对伦理问题的了解程度、对伦理问题的威胁性评估以及对算法伦理问题的改善倾向，发现大部分算法工程师对算法在新闻传播领域引发的伦理问题了解甚少，仅了解一些热门事件，对伦理问题的威胁性评估偏低且改善倾向整体趋于保守。③ 郭小平等聚焦算法偏见这一现象，力图打破数据神话，指出智能技术是人类的工具，使用者的价值立场直接决定了技术的立场。④

（四）物联网与智能传播

关于物联网的研究有很多，而将物联网与互联网结合起来探讨智能传播的研究并不多，但这是一个重要的研究领域。主要文章有：《物联网和 Web 3.0：技术革命与社会变革的交叠演进》《体外化的人内传播——物联网与可穿戴设备带来的新的可能性》《5G 时代的物联网变局、短视频红利与智能传播渗透》《物联网：人类迈向智能的传播》《浅析传感器新闻生产及风险化解》。"由物联网、移动互联网和桌面互联网所构成的第一代互联网将重构一个全新的传播领域——从物质世界到人类社会，在这个全新的传播领域中一系列新问题摆在传播学者面前，这些问题牵涉自然科学和人文社科的各个领域，而物联网的出现则使这些联系更为紧密、更为直接。"⑤

万物皆媒，智能传播研究将从"人机合一"向"人物合一"拓展。从智慧地球到智慧社区，人们开始研究智慧社会。彭特兰在《智慧社会——大数据与社

---

① 陈昌凤、虞鑫：《智能时代的信息价值观研究：技术属性、媒介语境与价值范畴》，《编辑之友》2019 年第 6 期，第 5 页。
② 董天策、何旭：《算法新闻的伦理审视》，《社会科学文摘》2019 年第 5 期，第 8 页。
③ 严三九、袁帆：《局内的外人：新闻传播领域算法工程师的伦理责任考察》，《现代传播》2019 年第 9 期，第 1 页。
④ 郭小平、秦艺轩：《解构智能传播的数据神话：算法偏见的成因与风险治理路径》，《现代传播》2019 年第 9 期，第 19 页。
⑤ 谭天：《用户·算法·元宇宙——互联网的三次传播革命》，《新闻爱好者》2022 年第 1 期，第 22 页。

会物理学》一书中提出基于交互、接触、连接的"想法流（Idea Flow）"概念，并建构基于"社会感知计算"的全新社会科学领域。

总的来说，笔者认为在目前的智能传播研究中，算法的伦理研究、智能传播中的具身问题都是特别值得研究的问题。许多研究聚焦在"人机合一"所产生的问题上，笔者认为"人物合一"有更多的问题值得研究。在此过程中，跨学科研究和非线性思维显得更为重要。

当今，我们已经进入人机合一、共同进化的智能传播和智媒时代，还会有大量的新技术涌现，如何让"技术向善"？如何让人类在新技术、新媒体应用中趋利避害？"关于人工智能的忧虑中，最为值得关切的是人工智能的应用伦理及其价值植入的技术限度。实际上，人工智能的技术飞跃或者所谓'智能大爆发'带来的应用伦理问题，并不是新问题，而是一系列老问题的叠加。"[①] 有关新技术，还会有许多新问题、新考验摆在我们面前，我们需要更多的非线性思维和跨学科研究来迎接新的挑战。最后，我们还要强调，在追求技术进步的同时，需要对技术伦理进行更多的反思、批判和建构。

第二节　新型主流媒体理论初探

2014 年 8 月 18 日，中央全面深化改革领导小组第四次会议审议通过了《关于推动传统媒体和新兴媒体融合发展的指导意见》（以下简称《意见》）。习近平总书记强调："着力打造一批形态多样、手段先进、具有竞争力的新型主流媒体，建成几家拥有强大实力和传播力、公信力、影响力的新型媒体集团，形成立体多样、融合发展的现代传播体系。"可见，传媒业当下的任务是着力打造一批新型主流媒体。但在不知其为何物、不明个中要领的情况下，要想构建新型主流媒体，则带有很大的盲目性。如何打造新型主流媒体？如何实现构建新型媒体集团和现代传播体系的目标？当务之急是要弄明白何为新型媒体和新型主流媒体。

一、　新型媒体是融合的产物

随着新传播技术的快速发展和新兴媒体的狂飙突进，一大批新概念、新名词涌入传媒圈，最受关注的就是"新型媒体"一词。即使是在打造新型主流媒

---

① 翟振明、彭晓芸：《"强人工智能"将如何改变世界——人工智能的技术飞跃与应用伦理前瞻》，《人民论坛·学术前沿》2016 年第 7 期，第 22 页。

被提上议事日程之后，诸多研究也没有清晰地给该词下一个定义，甚至将其与"新兴媒体"等同。为了更好地确立理论研究的逻辑起点，我们首先需要明确"传统媒体""新兴媒体"的概念与区别，以及"新型媒体"与这二者之间存在的联系。

（一）传统媒体与新兴媒体的概念

传统媒体是一种基于大众传播、通过某种媒介为公众发布信息、提供内容产品并进行传播渠道运营的媒介组织。传统媒体主要有报纸、广播、电视、杂志四大传统主流媒体，内容、渠道和商业模式是其三大构成；而新兴媒体是一种从互联网原生出来的、完全不同于传统媒体的、全新的媒介形态，例如 BAT（百度、阿里巴巴、腾讯）等。确切地说，新兴媒体不是传统意义上的"媒体"，而是一种基于互联网的媒介平台。"媒介平台是指通过某一空间或场所的资源聚合和关系转换为传媒经济提供意义服务，从而实现传媒产业价值的媒介组织形态。"[1]在传媒产业视域下，"媒介平台是一个中间性组织，它集成了传媒产业链中的各个模块，通过超级链接使这些模块不断产生交互，从而对社会关系进行不断挖掘和建构，最终实现传媒注意力的聚合和传媒影响力的扩散"[2]。媒介平台有两层含义：狭义的媒介平台特指新兴媒体，即基于互联网的媒介平台，如 Google、Facebook、微博、微信等；广义的媒介平台除了新兴媒体之外，还包括传统媒体自建的媒介平台，如人民网、南都网等，它们只是把自己的内容搬到互联网上，而且基本上是以传统媒体思维来运营。

（二）传统媒体与新兴媒体的区别

传统媒体与新兴媒体到底有何区别？首先，从功能属性来划分，传统媒体主要提供内容，新兴媒体主要提供服务。2011 年，Google 仅靠为用户查找内容，提供搜索服务，就以 379 亿美元的营收超过了同期全美报业 340 亿美元的总营收。而在我国，腾讯、百度年营收相继超过居传统媒体之首的 CCTV。但这并不是说新兴媒体不需要内容，而是它主要不做内容生产，而是做内容集成和运营，通过 UGC（用户生产内容）模式充分利用数亿用户每天为其"制造"的内容来创造巨大价值。因此，传统媒体与新兴媒体在传媒产业的分工不同，传统媒体扮演内

---

① 谭天：《新媒体不是"媒体"——基于媒介组织形态的分析》，《新闻爱好者》2014 年第 6 期，第 5－7 页。

② 郑爽：《媒介平台理论初探：一种新媒介组织的思考》，暨南大学硕士学位论文，2011 年。

容提供商和渠道运营商的角色，新兴媒体则是扮演综合服务提供商的角色。新兴媒体不生产内容，但作为媒介平台服务于内容，具有意义服务的功能。"意义经济是指媒介产品通过传播过程并使人们产生生产、流通和消费行为从而实现其商业价值的活动，它包括三个组成部分：意义消费、意义影响、意义服务。"[①] 传媒经济的本质就是意义经济，传统媒体主要是做意义消费和意义影响；新兴媒体主要是做意义服务，是综合服务提供商。"意义服务就是通过各种技术手段、服务产品和聚合平台，为传媒经济提供运行的基本条件，并在此基础上形成各种商业模式和经济形态。"[②]

其次，传统媒体与新兴媒体的媒介组织结构是截然不同的：前者是辐射式结构，它是以传者为中心的；后者是分布式结构，即去中心化或再中心化（以用户为中心）。分布式结构所形成的分权、聚合的网络架构就是人们常说的互联网基因。传统媒体的三大构成——内容、渠道和商业模式，是以媒体自身的内容生产为中心的。新兴媒体的三大构成则是：聚合资源、响应需求、创造价值。新兴媒体不仅可以聚集更多资源，而且可以响应用户更多需求，从而创造新的价值。

（三）新型媒体与主流媒体的界定

新型媒体是在互联网新技术背景下出现的，以传统媒体为依托、以新兴媒体为平台，提供内容和服务的新型媒介组织。新型媒体与传统媒体和新兴媒体存在着密不可分的联系，融合二者各自的特性发展而来，并形成介于传统媒体和新兴媒体之间的多种媒介组织形态，兼有传统媒体的公信力、权威性、社会性等属性和新兴媒体的互动交流、提供服务等功能和平台优势。

何谓主流媒体？主流媒体（mainstream media）是一个舶来词，最早由美国麻省理工学院教授、语言学家乔姆斯基提出。他指出：主流媒体又叫"精英媒体"或"议程设定媒体"，如《纽约时报》和哥伦比亚广播公司，这类媒体有着丰富的资源，设置着新闻框架，其他媒体可以在这个框架内筛选新闻。主流媒体影响着社会舆论。[③] 报道严肃、剖析深入、信誉卓著、社会地位高是这类主流媒体的基本特征。

而在我国，官方和民间、计划和市场、体制内和体制外对于"主流媒体"的概念一直存在着较大分歧。新华社 2004 年开展了"舆论引导有效性和影响力

---

① 谭天：《传媒经济的本质是意义经济》，《国际新闻界》2010 年第 7 期，第 74 页。
② 谭天：《传媒经济的本质是意义经济》，《国际新闻界》2010 年第 7 期，第 72–76 页。
③ 陈力峰、左实：《主流媒体的价值与要素解析》，《今传媒》2008 年第 7 期，第 55–56 页。

研究"，最终形成了主流媒体的六条评判标准。该标准被公认为对当前我国主流媒体较为权威的界定，具体如下：

（1）具有党、政府和人民的喉舌功能，具有一般新闻媒体难以相比的权威地位和特殊影响，被国际社会、国内社会各界视为党、政府和广大人民群众意志、声音、主张的权威代表。

（2）体现并传播社会主流意识形态与主流价值观（在我国即社会主义意识形态和与之相适应的价值观），坚持并引导社会发展主流和前进方向，具有较强影响力。

（3）具有较强公信力，报道和评论被社会大多数人广泛关注并引以为思想和行动的依据，较多地被国内外媒体转载、引用、分析和评判。

（4）着力于报道国内外政治、经济、社会、文化等领域的重要动向，是历史发展主要脉络的记录者。

（5）基本受众是社会各阶层的代表人群。

（6）具有较大发行量或较高收听、收视率，影响较广泛受众群。

与西方更多是从专业主义的角度出发、落点在精英媒体不同，我国的主流媒体标准则更多地侧重意识形态属性，较为忽视产业属性。

新型主流媒体则是新型媒体的主流化或主流媒体的新型化，被赋予了更丰富的内涵。新型主流媒体是兼具新兴媒体和主流媒体的功能与属性，既拥有强大实力、传播力、公信力和影响力，又有形态多样、手段先进、竞争力强等特征的新的主流媒体。要讨论新型主流媒体，我们要先弄清新型媒体的基本构成。

二、 新型媒体的三大构成

随着第一代互联网发展到第二代互联网，"融合1.0"也推进到"融合2.0"。互联网即新媒介，"互联网＋"既是媒介融合，又超越媒介融合，进入了产业融合层面。在"融合2.0"的时代大背景下，新型媒体的构成要素也体现出鲜明的"互联网＋"特质。

（一） 内容生产：PGC＋UGC并行模式

新型媒体的内容基本由专业生产内容（Professional Generated Content，PGC）和用户生产内容（User Generated Content，UGC）组成。互联网经历了从单一传播的PGC模式到多向互动的UGC模式，最后演变成为新型媒体所特有的PGC＋UGC并行模式。

互联网发展初期，门户网站大行其道，受众所接收的信息基本由网络编辑制作提供，这是最原始的 PGC 模式，实际上与传统媒体无异。随着美国 YouTube 的诞生，国内土豆、优酷的相继上线，一系列视频分享平台应运而生，用户可以自己上传视频到网站，同时每个用户可以随时点播网友上传的任意视频片段。虽然 UGC 模式拓宽了互联网视频内容的广度，但问题也随之而来：大量低质自制内容和侵权盗版行为充斥平台，加上视频分享平台的带宽压力巨大，在承受巨大带宽成本的同时却不能赢利，甚至引来版权纠纷。此时，各大互联网视频平台再次感受到内容的重要性，制作精良、质量上乘的视频内容能够为平台带来可观的用户黏度。如 56 网出品的《微播江湖》、土豆出品的《不吐不快》等，都属于 PGC 模式的范畴。除此之外，更多的电视综艺节目、影视剧，以及传统电视从业者进入互联网企业后所创作的内容，为平台输送了更多新鲜血液。

随着视频网站同质化竞争的日趋激烈、带宽成本和内容制作成本的降低，被冷落的 UGC 又被大佬们重拾。个性差异化的 UGC 在拓展内容广度的同时提升了用户参与度，制作精良化的 PGC 在拓展内容深度的同时挖掘用户消费，二者共同构成了新兴媒体的内容，也应该成为新型媒体的内容。

（二）流程再造：提高运营水平

企业流程再造是对企业流程的根本性再思考和彻底的重新设计，它能极大地提高诸如成本、质量、服务、速度等重要的业绩衡量指标。流程再造的重点是通过全新设计或对现有流程的系统化改造，以提高企业运营水平。

流程再造的意义对于媒体运营亦是如此。上海文化广播影视集团有限公司（SMG）董事长兼总裁黎瑞刚自重返 SMG 以来，进行了一系列大刀阔斧的改革，实现了内容的集成和运营的流程再造，为打造新型主流媒体奠定稳固的基石：①结构方面，整合大、小文广，加大内部资源重组整合力度，减少管理职能、合并管理层级，使整合后的职能部门定位更加明确。②产业方面，利用百视通、东方明珠等上市平台，借力资本市场，完善业务布局、扩大产业规模，并发起设立多支文化产业基金、影视基金，更广泛、深入、有效地参与国内外传媒文化市场运作。③业务方面，在创新体制机制改革的同时，加快传统媒体与新兴媒体的融合：通过旗下全球最大的 IPTV 运营商百视通，加大对 OTT（Over The Top：通过互联网向用户提供各种应用服务）TV 等新兴媒体业务的发展力度；探索适合移动互联网的发展模式，开发一些面向移动终端的应用，以更好地贴近群众；SMG

大量节目制作都会考虑互联网化的做法。[①]

在此，我们从流程再造中延伸出一个新概念——"场景再造"。什么叫场景？场景原指电影拍摄的场地和布景，如今也被广泛用于传媒业。互联网时代靠的是入口，移动互联网时代靠的是场景。滴滴出行就是移动互联网为在线支付构建的一个场景。央视春晚"摇一摇"抢红包的双屏互动实际上就是传统媒体场景与新兴媒体场景的融合，这种"场景再造"让"流程再造"从内容生产领域延伸到用户服务领域。

（三）产业经营：商业模式创新

新型媒体具有传统媒体的内容和品牌优势，又兼具新兴媒体的互联网思维，将内容与服务强强联合，为自身产业的商业模式创新提供了无限可能。湖南广电自获得 OTT TV 牌照之后的迅猛发力也让其旗下的芒果 TV 被人们所熟知。在OTT 新格局下，芒果 TV 极力打造 T2O（TV to Offline：电视至线下服务模式）完整视频服务与线下消费闭环，实现新型媒体的商业模式创新。

2014 年，T2O 在电视行业与互动电视平台悄然兴起，该模式是时下互联网行业 O2O（Online to Offline：将线下的商务与互联网结合，让互联网成为线下交易的前台）潮流在客厅环境电视屏幕上的延伸，代表了电视互联网化、电视服务化的发展趋势。芒果 TV 旗下互动电视平台湖南 IPTV 领先行业潮流，推出了餐饮 T2O 服务产品"芒果美食"，其核心服务为旗下两档 T2O 原创视频节目——《芒果美食地图》与《芒果美食达人》。这两档节目分别向本地互动电视用户提供当地优质餐饮门店推荐与当地美食牛人技能解读，并打通线上互动和线下服务，用户可通过参与节目互动享受线下消费折扣甚至免单，更有机会与美食达人进行贴身交流和学习。

2015 年 1 月 10 日，东方卫视开年大戏《何以笙箫默》在梦想剧场与观众见面。继 2014 年试水综艺节目 T2O 之后，东方卫视与阿里巴巴再度联手，首次尝试电视剧 T2O。观众在收看电视剧《何以笙箫默》的同时，只要通过手机天猫客户端扫描东方卫视台标，就可进入天猫互动页面，不仅可以购买与电视剧同步的演员同款服装，还可以参加互动抽奖、购物优惠等活动。T2O 即"电视＋电商"，是"互联网＋媒体"的一种商业模式，"互联网＋"的本质是重构供需，

---

① 何天骄：《黎瑞刚：领跑文化传媒产业改革推动 SMG 整体上市》，《第一财经日报》，2014 年 11月 7 日 A13 版。

新型媒体就是要在这样的商业模式创新中崛起。诚然，新型媒体还要在这样的商业模式创新中重构媒介组织及媒介组织形态。

三、 如何打造新型主流媒体

打造新型主流媒体在成为国家战略目标之后，应如何构建？怎样实现？这是学界和业界需共同思考和讨论的问题。笔者认为，不是所有传统媒体都能转型为新型媒体，也不是所有新型媒体都能成为新型主流媒体，只有实现传播力、公信力、影响力、竞争力的质的飞跃，才能实现新型主流媒体的构建。在此推进过程中，互联网思维是至关重要的，而"互联网＋媒体"是当下实现这一目标的最佳选择。

（一） 融合创新，"四力"齐飞

打造新型主流媒体，关键是在新型媒体主流化或主流媒体新型化过程中，不断提升自身的传播力、公信力、影响力和竞争力。而在"融合2.0"时代，实现什么样的融合，才是解决问题的关键。我们要从技术与应用融合、内容与服务融合、平台与渠道融合、终端与用户融合、产业与政策融合这五个维度去思考，才能实现"四力"齐飞。

其一，不能停留在技术融合的层面，而要进入技术应用的层面。正如乔布斯并非"科技英雄"，而是一名优秀的产品经理；马云不是极客，而是商业奇才。正如硅谷的一位创业者所说，真正的科技，就是让人感受不到科技的存在。当然，首先要有尖端技术，但是再好的技术如果不能投入应用也是无法实现"互联网＋"的。

其二，要从内容融合跃迁到服务融合，这对于信奉"内容为王"的传统媒体是一大挑战。媒体作为一种信息中介的地位正面临着互联网"去中心化"属性的强烈冲击，同时，媒体赖以生存的信息不对称优势和发行渠道的垄断也已经被互联网颠覆。今天，我们已经认识到没有运营的内容是没有价值的，在继续提供优质内容产品的同时，也要提供优良服务产品，这是打造新型主流媒体的必要条件。

其三，在"融合1.0"时代，主要是渠道的融合，把内容搬到网站上，把广告放到终端上，这种融合只是简单的叠加、表层的融合。新兴媒体其实不是"媒体"，而是基于互联网的媒介平台。媒介平台有三大功能：资源聚合、需求响应和价值创造。深度融合必须依托平台，或自建平台，或对接平台。如何把平台的

势能转化为融合的动能，这就需要构建平台生态圈，打造一个多主体共赢互利的媒体生态系统。

其四，终端与用户融合实际是应用融合和服务融合的延伸，"互联网＋"就是连接一切，而连接的成败就在于"接口"。这个"接口"不只是硬件的，更是软件的。终端是连接的出口，用户是服务的入口。互联网时代的入口是流量，移动互联网时代的入口是场景。"融合2.0"就是要做好"接口"的接入。只有这些实现对接和融合，才能让信息流、资源流、资金流畅通无阻地流动，才能更好地给"互联网＋"这一新产业、新经济"供血"。

其五，从"融合1.0"到"融合2.0"，就是从媒介融合进化到产业融合，从传播范畴进入经济领域，"互联网＋"就是"融合2.0"。对此，我们不仅需要技术应用、内容服务、渠道平台、终端用户等方面的融合，更需要产业融合上的政策支持，这就涉及政府管理、国家治理和制度创新。如果以上融合是给"互联网＋""供血"，那么政策上对于产业融合的倾斜就是为了解决"造血"问题。

（二）思维创新，"互联网＋媒体"

《意见》提出，推动媒体融合发展，遵循新兴媒体发展规律，强化互联网思维。建构新型主流媒体，须排除固化的传统思维方式，以适应新的媒介生态体系。何谓"互联网思维"？笔者认为互联网思维有三大要义：颠覆性创新、开放中博弈、合作中共赢。思维创新就是指互联网思维在媒体创新中的应用。

（三）明晰方向，规避误区

除了坚定打造主流媒体的决心和勇气之外，我们还要厘清思路，扫清前进道路上的各种障碍，包括各种认识误区。传统媒体最容易犯的一个错误就是简单地把新媒体理解成新技术，但新媒体绝不仅仅是新技术，更重要的是新技术的应用，必须把新技术应用到媒体运营和融合发展上，把技术产品转化为服务产品并找到商业模式。笔者认为，与其做"大而全"且没有赢利模式的"全媒体"，不如在与新兴媒体和其他产业嫁接中创造出有生命力的新业态，打造出有效益的新产业。

在打造新型主流媒体的行动中，我们要避免陷入陷阱和误区，在做好"互联网＋"加法的同时，也要适当做些减法，政府要"简政放权"，媒体也要"转企改制"，卸下包袱，轻装上阵。我们必须清醒地认识到，留给传统媒体的制度红利已不多，机不可失，时不我待。"以中央或区域性主要媒体为龙头，以重点项目为抓手，尽快推进传统媒体和新兴媒体在内容、渠道、平台、经营、管理等方面的深度融合，打破区域壁垒与行政垄断，将是传统媒体集团与新兴媒体融合改革路径的不二选择"①，这也是打造新型主流媒体的必由之路。

在新的媒介生态环境下，传统媒体只有与新兴媒体融合创新，迅速发展，才能在新的传媒格局中赢取主流媒体地位。然而，我们必须清醒地认识到，当前传统媒体转型并不顺利，新型媒体构建遇到体制改革"瓶颈"，"转企改制"举步维艰，打造新型主流媒体面临极大的挑战，政策红利已经不多。笔者认为，未来的主流媒体既可以由传统主流媒体转型而来，即新型主流媒体，也可以来自新兴媒体，具有强大影响力和竞争力的大型互联网企业也有可能成为新的主流媒体。

第三节　互联网时代的传媒经济研究

2018 年是中国改革开放 40 年，也是我国传媒经济研究 40 年。对于我国传媒经济学的兴起、形成、发展到面临的挑战，有必要进行全面的梳理。尤其是最近 10 年，在互联网飞速发展和传媒业急剧转型的 10 年里，更有必要对传媒经济研究进行深入总结。对此，笔者在分析传媒经济研究的论文基础上，从研究态势、主要议题、研究路径三个维度进行剖析，希望能找到我国传媒经济研究更为清晰的路向。

一、我国传媒经济研究态势

对于我国传媒经济研究现状，喻国明、张金海、谭天、丁和根等学者都做过全面的梳理和评价。学者们对当下我国传媒经济研究的现状和存在问题评价可归纳如下：一是传媒经济研究"术"多"学"少，基础研究薄弱，理论深度欠缺；二是大多研究者缺少经济学的学科基础，经济学理论与研究方法双重缺失；三是尚未形成统一的研究范式，研究范畴也不确定，边界十分模糊；四是研究群体规模较小而且极不稳定，核心作者队伍尚未形成；五是与国际研究相比，视野不够开阔，经济学、管理学相关理论支撑不够。李浩、丁和根把我国传媒经济 40 年研究划分为四个阶段：第一阶段为改革开放之初至 20 世纪 80 年代末的初步开拓期；第二阶段为 20 世纪 90 年代的积累成长期；第三阶段为 2000 年至 2008 年的

---

① 朱剑飞、胡玮：《主流风范：融合发展，浴火重生——加快我国新型媒体集团建设的若干思考》，《现代传播》2014 年第 11 期，第 12 - 19 页。

快速推进期；第四阶段为 2008 年至今的深化繁荣期。我们不妨把研究聚焦在第四阶段。

以"传媒经济"为主题在中国知网上可搜到 2 032 篇文章，2009—2018 年有相关文章 416 篇，每年 30～50 篇，但自 2020 年起逐年减少。2017—2020 年新媒体经济的文章数量有所增加，从两位数上升到三位数，2017 年超过了传媒经济的文章。以"传媒产业"为主题在中国知网上可搜到的文章有 2 539 篇，是传媒经济文章篇数的 6 倍。这说明：①我国传媒经济研究大多集中在传媒产业分析上；②仅从数量上可以看出，传媒经济研究大致保持稳定；③传媒经济研究逐年减少，但新媒体经济研究急剧增加。

目前我国有两个传媒经济研究学术团体，不论是人数规模还是学术水平，与新闻传播学其他学术组织相比都有差距。这说明传媒经济学这一分支学科尚属年轻、积淀欠缺、成长不够；研究者大多缺少经济学的学科背景和学术训练，加上对传媒业了解不够，导致无论是理论建构还是应用研究都显得力不从心。不过，我国传媒经济研究还是取得了一定成果，除了数量可观的论文发表之外，还出版了一系列专著和研究报告。崔保国自 2005 年开始每年主编并出版《中国传媒产业发展报告》（蓝皮书），建立了我国传媒产业研究的数据库。2013 年陶喜红出版的《中国传媒产业市场结构演变研究》、2014 年吴赟出版的《出版经济学的核心：基于市场机制的出版物价格问题研究》、2015 年张辉锋出版的《传媒经济学：理论、历史与实务》，均对传媒经济进行了宏观描述和理论探索，主要是在传媒产业层面展开研究。2016 年谭天出版的《媒介平台论——新兴媒体的组织形态研究》对新兴媒体展开系统研究并对媒介平台进行理论建构。这些专著不仅系统梳理和解释我国传媒产业发展，还提出了新理论、新观点。

陈玥认为："2008 年后，中国传媒经济学研究出现'放缓'现象，学科自身发展遇到阻碍。"[①] 那么，问题到底出在哪里呢？笔者认为，当前我国传媒经济研究的主体与边界很不清晰。崔保国在《传媒经济学学科体系与课程体系探索》一文中认为，传媒经济学是用经济学的方法研究传媒经营和信息消费领域的经济活动与经济规律的学问，是关于市场和经营管理的理论，要从传媒、内容和传播活动三方面来思考传媒创新。然而，互联网时代是一个重新定义的时代。当前，新技术的发展推动着传媒业生态版图的重构，用户与场景、新闻与机器之间均在

① 陈玥：《中国传媒经济学研究历史进路与范式建构——基于学科史的视角》，武汉大学博士学位论文，2014 年。

建立越来越密切的关系，整个传媒业面临着系统重建和生态重构。彭兰将这种状态称为智能化媒体时代的来临。智能化媒体携带的新技术对新闻业领地的"入侵"，必然会对专业媒体与媒体人进行价值重塑，这将是一个传统媒业边界消失、格局重塑的时代。[①] 传媒经济研究的边界模糊，许多概念需要重新定义。"传媒经济研究由于其跨学科性质，其学科属性、研究范式等仍可商榷，在传媒产业经济的范畴内，仍有大量可产生聚合反应的研究空间存在。"[②] 既然其边界无法清晰界定，那么我们是不是可以就其主要议题和研究路径来探讨呢？

二、 传媒经济研究主要议题

当今我国传媒经济研究的议题主要集中在六个方面：

（一） 年度综述与宏观分析

喻国明自 2007 年以来一直在做传媒经济研究的年度综述，他先后提出从"增量改革"到"语法革命"（2008）、培育市场主体和建立竞争机制（2010）等新观点，还提出传媒业发展面临的四个转变（2013）、"互联网＋"下的中国传媒业（2016）、技术驱动下的传媒经济研究（2017）、"互联网下半场"中传媒经济研究的问题意识与技术进路（2018）等论述。但笔者认为把互联网分为上、下半场，显得过于简单化，因为互联网的发展未有穷途。此外，陶喜红、丁兰兰提出建构传媒产业的四种共生模式；赵雪舟分析了我国传媒产业的重构、重组和产业链的嬗变。这些研究主要是在产业经济学框架内的宏观分析。

（二） 基础理论研究

我国传媒经济基础研究十分薄弱，但也有少数学者致力于这方面研究。谭天整合了注意力经济和影响力经济理论，提出意义经济理论："意义经济是指媒介产品通过传播过程并使人们产生生产、流通和消费行为从而实现其商业价值的活动。它包括三个组成部分：意义消费、意义影响、意义服务。"[③] 还有学者试图用社会资本理论打破传播学与经济学的藩篱。孙俨斌认为，运用社会资本视角"能够实现传媒经济研究的三个跨越，即媒体正规收入和灰色收入、媒体组织收

① 彭兰：《未来传媒生态：消失的边界与重构的版图》，《现代传播》2017 年第 1 期，第 8 – 29 页。
② 陈科、马宝龙、房玉婷：《"互联网＋"时代的传媒困局与发展创新——"2015 中国传媒经济与管理学术年会暨'互联网＋'时代传媒创新论坛"会议综述》，《华中传播研究》2015 年第 12 期，第 37 页。
③ 谭天：《传媒经济的本质是意义经济》，《国际新闻界》2010 年第 7 期，第 74 页。

入和个人收入，以及媒体产品收入和互动（公关）收入之间的跨越"①；但同时他也认为"注意力经济""影响力经济"不能对媒体会议会展、灰色收入等非经济因素进行有效解释，进而指出传媒经济理论存在局限性。对此，王亮提出批评，认为他"把对传媒经济本质的研究混同于传媒经济理论研究，把传媒经济研究的局限混同于传媒经济理论的局限"②。王胜源认为："社会资本理论强调社会网络和关系资源，可以为探讨传媒经济的本质提供一种新的思考路径。但社会资本并不等同于社会关系网络，特别是在分析具体的企业经济行为时，必须从关系网络的'资本化'入手来理解企业的社会资本。"③

（三）媒体融合研究

近年来，媒介融合研究更多地转向媒体融合研究，而媒体融合的本质就是产业融合。谭天提出"一体两翼"的媒体融合发展策略。蔡骐、吴晓珍以创新经济学理论来探讨媒体融合发展策略。但钱广贵等对我国新闻传播领域的媒介融合进行多元分析后指出："这些解释虽然具有一定合理性，但其表层化、业务化和现象化的特征明显，新闻传播学科的范式偏向明显，而忽略了其产业融合和市场融合的本质。这种解读的偏向是对既有新闻传播研究范式和西方新闻传播学术研究范式的路径依赖，这种路径依赖不利于对于传媒市场现象的经济本质解读，也说明了中国传媒经济研究的困境。"④

（四）传媒规制研究

李娜探讨了传媒经济制度影响下的传媒发展模式；习艳群以系统经济学及其产权理论为主要理论工具，剖析了我国传媒产权制度的现状及存在的问题，提出我国传媒产权制度变革的思路。郝雨、王铭洲则应用新制度经济学和传媒制度成本控制理论展开研究，提出政府和传媒主体都应在之后的媒介体制改革中保证产权、充分竞争和非正式规制以解决问题。徐振祥、刘艳娥则考察了美国、英国、韩国、俄罗斯等国家的传媒制度发展，以寻求中国特色传媒体制改革与制度创新

---

① 孙俨斌：《"社会资本"视角对传媒经济研究的三个跨越》，《新闻记者》2014年第2期，第75页。

② 王亮：《传媒经济研究的局限不是传媒经济理论的局限：与孙俨斌博士商榷》，《新闻界》2014年第16期，第64页。

③ 王胜源：《传媒经济：一种社会资本经济？——兼论传媒企业的社会资本及其开发策略》，《中国出版》2016年第6期，第33页。

④ 钱广贵、吕铠：《媒介融合的多元解读、经济本质与研究范式偏差》，《当代传播》2015年第6期，第57页。

的路径选择与理论演绎的案例和经验借鉴。朱春阳认为："鉴于中国的特殊国情和特殊的传播格局，对媒介融合规制研究的中国面向应该成为研究的重点。其中，政策规制作为核心议题，其价值取向与目标应该体现中国的现实与未来发展要求。"① 然而，传媒制度变革并不是纯粹的经济学问题，制度设计也不是只靠传媒经济理论就能解决的问题。

（五）新媒体经济研究

喻国明等认为："随着互联网逻辑逐渐成为传媒领域的主导逻辑，其基础架构也在发生着深刻的革命性改变。在这种'互联互通'的基础性逻辑的作用下，集成经济势必成为未来传媒产业的主流经济形态。"② 王庆凯则认为用户经济是移动互联网时代的传媒经济新模式。随着新媒体经济的发展，谭天、喻国明、黄升民等对新媒体经济和媒介平台展开了研究。武占云等认为："新媒体经济作为当前在中国大范围发生的一种产业融合新业态，正在成为促进中国经济转型升级、产业创新的重要力量。"③ 谭天提出新媒体经济是一种关系经济的观点，他还进一步分析了新媒体运营和社交媒体构成，把基础研究延伸到应用研究。

（六）国外研究考察

不少学者对国外传媒经济的动态、热点、制度和范式变革进行了考察。董天策等在考察西方传媒政策的范式迁移之后指出："在当下全球化、技术进步以及公民社会崛起的语境下，西方社会开始寻找一个超越经济自由主义和国家干预主义、面向'市场—国家—社会—媒体'合作治理结构的新范式。"④ 徐振祥等以美国、英国、韩国、俄罗斯等国家的传媒制度为考察对象，基于政治、市场与社会之间的博弈视角，结合国际传媒变化和我国传媒改革提出："中国特色社会主义的传媒业既要充分重视传媒在政治性、产业性和社会公共服务性等领域的区别性改革与分类发展，又要注重三大领域中的运营协调、资源共享与优势互补，既实行'三分开'，又从'三分开'走向'一体化'，这将成为当下和今后中国传

---

① 朱春阳：《媒介融合规制研究的反思：中国面向与核心议题》，《国际新闻界》2009 年第 6 期，第 24 页。

② 喻国明、樊拥军：《集成经济：未来传媒产业的主流经济形态——试论传媒产业关联整合的价值构建》，《编辑之友》2014 年第 4 期，第 6 页。

③ 武占云、张双悦：《新媒体经济的内涵、发展与趋势》，《新媒体研究》2017 年第 19 期，第 22 页。

④ 董天策、陈映：《西方传媒政策的范式迁移与重建：一个思想史的考察》，《西南民族大学学报（人文社会科学版）》2013 年第 11 期，第 129 页。

媒体制改革与制度安排的可能趋势与主要特色。"①

此外，还有大量实务研究、对策研究，不一一枚举。以上主要议题中，基础研究最为薄弱，由于基础理论支撑不足，也影响其他研究的水平。媒体融合和传媒经济形态研究则趋热。笔者认为，当下我国传媒经济研究议题应该集中在两方面：一是加强基础研究，尤其是对新媒体经济规律的研究；二是加强我国传媒转型急需的传媒规制的研究。"我国当下的媒介规制议题破除了着眼点单一化的藩篱，研究视角转移向了互联网等新兴产业规制。但目前的互联网产业规制的调整和动荡也呼唤着互联网规制走向更加有序、放松的融合性规制。"②

三、 传媒经济研究路径

能否找到我国传媒经济研究的最佳路径？我们不妨从研究范式、研究进路和研究方法三个维度来审视。

从传媒经济的研究范式来看，西方传媒经济学的主要研究范式包括理论型、应用型和批判型三种。③ 但是，"中国传媒经济学的研究模式主要有以下三种：历史传统模式、理论型模式和应用实务型模式"④，"数据和技术核心能力的缺乏、整合新范式是传媒经济研究将要面临的挑战"⑤。说到整合新范式，实际上就涉及范式转换和范式创新。

对于传媒经济的研究进路，不少学者从传媒产品及其特性入手。杭敏等认为："传媒组织在经济运营中的一个重要特性是生产联合产品（joint products），即同时提供线上和线下产品。联合产品特性使传媒生产的经济规律不同于以往，也使传统媒体的发展与演变更具复杂性。"⑥ 近年来，随着移动互联网和智能手机的发展，不少学者从用户、消费者角度切入研究，也有不少学者从科技发展对传媒经济的影响切入研究。但笔者认为，在新媒体经济中，"关系"

① 徐振祥、刘艳娥：《国外传媒制度发展与研究现状述评——基于政治、市场与社会三角博弈的视角》，《学术论坛》2013年第9期，第80页。

② 赵睿、喻国明：《"互联网下半场"中传媒经济研究的问题意识与技术通路——2017年中国传媒经济研究文献综述》，《国际新闻界》2018年第1期。

③ 杭敏、[瑞典] 罗伯特·皮卡特：《传媒经济学研究的历史、方法与范例》，《现代传播》2005年第4期，第26页。

④ 李盼盼：《浅析我国传媒经济学的研究模式与理论范式》，《今传媒》2017年第8期，第135页。

⑤ 杨勇、董紫薇、周长城：《大数据引领媒体融合未来——2017年第六届中国传媒经济年会综述》，《现代传播》2017年第12期，第157页。

⑥ 杭敏、[瑞典] 罗伯特·皮卡特：《传媒经济学研究的历史、方法与范例》，《现代传播》2005年第4期，第115页。

是一个十分重要的研究进路，在互联网视域中，研究我国传媒经济中的各种关系尤为迫切。

研究方法无疑是助力传媒经济研究走得更远的一个方面，随着这一新学科的逐渐成长，实证研究日益受到重视。但经济学是一门以演绎为主导的学科，实证研究的归纳并不能解决一些根本问题。无论是思辨性的演绎还是归纳性的量化，都是微观研究。对于宏观和中观的综合性研究，还需要用跨学科研究的方法，也就是说，传媒经济学仅靠新闻传播学或传媒经济学者的努力是不够的，还需要整合经济学、管理学、政治学、信息科学等多个学科协同作战。

随着大数据、人工智能和互联网经济的迅速发展，经典经济学和传播学已不足以支撑传媒经济学研究。与此同时，传媒经济学者对新媒体经济的研究也陷入技术决定论。笔者认为，大数据新技术并不能成为传媒经济研究的核心能力，核心能力只能是解决稀缺性问题的经济分析能力，传媒经济研究的不是新技术，而是新技术所形成的经济形态和传媒生态。诚然，传媒经济研究也不是单纯的经济学研究，它与科技、文化紧密关联，未来我国传媒经济研究的趋势是在政府与市场、现实与虚拟、内容与服务之间的融合与博弈中发展。在方法论上，应该凸显系统研究和实证研究。未来的学术创新点会在社会化传播与传媒经济、人工智能与媒介管理、互联网生态与新经济形态的交叉中产生。

综上所述，我国传媒经济学发展缓慢、传媒经济研究滞后的基本原因主要有三：一是由于我国传媒市场的不规范和特殊性，传媒经济研究面临的问题极其复杂；二是传媒经济研究力量不足，基础研究十分薄弱；三是传媒经济研究路径设置不当，不集中、不聚焦、不到位，缺少整体规划和针对亟待解决问题的综合研究。

杭敏认为："相较于西方来说，虽然我国的传媒经济与管理研究和教育起步较晚，但由于中国传媒市场所蕴含的巨大的活力与潜力，我们拥有更加丰富的研究议题与更加有利的教育发展优势条件。"[1] 笔者赞同杭敏的观点，中国传媒经济的多样性和新媒体经济的蓬勃发展都给传媒经济研究提供了很好的土壤。

对此，笔者认为当前有必要从三个方面加强传媒经济研究和学科建设：一是加强基础研究，针对传媒经济学的基本理论发展深入研究；二是针对当下我国传媒转型和新媒体经济发展中亟待解决的重大问题进行跨学科的集体攻关；三是针对目前我国传媒经济学术活动力量分散、组织不力的现状，以中国社会科学院为

---

[1]　杭敏：《西方传媒经济与管理教育的发展》，《传媒》2017 年第 3 期，第 78 页。

主导，以传媒产业蓝皮书为载体，整合全国学术力量，组建研究队伍，更好地规划、组织和实施，尽快把我国传媒经济学推上一个能够响应时代要求的新台阶。

第四节　新媒体理论的创新与想象

对于新媒体研究，学者们提出了很多新观点，但大多没有形成理论体系和构想。谭天在新媒体理论创新上做了一些尝试，提出传播裂变理论、媒介平台理论以及社会化传播理论的构想。

一、 新媒体传播的理论创新

传播学是一门非常年轻的新兴学科，当它还立足未稳，就不幸面临巨大的冲击和挑战。主要冲击来自物联网、移动互联网和社交媒体的兴起，以及随之而来的传播形态和传媒生态的变化。传统媒体土崩瓦解，大众传播也部分失效。理论的危机出现了，在大众传媒发展基础上构建的大众传播理论已经难以解释基于互联网的传播活动和传媒现实，理论严重滞后实际，部分理论已过时。在这样的理论与实践的双重困境下，学术界陷入了一种集体焦虑：一方面，重新检讨和反思现有的理论框架，虽然发现了一些问题，但无力解决；另一方面，由于传播学年轻且内卷化严重，自身难以创新理论。虽然有学者提出学科支援和跨学科研究的思路，但由于学科对话尚未形成，也只能望梅止渴，远水救不了近火。

传播学的最主要理论是大众传播学，但在进入互联网时代之后，大众传播学面临着极大的挑战。《麦奎尔大众传播理论》的译者、清华大学崔保国教授在悼念文章《大众传播学的终结者：致敬一代宗师丹尼斯·麦奎尔》中写道："如果说拉斯韦尔教授是大众传播学的奠基者，施拉姆教授是大众传播学的集大成者，那么，麦奎尔教授可以说是大众传播学体系的建构者，从施拉姆到麦奎尔，大众传播学的理论体系基本上建构完整了；更重要的是，丹尼斯·麦奎尔教授是大众传播学的终结者，之所以这样说，是因为大众传播时代伴随着20世纪已经翻过了历史的一页，随着互联网的崛起和网络空间的出现，人类开始进入一个传播的新时代，传播学不再只是以探讨大众传播为核心议题，而是在更宽广的领域中展开。"[1]

---

[1] 崔保国：《大众传播学的终结者：致敬一代宗师丹尼斯·麦奎尔》，微信公众号"全球传媒学刊"，2017年7月1日。

我国著名数学家吴文俊院士说过这样一段话：在数学上，所谓难的、美的，不见得是好的；所谓好的，也不见得就一定是重要的。数学大师华罗庚也说过：要研究有生命力的数学。用这些观点观照我们这个学科，就是要研究有生命力的新闻传播学。从施拉姆到麦奎尔，尽管传播学理论日趋学科化、精细化，但并不代表它足够成熟，更不能说明它足以解释当今的传播与传媒。香港城市大学李金铨教授在《传播研究的时空脉络》一文中警示道："谨防落入过度专业化而划地自限的陷阱，以致异化为技术化、碎片化、孤岛化的窠臼。"我们不仅要避开陷阱，也要敢于创新，勇往直前。

（一）传播裂变理论

2009年，谭天等人在《新媒介生态下的电视传播模式——以〈百家讲坛〉为例》一文中提出了传播裂变理论。他借用物理学中的核裂变理论来解释央视节目《百家讲坛》所引发的传播现象。他发现在这一释放巨大能量的传播现象中存在着一种类似核爆炸的裂变机制，争议成为引发裂变的"中子"，在互联网的传播空间里，当满足一定临界条件时就会产生释放巨大传播能量的链式反应。在这个传播过程中，受众变成了传播者，意见领袖则被卷入其中推波助澜，不仅形成一环扣一环的互动传播，还形成线上与线下的互动。这种传播类似病毒式传播，但比病毒式传播能量更大，因为其传播的观点是公众关心的社会话题，也就是公共话题，因此能够形成更大的社会效应。

（二）媒介平台理论

2011年，谭天在《基于关系视角的媒介平台》一文中提出媒介平台理论。长期以来，人们在传播学视域下无法将传统媒体与新兴媒体从根本上区分开来。谭天认为，新媒体研究不仅要"走进传播学"，还要"走出传播学"。他从媒介组织形态入手，应用组织管理学理论，提出新兴媒体的媒介组织形态是媒介平台。媒介平台不是传统意义的媒体，它的主要功能不是内容生产而是意义服务。媒介平台是基于互联网的，与大众所说的平台有根本区别。一般来说，它不生产内容，平台的内容由用户生产，媒介平台只是为内容运营提供服务。由此，他给媒介平台下的定义是："通过某一空间或场所的资源聚合和关系转换为传媒经济提供意义服务，从而实现传媒产业价值的媒介组织形态叫媒介平台。"他还研究了媒介平台的构成和运行机理。媒介平台具有三大构成——聚集资源、呼应需求、创造价值，其运行构成要素是界面、接口和规则。基于互联网的媒介平台能够很好地解构新媒体，而媒介平台理论对研究新兴媒体、媒体融合以及新媒体运营意义重大，既有理论价值，也有应用价值。它把互联网平台与"内容为王"的传统媒体区隔开来，也为媒体融合与传媒转型的研究奠定了理论基础。可以说，这是新媒体本体理论研究的一大贡献。

（三）"未托邦"理论

杜骏飞从网络社会学和数字交往视角观照新媒体研究，在讨论元宇宙和Web 3 所指向的数字未来时提出"未托邦"这一新概念。他认为："作为当下两种最重要的数字文明叙事，Web 3 与元宇宙对应着数字未来的社会结构与社会实践。'未托邦'（vucatopia）一词，是指一种在乌托邦与反乌托邦之间游移的观念——它缘自数字未来的 VUCA 属性：波动、不确定、复杂和模糊。'未托邦'的意识形态，表现为以下趋势：数字社会形态的'流动部落化'；数字社会心理的'自反性沉迷'；数字社会政治的'未定义治理'。'未托邦'是一种对数字未来的追问和解析，它要求人在面对技术主义时要始终保持人文的清醒。"①

不论是传播裂变理论、媒介平台理论还是"未托邦"理论，都是新媒体传播研究的理论创新，因为它已完全跳出经典传播学的范畴。

二、 构建社会化传播理论的思考

随着互联网的兴起，传播也发生了巨大的变化，与之相关的传播学研究面临着极大的挑战，以大众传播为主导的经典传播理论在解释复杂多变的网络传播和现实社会时，显得越来越吃力。那么，能不能提出一种全新的理论来替代、修正和涵盖大众传播理论呢？笔者为此尝试构建社会化传播理论，以下是一些相关思考。

（一）传播学的困境与机遇

我们不妨重新审视一下大众传播理论，它包括理论、结构、组织、内容、受众和效果等。先说基本理论，大众传播是建立在传统媒体的信息传播基础上的，正如麦克卢汉所说，媒介即信息。但是，面对互联网和新媒介，这种认识已经不够，我们还需要研究信息背后极为复杂的关系。关于媒介和传播对社会的结构已有不少研究，但随着媒介及传播主体的变化，这些研究也远远不够。对于媒介组织及其形态的研究更为薄弱，以致不少人一直不知道传统媒体与新兴媒体的根本

---

① 杜骏飞：《"未托邦"：元宇宙与 Web 3 的思想笔记》，《新闻大学》2022 年第 6 期，第 19 页。

区别在哪里，一直纠缠在信息与技术的二元讨论之中，殊不知其中还隔着其他更重要的东西，例如谭天在《基于关系视角的媒介平台》一文中讨论的媒介组织形态。受众研究是大众传播理论中十分重要的一环，然而在互联网时代，当受众变成了用户，受众理论是否需要重新诠释？

诚然，近30年来我国传播学研究有了长足进步，先是吸收消化国外传播学研究成果，然后在此基础上做得更加规范、更趋精细，但也仅此而已。问题是新的研究方向在哪里，理论创新的切入点在哪里，能否构建一种全新的传播理论。科技发展和社会变革所带来的传播剧变或许会给研究者带来契机和灵感。智能手机与社交网络的结合催生了传统媒体的掘墓人——社交媒体以及新的传播方式。在2016年的美国大选中，社交媒体向传统媒体吹起了冲锋号。有人称这场大选不仅是希拉里的失败，也是传统媒体的失败；不仅是特朗普的胜利，也是社交媒体的胜利。特朗普竞选团队充分运用社会化传播手段，一方面利用社交媒体吸粉造势，宣传自己的治国理念；另一方面遵循社会化传播规律，对希拉里发起多点攻击，包括借助黑客、揭露丑闻等。在这场大选背后，我们可以看到社会化传播的兴起。

这样的社会化传播案例越来越多。从我国近年来网络舆情研究的理论和实践来看，在大众传播理论的框架内，已难以解释此起彼伏的危机传播，更无力应对并进行危机管理。但是，我们不妨大胆设想一下，社交媒体的兴起不是给社会化传播研究带来一个很好的契机吗？诸多社会化传播实践不是给我们的理论研究提供了广阔的现实土壤吗？

彭兰在《社会化媒体：理论与实践解析》一书中写道："当内容生产和消费与人们的社交活动关联越来越密切，当内容越来越多地依赖人们的社会关系渠道流动时，传统的点对面的大众传播日益演化为'社交化'大众传播。"[①] 她所说的"社交化"大众传播实际上就是社会化传播，只是我们还没有意识到要形成一套新的传播理论。

（二）社会化传播的定义

社会化传播的兴起是基于人类所在社会形态发生了变化，人类活动进入网络社会。"网络社会被界定为在媒介网络中加速组织它的关系的一种社会形式。"[②]

---

① 彭兰：《社会化媒体：理论与实践解析》，北京：中国人民大学出版社，2015年，第37页。
② ［荷］简·梵·迪克著，蔡静译：《网络社会——新媒体的社会层面》（第二版），北京：清华大学出版社，2014年，第259-260页。

简·梵·迪克在《网络社会——新媒体的社会层面》一书中对网络社会进行了深入研究并得出三个结论：①当代社会正从大众社会向网络社会转变。②网络社会结构是双重结构，既连接又分离。③这个网络结构既是界定的，又是能动的。[①] 社会化传播的兴起与形成都是基于这样的网络社会，而社会化传播的研究也应在这样的社会形态中展开。

其实这些年随着移动互联网、物联网和社交媒体的迅速发展，传播形态已经有了很大改变，社会化媒体生态已经形成，问题是我们对此研究还不够。由于社会化传播的理论尚未构建起来，故而未能用来解释和指导传媒变革，但一场前所未有的传播革命之火已经燃起。在互联网世界里，政府、企业、个人都可以成为传播的主体，互联网时代即社会化传播时代。

社会化传播研究更多是在社会学视域展开："学界关于社会化传播的研究，在现有文献中最近似的解释是从社会学和文化学的角度对参与传播活动的各要素关系的模式化说明，社会化传播的结构指向两个基本的功能：群体生存与个体生存的协调；社会既定形态对每一社会成员的塑造。区别于上述定义中个体的人受制于社会存在、历史文化存在的一般性界定，社会化媒体时代里个人与社会之间的关系更错综复杂，如同当下的传播层级已很难区分大众传播、人际传播和组织传播一样。"[②] 因此，对社会化传播很难下一个完整的定义。李夏薇认为："社会化传播是一个宽泛的概念，强调的是一种弥漫式、辐射式的传播方式，强调每个互联网用户都是传播的一个节点，是一种基于社会化媒体平台，在信源、希望获取信息的受众和信宿之间进行沟通并且实现信息和内容分享的行为。"[③] 社会化传播需要更为准确的定义，或许我们还可以从另一个维度来思考。

重要的传播学研究或许不在传播学科中，而是在其他学科中。例如著名社会学家曼纽尔·卡斯特对网络社会及其传播进行的研究。当传播学者把信息传播推进到关系转换时，曼纽尔·卡斯特却把"传播"纳入"连接"这一学术范畴，"要以共享的、重构的认同为核心，追寻新的连接姿态"[④]。"连接"可以看作一种强关系，它往往通过媒介来实现。"媒介即连接"的本质就在于接入、挖掘和处理传播过程中的各种关系，并提供与之适配的内容和服务，进而通过新媒体打

---

① ［荷］简·梵·迪克著，蔡静译：《网络社会——新媒体的社会层面》（第二版），北京：清华大学出版社，2014 年，第 260 - 261 页。

② 李夏薇：《社会化传播初探》，《青年记者》2017 年第 20 期，第 12 页。

③ 李夏薇：《社会化传播初探》，《青年记者》2017 年第 20 期，第 12 - 13 页。

④ ［美］曼纽尔·卡斯特著，夏铸九、王志弘译：《网络社会的崛起》，北京：社会科学文献出版社，2001 年，第 28 页。

通人与人、人与物之间的关系，为新媒体将社会资本转换成运营资本奠定基础。在此，笔者尝试这样定义：社会化传播是指在互联网连接的虚拟与现实的空间里，任何个体和组织都会形成传播行为，通过各种媒介平台和传播工具的关系转换，进而引发社会资本流动和各种传播活动。

基于社会化传播的界定，我们可以讨论社会化传播研究的对象。就当前而言，数据、平台和生态以及它们之间的关系，应该成为主要的研究对象。从微观层面来看，信息不仅实现数字化而且已经数据化，随之而来的是数据挖掘与分析，数据成为社会化传播的"血液"。从中观层面来看，媒体作为一种传统媒介组织形态终将灭亡，取而代之的是以聚合资源、响应需求和创造价值为三大构成要素的媒介平台。宏观层面是生态，这个生态既包括媒介生态，也涉及社会生态，由此形成各种共生互联互通的形态。由这三个层面构成的传播系统，具有社交化、智能化以及开放性三大特征，并由此形成权力博弈、制度创新、资本流动、伦理心理等错综复杂的新关系，从而造就形态各异的新媒体和新业态，进而对社会形态起到一定的结构作用。基于社会化传播的定义，我们还可以构建整个理论体系，而在这个构建过程中首先遇到的是范式转换问题。

综上所述，经过从内容到关系，再从传播到连接的转换，关系、连接、平台等成为传播形态的新节点，基于大数据的交往理性、跨学科的协同创新等会推动人类社会的空间转向与文化转向，并进一步促进社会资本的流动。在这一改变和转换中，社会化传播研究开始形成与大众传播截然不同的范式，然而它并没有完全固化下来。

（三）理论研究的范式转移

托马斯·库恩（Thomas Samuel Kuhn）在《科学革命的结构》中提出范式理论，他认为科学革命的本质就是范式转换。范式是指从事某一类科学活动所必须遵循的公认模式。它包括共有的世界观、基本理论、价值取向、方法与工具等与科学研究有关的所有东西。刘海龙在《大众传播理论：范式与流派》一书中提出，大众传播研究可以分为三种范式：客观经验主义范式、诠释经验主义范式、批判理论范式。这三种范式其实也是传统新闻传播学的研究范式。

从大众传播学到社会化传播理论是不是一场科学革命现在还不好说，但至少是一次重大的理论创新，也会面临原有范式是否适用甚至范式转换问题。在这个改变和转换过程中，人们对传播的认识出现了两次大飞跃：第一次飞跃是从内容到关系，第二次飞跃是从传播到连接。格雷戈里·贝特森（Gregory Bateson）认为："传播具有两个层面，即内容层面与关系层面。在传播的关系层面上，它传递的是传播过程中两个或更多的参与者的人际关系，因此，一个讯息的关系深度可以对于讯息的内容进行分类或予以构造。"① 之后，保罗·瓦茨莱维奇（Paul Watts Levich）等指出："人际关系是通过交流和互动建立起来的，两个人之间的交流行为定义了关系。"② 周翔等在讨论网络社会中的媒介化问题时指出：未来研究应聚焦媒介化社会的空间转向以及如何联结网络空间中的互动关系。③

移动互联网、物联网、大数据、人工智能等新科技的发展不仅极大赋能社会化传播，也让人们对传播的认识产生了第二次飞跃：从传播到连接。社会化传播不仅是人与人之间的联结，还有人与物、物与物之间的联结；不仅有个体之间的连接（社群），还有个体与社会的连接（嵌入）。如果说传播是一种宽泛的相互关系，那么连接就是一种实实在在的相互作用。在这种新的传播形态和连接方式中，新的媒介组织形态出现了，那就是媒介平台。所有的传播都通过接入媒介平台实现关系转换，进而释放出巨大的传播能量。中国最大的社交媒体——腾讯CEO马化腾提出了"连接一切"的口号，这是互联网业界对传播更直观的认知和直接的理解。如果说大众传播关注媒介技术变迁引发了权力博弈，那么社会化传播可能更加关注社会结构和媒介形态变化引发的社会资本流动。

社会化传播研究还会促进跨学科融合，计算传播学、认知传播学等新兴交叉学科进入传播学者的视野，同时也吸引了包括自然科学在内的其他学科进入传播学研究的知识场域。但是问题也因此而来，例如算法推荐，人们会陷入工具理性与价值理性的二元对立困境。对此，陈昌凤等在哈贝马斯的交往理论启示下，提出了交往理性的观点："交往理性是从社会系统的角度去看待科技的行动和功能的。能自觉地在社会系统中确定自己的定位和行为，可以有效地克服科技理性的问题，提升科技的合理性。"④ 与此同时，跨学科研究和互联网思维也会构成社会化传播研究的方法论。诚然，我们不应完全抛弃大众传播理论，而应吸纳、涵盖并超越它。这既是对麦奎尔等传播学前辈研究的尊重，也是传播学发展进入升级换代的必然选择。

---

① 韩亚：《关系传播：Web2.0 时代的传播偏向》，华中科技大学硕士学位论文，2008 年。
② 王怡红：《关系传播理论的逻辑解释——兼论人际交流研究的主要对象问题》，《新闻与传播研究》2006 年第 2 期，第 24 页。
③ 周翔、李镕：《网络社会中的"媒介化"问题：理论、实践与展望》，《国际新闻界》2017 年第 4 期。
④ 陈昌凤、石泽：《技术与价值的理性交往：人工智能时代信息传播——算法推荐中工具理性与价值理性的思考》，《新闻战线》2017 年第 17 期，第 74 页。

　　那么，社会化传播的研究除了刘海龙所说的三种范式之外，有没有可能产生新的范式呢？或者说会不会发生范式转移呢？香港中文大学陈韬文在武汉大学作了题为"传播学范式的转移？对数字化和全球化影响的反省"的演讲，他指出传播学范式是否发生转移的关键在于既有的传播理论能否解释新的社会技术现实，包括四个关键问题：传播作为社会过程发生改变了吗？传播中的权力关系发生改变了吗？出现了新的根本问题吗？出现了新的研究工具吗？他认为，传播学研究涉及的基本社会类别和整体社会关系仍然保持原状，但社会类别之间的特定关系正在改变。传统科学研究和范式转移在同时发生，后者更值得学界关注，传播学者要以数字化和全球化视野更新传播理论。笔者认为，社会化传播具有跨学科研究的特点，至少有一种研究范式是值得重视的，那就是基于大数据和人工智能的数理研究范式。换言之，就是社会化传播需要借助社会科学和自然科学更多新的研究方法和工具。

（四）社会化传播理论构想

　　笔者相信社会化传播理论必将替代和涵盖大众传播理论，理由是大众传播理论是在现实空间里构建的，社会化传播理论则把研究的视域拓展到虚拟空间。虽然社会化传播理论是建立在对麦奎尔大众传播理论的继承和扬弃上，我们需要继承大众传播学优良的学术传统，但我们更需要颠覆性的理论创新，社会化传播理论研究需要新的范式、新的视角、新的方法。当然，如同大众传播理论一样，在新闻传播学科的大家族中，社会化传播也不是唯一的，它与公共传播、知识传播等一样，只是一种理论假说。笔者认为社会化传播理论可以部分涵盖公共传播和知识传播，这些传播理论之间是有交集的。

　　在此梳理一下与社会化传播（social communication）相关的概念——大众传播（mass communication）、公共传播（public communication）。大众传播强调受众被动性；公共传播强调传的公共性；社会化传播强调大众参与和水平传播。大众传播主要是机构性的，是以五种大众媒介为传播介质和不确定数量的受众为传播对象的单向无反馈传播。公共传播是一个近年来被频繁使用的新概念，尽管讨论较多，至今却没有一个公认的定义。胡百精等认为："公共传播定义为多元主体基于公共性展开的沟通过程、活动与现象，旨在促进社会认同与公共之善。"[①]

---

　　① 胡百精、杨奕：《公共传播研究的基本问题与传播学范式创新》，《国际新闻界》2016 年第 3 期，第 61 - 80 页。

吴飞认为："公共传播学是基于公共社会发展的需要，积极参与各种社群实践活动，为人类的权利的平等、社会公正和民主参与社会治理提供理论支持和策略支持。"①社会化传播不强调传播主体，而强调传播方式，其传播方式是弥漫的，传播对象是多样的、广泛渗透的。公共传播可以通过大众传播的方式进行，也可以通过社会性媒体进行社会化传播。可见，在当前的传播环境下，无论是大众传播方式还是公共传播理念，都可以内嵌在内涵更为丰富的社会化传播之中。

近年来，传播学研究有一种回归社会学的趋势。大数据、虚拟现实（VR）、人工智能、物联网等新技术正在重构新的媒介关系与社会关系，将形成新的社会场域和传播空间，媒介即关系，传播即社会。社会化传播能否成为我们新的研究视角呢？目前涉及社会化传播研究的论文很少，在中国知网上检索 2020—2022 年的论文仅有 126 篇，而且大多是泛泛而谈，并没有对社会化传播进行严格的定义，指涉的传播主体、路径和模式也比较模糊；关于社会化传播的研究更多出现在社交媒体（19 255篇）和网络传播（19 821 篇）的论文中，论文数量均为社会化传播论文的 100 多倍。但这两个领域的研究都存在问题：社交媒体研究侧重实务，学理性不足；网络传播研究仅限于网上传播，有一定局限性，而社会化传播是贯穿于线上线下全域时空的传播活动。

当下社会化传播研究侧重于社交媒体应用，一般是讨论这种传播方式或营销策略。但是，社会化传播并不只限于社交媒体，而是包括每个互联网节点上的传播者。这些传播者可以是机构，也可以是个体。大众传播忽略个体存在，麦奎尔认为大众"代表了一种无组织的、缺乏个人色彩的个体集合"②。但在社会化传播理论中，个体的存在得到充分的体现，甚至可以形成如克莱·舍基所说的"无组织的组织力量"。显然，社会化传播模式远比拉斯韦尔的 5W 模式要复杂得多。或许有人会说，社会化传播弗远无界，没有一个抓手怎么研究呀？但笔者认为它还是有边界的，也是有传播主体的，只是它的边界相对模糊、传播主体多元化，传播也更加多样化和复杂化。

那么，能否构建一个社会化传播的理论体系呢？麦奎尔的大众传播理论体系分为六部分：理论、结构、组织、内容、受众、效果。参照麦奎尔的理论体系架构，笔者也将社会化传播理论体系分为六部分：基本理论、媒介形态、内容与服

---

① 吴飞：《公共传播研究的社会价值与学术意义探析》，《南京社会科学》2012 年第 5 期，第 102 – 111 页。

② ［英］丹尼斯·麦奎尔著，崔保国、李琨译：《麦奎尔大众传播理论》（第五版），北京：清华大学出版社，2010 年，第 44 页。

务、关系与连接、用户与互动、效果与效用。这一理论体系还涉及社会学、管理学、政治学、文化和信息科学等领域。此外，系统研究、社会网络分析等方法将成为重要的分析工具。这些只是初步设想，更为完善的理论体系还有待这一理论研究的全面展开。

本章小结

我国新媒体研究内容十分丰富，从概念到技术，从网络社会到形态业态，从传受关系到传播模式，从经典理论适用性到跨学科研究视角，学者们的研究基本触及新媒体传播的方方面面。当今，我们已经进入人机合一、共同进化的智能传播和智媒时代，还会有大量的新技术涌现，如何让技术向善？如何让人类在新技术、新媒体的发展和应用中趋利避害？我们需要更多的非线性思维和跨学科研究来迎接新的挑战，而技术伦理需要更多的反思、批判和建构。在新媒体创新发展中有四个关键节点——观念、融合、场景、算法。这些节点也是新媒体研究的理论创新点所在。

新型主流媒体的理论建构和新媒体经济的研究是新媒体研究理论创新的两个重要领域，一个是我国现实迫切需求的综合应用研究，另一个是跨学科的理论探索，在研究中都需要借助新学科、新方法、新路径。

我们发现，不管怎么研究都无法用大众传播理论很好地解释新媒体传播中出现的各种新问题、新现象，经典传播学陷入了困境。对此，一些学者开始借助其他学科理论和视角，通过重新定义、范式转换、理论假设等方法，先后提出传播裂变、媒介平台、"未托邦"等新概念、新理论。谭天还大胆提出构建社会化传播理论的学术思考，希望对新媒体研究有更多的解释力和多元化理论创新，并以此引起新闻传播学界更多的关注、思考和讨论。

对于我国新媒体研究，我们需要更多更有解释力的理论创新。一方面，我们希望涌现包括社会化传播在内的更多传播学理论创新；另一方面，我们要更多地借助其他学科的理论开展跨学科研究。展望未来，大数据、人工智能、元宇宙等新技术、新应用、新理论将为我国新媒体研究打开更广阔的学术空间。

第四章　新媒体应用研究

新媒体应用研究虽然有很多，但大多是微观层面的实务研究，下面我们筛选出较为宏观且学理性较强的研究进行梳理。首先是新媒介组织形态的研究，即社交媒体的研究。其次是新媒体传播研究，它是新媒体研究中的主要内容；新媒体新闻研究则是最重要的应用研究；随着短视频、网络直播的兴起，新媒体样态研究也成为研究热点。最后，我们聚焦新媒体应用研究的四个创新点。

第一节　社交媒体发展研究

先是互联网技术将全球"认知时钟"整齐划一，"草根"撼动了权威的象牙塔，而后交互技术的飞跃式发展（Web 2.0）更以前所未见的高效能建立起新型的信赖关系。[1] 据 2016 年统计数据，社交媒体超越搜索引擎，成为互联网第一大流量来源，二者占比分别为 46% 和 40%。[2] 如今，社交媒体几乎等同于新媒体。本节将梳理我国社交媒体的历史与现状，进而推测其未来发展趋势。

一、　社交媒体的昨天与今天

社交媒体由 social media 翻译而来，也有人译为"社会化媒体"。笔者倾向于前者，如若使用后者，可把社交媒体看作狭义的社会化媒体。关于 social media，人们普遍认为最早源自美国学者 Antony Mayfield 在 2007 年出版的电子书 *What is Social Media*（《什么是社会化媒体》）。他认为社会化媒体是一系列在线媒体的总

---

[1]　于辉：《我合之众——社会化传播大变革》，《安家》2015 年第 5 期，第 95 页。

[2]　Peter Huston 等：《权威发布：2017 年传媒生态报告》，http://mt.sohu.com/20161104/n472334012.shtml，2016 年 11 月 4 日。

称，这些媒体具有参与、公开、交流、对话、社区化、连通性的特点，赋予每个人创造并传播内容的能力。彭兰认为社会化媒体的主要特征有两个：一是内容生产与社交的结合，也就是说，社会关系与内容生产两者间是相互融合在一起的；二是社会化媒体平台上的主角是用户，而不是网站的运营者。[①] 目前对于社交媒体的定义虽然表述不一，但有着共同的内涵，人数众多和自发传播是构成社交媒体的两大要素。

"社交媒体"一词虽在2007年才开始兴起，并于2008年成为互联网上的热门话题，但社交媒体的理念、发展可以追溯到20世纪70年代，与ARPAnet、Usenet有关，甚至要从计算机的连接说起。

1969年，美国国防部的研究部门"美国高级研究计划署"（ARPA）实现了最早的电脑互联，但ARPAnet是封闭的。针对这一情况，出现了名为Netnews的分散性讨论系统，该系统后更名为Usenet，任何用户都可以在任何新闻组中发帖或回复已有留言。20世纪80年代，BBS开始盛行，形成早期基于计算机的信息交流平台。中国于1994年接入互联网，国家智能计算机研究开发中心开通曙光BBS，最早的社交媒体由此诞生。BBS是基于话题进行讨论的论坛，它的出现让网民第一次脱离大众媒体实现聚集和交流。在单向大众传播模式之外，有了双向互动交流的空间，人们围绕内容进行社交，互联网社交意识开始积累。

BBS的运作方式类似沙龙，是社群概念，"个人"的状态被忽视；直到博客（Weblog）出现，"个人"的身份得到凸显。1993年万维网的基础标准被免费分享，基于万维网程序的网站迅速发展普及，这为社交网站的兴起打下了技术基础。值得一提的是，这一标准的免费分享也植入了互联网的"共享"基因。20世纪90年代末，博客出现，2002年8月19日，方兴东、王俊秀、孙坚华等人开通博客中国（http://www.blogchina.com），中国网络传播由此进入新阶段。博客传递了一个"个人页面"的概念，个人可以建立属于自己的主页，基于这个主页实现内容发布和交流。从这一刻起，网民不仅接收、讨论信息，而且开始大规模生产、传播信息，个人逐渐脱离长期以来大众传播环境下的单向"受众"角色，第一次实现了有可能由自己主导的大众范围传播，"受众"开始走向"用户"。微博对于社交媒体的发展是具有革命性的，"在技术和应用方面带来的变化，一种简洁的表述为：源代码的开放。这是'博客革命的力量之源'，因为它给原有媒体传播

---

① 彭兰：《社会化媒体、移动终端、大数据：影响新闻生产的新技术因素》，《新闻界》2012年第16期，第3页。

格局带来的是一种结构上的颠覆性冲击"①。可以说博客是对个人网络表达、分享意识的一次操演和培训，以个体为中心的社会化舞台开始出现。

在理论上，互联网的开放意味着任何人都能发布信息，但真正这样做的只有一小部分。对于大多数人而言，建立博客、定期发帖、培养忠实读者群，需要耗费较大的精力。实际上，中国的博客虽是面向所有人，但这一群体也带有浓厚的精英色彩。普通人更希望构建一个和亲朋好友分享信息的工具，因此SNS（社交网站）和即时通信软件出现了。

1997年，基于六度分隔理论，六度空间网站（http://www.SixDegrees.com）率先开始关注普通个人，"关注个人"的理念延续下来，允许用户建立朋友名单，能看到朋友资料，还可以发送信息。虽然这个网站由于运营不善于2000年关闭，但这种"关注个人"的理念已渗入其他产品，"个人门户"成为流行思维。2004年，哈佛大学的马克·扎克伯格创建Facebook（脸书），并最终发展成全球最大的社交媒体。虽然Facebook进入中国失败，但腾讯2005年开发的QQ风靡中国，此后内容更加细分的人人网、开心网等陆续出现。SNS的理念最终被归纳为"Web 2.0"，即更注重用户交互的互联网模式。用户既是网站内容的浏览者，又是网站内容的制造者，随之而来的UGC也成为社交媒体的鲜明特征。SNS的兴起，带来的是日常社交的普及，不局限于严肃话题，更倾向于个人日常生活的分享。这是具有转型意义的，人与内容的交互开始向人与人的全民社交转化，而且随着这一理念的普及和实践的发展，由人与人互动构成的以个人为节点的关系网络开始萌芽。

移动互联网时代的到来，将社交媒体带入新时空，互联网从网页超链接的网络，转变成人际关系的网络，基于社交媒体建构的以人为节点的关系网络越来越明显。2006年，推特（Twitter）诞生，它建立起基于虚拟关系网络的虚拟讨论广场。通过用户主动传播，社交应用的媒体属性日渐增强。推特没能进入中国，但得益于智能手机的普及和移动互联网的发展，其相似产品"新浪微博"于2009年诞生并快速发展，经过多年的洗礼，在同类媒体中一家独大。2010年，一个新产品——Kik Messenger在互联网行业一石激起千层浪。这一应用是基于手机通讯录来快速组建关系链，"关系链"这个触及社交媒体本质的概念被发掘出来。随即，以腾讯QQ积累的联系人和手机联系人为推广基础，采用Kik技术的微信诞生了。基于现实联系人的强关系让微信迅速实现了数亿级用户数量的扩张，占

---

① 闵大洪：《中国网络媒体20年（1994—2014）》，北京：电子工业出版社，2016年，第91页。

据社交媒体的半壁江山。不论是微博还是微信，都在践行着"让用户构建自己的人际关系"这一理念，将互联网上的社会关系网络构建推向高潮。

随着社交媒体的发展，"社交"的理念越来越普及，"无社交不传播"甚至成了规律，泛社交成为趋势。越来越多媒体接入社交功能，不仅是新媒体，还有传统媒体，同时催生了更多细分的社交形态，如基于位置服务的滴滴出行社交工具；基于二维码、粉丝和网红的社交入口；而正在风口上的网络直播把社交推向中国社会的每一个角落。如今，媒介化与社会化已融为一体，社交媒体已把"内容为王"推向"连接一切"。

回顾社交媒体的今昔，与其说是技术的发展，不如说是人的解放。从 BBS 等将人从单向的大众传播中解放出来，到博客开始以"个人门户"的形式主动传播，再到 SNS 将个人的价值凸显出来，最后到移动社交媒体帮助人开始建立起属于自己的社会关系网络，个人的能力正不断得到释放，个人不再是被动接受的客体，而成为传播的主体，社交媒体也因此构建起新的社会网络和社交模式。

二、 社交媒体的主要模式

当今社交媒体已广泛存在于互联网应用的各个方面：虚拟社区、即时通信软件、移动直播、微博、微信、音视频等。根据 eMarketer 的报告，2015 年中国用户使用所有媒体的每天总用时为 6 小时 8 分。[①] 目前社交媒体已形成多种传播形态和运营模式。

模式一：平台型

随着互联网和新媒体的发展，社交媒体的组织形态也发生了变化，并逐渐形成一个个强大的媒介平台。媒介平台是通过某一空间或场所的资源聚合和关系转换为传媒经济提供意义服务，从而实现传媒产业价值的一种媒介组织形态。媒介平台的功能是聚合资源、响应需求、创造价值。微博、微信就属于典型的平台型社交媒体。意义服务是媒介平台的存在基础和核心价值，即通过各种技术手段、服务产品和聚合平台，为传媒经济运行提供基本条件。

相较于其他类型的社交媒体，微博的媒体属性更突出，微博成为当今中国最大的公共信息发布平台，并对当下中国的网络舆论产生巨大的影响，尤其是遇到

---

① 《2015 年中国社交媒体核心用户数据分析》，https://www.sohu.com/a/21880655_117816，2015 年 7 月 8 日。

突发性公共事件时。与此同时，社交媒体成为基于用户社会关系的内容生产与交换平台，从而把新媒体经济导向关系经济。通过不断更新应用服务，用户之间的关系、用户与平台的关系得到稳固。2016 年，微博新媒体项目收入达 117 亿元，新媒体收入的最大规模来源于电商。[①] 通过关系间的转换，实现意义经济，从而促使媒介平台良性运转。同年 10 月 18 日，微博创造新历史，在美国股市的前一个交易日中，微博股价盘中上涨至 53.12 美元，市值达 113 亿美元，一度超越推特。[②]

相较于微博聚合内容的平台模式，微信更趋向于服务型平台模式。微信的核心服务是即时通信，通过语音、"扫一扫""摇一摇""附近"等通信类服务，满足用户的社交需求，增强用户黏性。此外，微信也通过连接其他平台和媒体，接入新应用来提供更多服务，而其中最关键的是微信支付。通过嵌入互联网金融服务功能，微信与其他互联网服务实现连接，如手机充值、购票、电商，从而实现服务的创新和无限延展。通过这样一系列聚合与接入，微信成为无所不包、既有社交娱乐又有生活服务的平台型媒体。

模式二：社群型

随着互联网的发展，人类的社会关系经过血缘关系、地缘关系、业缘关系，已经发展到"虚拟关系"，社交媒体成为个人构建网络关系的重要手段。社交媒体的出现充分证明媒介即关系，新媒介即新关系。网络社群即基于社交网络形成的新的关系群体。

艾瑞咨询《2016 年中国网络社群研究报告》显示，网络社群与群成员沟通最常使用的平台中，微信群排名第一，QQ 群排名第二，微信公众号排名第三。[③] 可见，具有即时通信功能的社交媒体最易成为社群型社交媒体。微信即当前最典型的社群型社交媒体，其他诸如豆瓣、知乎等垂直化的社交媒体也属于社群型社交媒体。

社群是有共同爱好、需求的人组成的群体，有内容、有互动，由多种形式组成。而互联网的连接特性，以及互联网以人为中心的趋向，导致了社群的出现与繁荣。"社群"的概念更强调社区中的人，以及群体的归属感和群体意识，即社群是以一种强关系维系起来的。2002 年，QQ 群聊功能推出，线上社群形态出

---

① 《自媒体今年在微博收入 117 亿！》，新浪科技，2016 年 10 月 26 日。

② 《微博市值首次超 Twitter 成社交媒体第一股》，新浪科技，http://tech.sina.com.cn/i/2016 - 10 - 18/doc - ifxwvpaq1593908.shtml，2016 年 10 月 18 日。

③ 艾瑞咨询：《2016 年中国网络社群研究报告》，2016 年 8 月 31 日。

现；随后，论坛、BBS 等网络社区兴起；SNS 网络的出现，使网络社群初具规模，社群的个性化垂直细分更加突出；到微信出现，便捷的即时通信功能使不同社群成员间的互动更加频繁，网络社群内部关系也开始出现网状结构。

具体而言，微信的社群化社交特征主要表现在两方面：微信群和微信公众号。微信群是微信中小规模的多对多互动空间，有基于强关系建构的微信群，它是对现实关系的一种补充，具备现实熟人关系产生的信任感，如家庭群、工作群；也有基于弱关系形成的微信群，如以趣缘为基础建立起来的微信群，成员之间的关系可以是熟人，也可以是陌生人，通过话题讨论和不断互动，成员逐渐产生融入感和归属感，从去中心化的互联网又回归到再中心化的社群。再中心化的网状社群关系是社群型社交媒体较为理想的模式，社群型社交媒体带来了一种新的关系建构的方式。张洪忠认为，社交媒体的价值观传播是指"个体—个体"因为价值观一致而完成的传播，这种传播模式重构我们的社会关系，不但打破了传统媒体的"面"上传播关系，更打破了我们社会一直以来"差序格局"的社会关系建构方式。[1]

模式三：工具型

不是所有社交媒体都能像微博、微信那样做成社交平台，工具型社交媒体将社交工具化，把社交作为互联网产品中的重要元素而不是主导元素，即用社交的思维做工具产品。如滴滴出行、网易云音乐、虎扑体育等，在此类社交媒体中社交只是工具，服务才是目的。

滴滴出行是分享经济思维下的打车工具，艾瑞咨询《2016 年中国移动端出行服务市场研究报告》显示，截至 2015 年底，滴滴出行仅专车（快车）的用户覆盖率就高达 88.4%。[2] 在满足用户打车刚需的前提下，滴滴出行开发了拼车平台——滴滴顺风车，扩展了服务项目。网易云音乐也在满足用户对音乐的需求基础上加入评论、分享、动态等社交功能，音乐与社交结合使之在同类产品中脱颖而出。

工具型社交媒体的一个特点是场景，即基于移动互联网的应用场景，它包括五个核心要素：移动设备、社交媒体、大数据、传感器、定位系统。社交通过与工具使用场景的适配，更好地实现用户的接入。因此，工具型社交媒体的模式是建立在满足用户刚需的基础上，再根据应用场景开发出适合的社交应用，如基于

---

① 张洪忠：《社交媒体的关系重构：从社会属性传播到价值观传播》，《教育传媒研究》2016 年第 3 期，第 28 页。

② 艾瑞咨询：《2016 年中国移动端出行服务市场研究报告》，2016 年 3 月 23 日。

位置的打车服务不仅仅是移动互联网的应用，实际上已是一个物联网的应用。

模式四：泛在型

泛在型社交媒体模式不是指一种独立形态的媒体，而是以社交属性的内容和服务"嵌入"各类媒体形态，既可以被新型媒体应用，也可以被传统媒体吸纳。更准确地说，泛在就是一种无处不在的社交连接。

截至 2023 年 6 月，中国手机网民达到 10.76 亿人，网民中使用手机上网比例达 99.8%。[①] 移动互联网的发展，突破了 PC 互联网的空间限制，移动社交已广泛存在于各类媒体和非媒体中，社交媒体呈现出一种泛在化的态势。甚至时下火爆的网络直播也可以归入泛在型社交媒体的范畴，那些互动性很强的娱乐类、游戏类直播实际上都是带有媒介属性的社交行为。

许多运营者不仅希望能够将发布在社交平台上的内容变现，而且渴望发掘社交媒体的连接能力，"连接一切"成为新媒体最重要的运营理念。在移动互联网时代，二维码是互联网最主要的连接口之一，二维码可以在任何场景、任何时间、任何媒体上出现，而智能手机上的"扫一扫"功能可让用户轻易地实现连接。此外，语音识别、指纹识别、虹膜识别等都可成为接入产品，更便捷、更安全的接入使得社交媒体的边界不断拓展，呈现一种"无社交不传播"的态势，同时也开始进入"万物皆媒"的社交媒体时代。

社交媒体以上四种模式并不是固化的单一形态，而是相互连接、相互依存，不断融合、不断创新，并存于一个错综复杂的社交网络生态中。而其中的大数据、云计算、人工智能、VR/AR、机器人等新科技也在影响着社交媒体的发展。

三、 社交媒体的明天： 泛媒时代的社会化传播

近年来，随着互联网技术飞速发展，移动互联网、智能手机、大数据和物联网让社交媒体长出了翱翔的翅膀。社交媒体的最显著特点就是其定义的模糊性、快速的创新性和各种技术的"融合"，未来社交媒体的形态虽然未知，但一些基本走势可预测。

展望未来，社交媒体的发展方向是各种社交媒体之间会呈现出更多的关联性，它与现实的连接将更紧密，人类会成为虚拟世界的一部分。有国外学者预测

---

① 数据引自中国互联网络信息中心《CNNIC 发布第 52 次〈中国互联网络发展状况统计报告〉》。

了社交网站十大发展趋势，包括：着眼于人；创造意义和价值；聚合平台；提供一种真正的跨平台体验；建立相关的社交网络；在广告中创新；帮助人们组织"旧"的社交媒体生态系统；取消地域限制；为社交媒体准备新的岗位；赚钱。[①]彭兰认为，在物联网、人工智能、云技术等新技术的推动下，一个"万物皆媒"的泛媒时代正在到来。[②]

然而，社交媒体的明天并不是一片光明。有人对社交媒体充满热忱与关注，也有人在反思这种趋势的另一面。例如，社交媒体传播的自由交互性容易消解舆论的社会整合功能，使网络传播的自由空间处于无政府、无秩序状态；传播规范的缺失、信息传播的失控，致使网络社交媒体的传播极易产生各种负能量；"网络串联示威"的出现对国家安全产生危害。学者马尔科姆认为，社交媒体被大众高估了，数字化的狂热拥趸将新媒体看成无所不能的组织工具。

总之，社交媒体在未来不会离我们的现实生活越来越远，而会越来越近。令人憧憬和浮想的是，如果当下仍然处于社交媒体发展的初级阶段，那么社交媒体的高级阶段会是什么样子，社交媒体的未来会朝着什么方向发展呢？学者阿耶莱特·诺夫认为，社交媒体将来最显著的特征是信息不请自来。将来，适当的信息会在适当的时候被传递给适当的人，为我们节省了大量的时间和精力。这实际上是一个智能社交的概念，人工智能将会让社交媒体变得更聪明、更善解人意。更加智能化和人性化便是明天的社会化媒体。[③]与此同时，社交媒体也将改变媒介生态和社会形态，需要基于伦理加以治理。

社交本质上是信息的传播，社交媒体的发展也在改变传播形态与生态。那么未来的传播生态会是怎样的？社会化传播的图景将会因社交媒体的发展而愈加清晰。2016年11月9日，特朗普当选美国总统，这次选举显示出电视、报纸等传统媒体和社交媒体的巨大差距，传统媒体预测的结果和社交媒体预测的结果大相径庭，结果社交媒体赢了，大众传播似乎失效了。笔者认为，大众传播的失效以及失效的根本原因，恐怕需要从传播理论上来寻找答案。

我们先来分析大众传播（mass communication）、公共传播（public communication）、社会化传播（social communication）这三个概念。我们可以从 mass、public、social 这三个词入手：mass 强调受众的被动性，public 强调公共性，social

① 曹博林：《社交媒体：概念、发展历程、特征与未来——兼谈当下对社交媒体认识的模糊之处》，《湖南广播电视大学学报》2011年第3期，第65页。

② 彭兰：《万物皆媒——新一轮技术驱动的泛媒化趋势》，《编辑之友》2016年第3期，第5页。

③ 阿耶莱特·诺夫：《Web 3.0 时代：信息不请自来》，《中国经济和信息化》2011年第12期，第15页。

强调大众参与和水平传播。大众传播主要是机构性的、以五种大众媒介和不确定数量的受众为对象的、单向的、无反馈的传播。公共传播是为公共利益所进行的传播，相对于商业传播（为私人利益）而言，主体可以是政府或非政府、非营利组织。社会化传播不强调传播主体，而强调传播方式，传播方式是弥漫的，传播对象是多样的、广泛渗透的。

现在学界热衷于研究公共传播，部分原因恐怕是基于大众传播的失效。但如何解释"失效"？一种解释是大众传播商业模式的失效，另一种解释是大众传播违背了其应该具有的公共精神，不能体现公共利益。大众传播的失效可以理解为既过于商业化又不够商业化。进入互联网时代后，大众传播达不到原有的传播效果，大众媒体的广告流向社交媒体和自媒体。但公共传播和社会化传播是有差别的，我们需要深入分析"公共"和"社会"两个概念之间的异同，先回答这个问题：社会的是否就是公共的？两者显然不能等同，"公共性"这个词有很深的政治学含义，公共传播强调有一个高于社会的传播主体，为了某种效果而传播。但笔者认为，如果光有公共利益诉求而无社会资本聚合与转换，公共传播恐怕也难以实现。因此，公共传播也需要或者说必须有社会力量的介入。社会化营销就是一个例子，政府和私营企业之间的合作是另一个例子。公共传播之所以可以单独列出来，是因为它的主体、议题和其他传播有所不同。那么，大众传播、公共传播和社会化传播三者之间的关系是什么样的呢？公共传播既可以通过大众媒体进行，也可以通过社会性媒体进行社会化传播；大众传媒既可以进行大众传播和公共传播，也可以通过社会性媒体进行社会化传播。那么，社会化传播的主体是什么，或者说，它到底有没有传播主体？

社会化传播不只限于社交媒体，还包括互联网上的人，他们都在传播的节点上，正是克莱舍基所言的"无组织的组织力量"。有人认为，如果是这样，传播5W中的主体就会消失了。如果从传播战略（为获得某种效果所进行的传播）角度看，社会化传播可能就主要偏向于一种客观的或者事后的描述，而很难事先策划和掌控，那么"社会化传播"这个概念对实践的指导意义也不强了。当然，也许正因为如此，"社会化传播"概念的提出才具有新意。

笔者认为，在互联网时代，"去中心化"和"再中心化"并存，传播理论需要重构。社会化传播是有主体的，或者说是多主体的，议题也更多元化、复杂化。诚然，目前我们对社会化传播的认知还很有限，有点远而无界的感觉，但就现在而言它还是有边界的，至少我们还没有进入物质世界。毫无疑问，社会化传播是有传播主体的，但它并非传统意义上的媒体。例如，知名国际企业可口可乐成立了北美社交中心，这是一个实时新闻编辑室，用来管理所有可口可乐商标品牌的社交媒体营销事务。"传播领域正呈现出一些新的趋势：传播者从专业媒体机构扩展到非媒体机构和个人，内容生产模式从组织化到社会化，传播模式从单向大众传播到以社交关系为纽带的互动式群体传播，传播渠道从互相分隔到跨界融合，传播对象从被动接受到参与信息生产，传播范围从地方化到全球化，传播效果从传者基本可控到传受双方共同发挥作用。"① 这说明在互联网世界里，政府、企业、个人都可以成为传播主体，互联网时代即社会化传播时代。

其实这些年，随着移动互联网、物联网和社交媒体的迅速发展，传播形态已经有了很大改变，社会化传播生态已形成。问题是我们对它的研究还不够，未能以此来解释和指导传媒变革和传播实践，但一场前所未有的传播革命之火已经燃起，社交媒体正在改变着人类的交往方式和社会活动。

第二节　新媒体传播研究

自 1994 年中国接入互联网至今，互联网已全维度地重构着社会生活的各个方面，重新定义了人们的生活和习惯。随之产生的新媒体对于传播环境和传媒产业的影响是显而易见的。传播理论的提出是源于大众传播时代的，而自新媒体诞生以来，以传者为中心的传播向以受众为中心转变，传统的传播模式发生了变化。这些改变让我们不禁对新媒体语境下的传播理论进行重新思考。

一、"新媒体" 概念的演变

自新媒体诞生以来，对于"新媒体"的概念界定问题一直是学界的焦点之一。研究某个事物，必须先从概念内涵上进行界定。我国学者对新媒体的界定如下：

熊澄宇认为，今天的新媒体主要是指在计算机信息处理技术基础上产生和影响的媒体形态，包括在线的网络媒体和离线的其他数字媒体形式。匡文波指出，新媒体是一个相对的概念，是在报刊、广播、电视等传统媒体之后发展起来的新的媒体形态，包括网络媒体、手机媒体、数字电视等。廖祥忠则对新媒体做了这样的概括：新媒体以数字媒体为核心，它是通过数字化、交互性的固定或即时移动多媒体终端向用户提供信息和服务的传播形态。彭兰在《"新媒体"概念界定的三条线索》中提到：新媒体主要指基于数字技术、网络技术及其他现代信息技

---

① 李凌凌：《社会化传播背景下舆论场的重构》，《中州学刊》2016 年第 9 期，第 160 页。

术或通信技术的，具有互动性、融合性的媒介形态和平台。现阶段，新媒体主要包括网络媒体、手机媒体和这两者融合形成的移动互联网，以及其他具有互动性的数字媒体形式。同时，新媒体也常常指主要基于上述媒介从事新闻与其他信息服务的机构。彭兰对"新媒体"的概念做了进一步丰富，指出新媒体不局限于媒体属性，而是具有综合的"平台"属性。谭天则是从传媒经济视角指出，新媒体其实不是"媒体"，而是基于互联网的媒介平台。从最初的新产生的数字化、互动性媒体形式到认为新媒体是平台，人们对于新媒体概念的认知不断丰富完善。

在对于新媒体特征的认识上，匡文波在《"新媒体"概念辨析》一文中对新媒体做了比较详细的内涵和外延角度的分析，并指出数字化和互动性是新媒体的本质特征。彭兰则指出新媒体的主要特征是数字化、融合性、互动性、网络化，对新媒体的特征给予进一步补充。总的来说，学界对新媒体的"数字化"和"互动性"特征是达成共识的。

二、 新技术推动新媒体发展

新技术的发展助推新媒体不断发展。数字网络技术、大数据云计算、物联网、人工智能、移动通信技术等的发展推动新媒体的传播进入不同的发展阶段。陈力丹指出，互联网的发展已经由最初的网络化（所谓"连接一切"）到数字化（大数据方法应运而生），演变到今天的智能化（譬如作为如今热点的"机器新闻写作"）阶段。彭兰则是从互联网的本质是"连接"的角度，将互联网的发展描述为：前 Web 是机器连接构成"终端网络"；Web 1.0 时代是超链接形成"内容网络"；Web 2.0 时代是个体连接形成"关系网络"；Web 3.0 时代则意味着终端网络、内容网络、关系网络的质变——内容的关联逻辑将扩展到信息之间、信息与人之间的智能关联，而物联网将改变整个互联网的终端网络性质，使一切物体都有可能成为终端。付玉辉则关注历年的新媒体技术发展动态，指出新媒体技术对新媒体形态、媒介融合、新媒体监管等方面的影响。随着技术的发展，学者们对于大数据、人工智能、物联网等最新技术的发展与影响给予积极关注，如"机器新闻写作""智媒化"。

三、 新媒体构建网络社会

以互联网为代表的新媒体已全维度重构社会生活的各个方面，重新定义了人们的生活。学者们注意到新媒体在时空方面的社会影响，提出"时空紧张感"的概念。有学者认为，新媒体技术"瞬息万变的变化"造成传播的分散化和时空的断裂；移动互联情境下的"在场的缺席"进一步打破日常的时空序列；终端载体所依赖的"接口"和"界面"限制了信息接收的时空习惯。也有学者认为，新的传播实践将酝酿空间变革，传播研究需要从"空间转向"入手，进入日常生活，如研究当前传播活动的"空间实践"（如"微博赋权""日常消费""自传播"等），把传播活动与其特定的"空间实践"结合起来考察，关注新兴传播技术、社会关系、传播行为等在"空间实践"的多重运作。还有学者认为，"移动互联网""智能便携终端""云计算"三大技术将改变信息交流的结构与模式，使公共信息的提供方式、社会关系的经营方式及社会结构的演进方式发生革命性改变。这三大技术对传播的物理结构和社会效应的影响表现为四个特征：信息集散的物理结构以"网融合"为特征；基础单元以"微传播"为特征；社会能量聚合以"泛关联"为特征；创造模式以"大协作"为特征。

四、　观念随形态业态而变

传统媒体式微，数字网络新媒体强势崛起，媒介日趋走向融合。有学者认为，新媒体带来媒介观的变化：大众传播时代的媒介与传媒机构紧密相连，主要指向传递信息和影响受众的实体机构，而在新媒体时代，媒介是人们用以分享信息和表征意义的中介，媒介的泛化和无所不在催生了媒介化社会的诞生，通过新的媒介平台，个人、传媒机构、政府、商业公司、非政府组织等各种力量交汇成复杂的权利关系。大众传播时代的传播"传递观"进一步演变为传播的"社会互动观"。有学者指出，平台型媒体（Platisher，2014 年发明的一个合成词，由平台"platform"与出版商"publisher"融合而来）被视为媒体融合的一种主流模式，不少传统媒体正在探索从"内容生产商"转型为"平台运营商"，平台型媒体则在源头上从"一个产品""一次采集"转变为由用户进行多次采集生成不同的产品，实现了互联网环境下的平等对话。喻国明指出，"机器新闻写作"带动传媒新变局，平台型媒体将成主流媒体，专业媒体的角色从传播领域的生产者、控制者转型为社会传播生态的共建者。

五、　媒介传受新关系形成

陈力丹等人在《重构媒体与用户关系：国际媒体同行的互联网思维经验》一文中指出，新媒体对传统媒体的冲击，最深刻地表现在媒体和用户的关系上。传统媒体的接受者被称为"受众"，媒体在与受众的关系中一直占据着主动权，受众只能等待并按照一定顺序接受媒体发布的新闻，在有限的时空中选择；媒体的经营方式在于通过自身的用心策划，最大限度地吸引受众。若用互联网思维考量媒体，媒体与受众的地位将反转过来，受众变成了提出各种信息要求的"用户"，不再主动寻求媒体的新闻报道，而要媒体向他们推送所需的各类信息，包括新闻，但绝不仅仅是新闻。高丽华认为，在社会化媒体时代，信息接收者不再是被动的受众，而成为积极参与互动的网络化用户。从"受众"到"网络化用户"概念的发展，体现出数字新媒体下人与人、人与媒介之间关系模式的变迁，由此形成新的受众研究取向与理论范式。

在互联网这一新兴媒体面前，受众是如何使用并受到影响的也成为研究者关心的主要议题。受众接受研究，尤其强调受众主动接受信息、使用和感知媒介的研究视角也被广泛应用在新媒体研究中。研究路径主要是从使用与感知、选择与接触、人际互动、社会交往等理论视角挖掘深层次理论意蕴，并开始逐步关注新媒体受众的身份认同、社会认同、孤独感、赋权等问题，在丰富现有传播理论的同时，促进新媒体的研究和理论建构。有学者将受众研究的视角转向"弱者研究"。网络技术赋权研究更多地关注弱势群体利用新媒体的现状及其效果。有学者发现，互联网对农民工而言就是一个简单工具和生活陪伴，互联网的其他功能，如赋权，构建职业人脉，提供职业、专业、技术信息等，还没有被他们意识到。关于弱势群体和新媒介赋权的研究，不应停留于应然的技术想象和泛政治化阐述，应该坚持实践路径和情境取向，并汲取关系社会学的思想资源。有学者关注粉丝型受众研究并指出，粉丝是一种建构的群体身份，这种身份往往是群体成员超越传统阶层意义形成的新文化认同，以排他性的符号标识为显在性表征。它既意指了粉丝对自我认同的渴望，也隐喻了粉丝对社会认同的追求。然而，粉丝会遭遇"自我"与"他者"之间的冲突。只要把冲突的语境从粉丝们的"想象共同体"转换为粉丝个体实际所属的"社会位置"，这种冲突关系就会因为明星和粉丝终究隶属于不同的社会阶层而很快消失。通过明星而集聚起来的粉丝在网上形成了一个个颇具亚文化特征的阐释性社区，然而这只是表层意义的聚合，并不意味着真正意义上的平等。在意识形态和消费主义的运作下，这种由粉丝型受众创造出来的风格和共享过的身份，最终会被异化为以利润为指向的商品，其引以为豪的主体性将被无形消解。

六、 新传播模式的提出

在大众传播时代，信息的传播呈现为线性的顺序。拉斯韦尔的 5W 模式界定了大众传播的研究范围和基本内容，即传播者研究、内容研究、媒介研究、受传者研究和效果研究，影响很广。有学者指出，网络传播打破了 5W 线性传播模式的单一性，网络传播研究却没能打破 5W 研究范式的规范性。不少中国学者在原有传统传播模式的基础上探讨网络时代传播模式的变化。例如，彭兰提出了网络信息传播的三个环节——信息发布、信息流动和信息循环，并提出在信息发布中存在直线式、队列式和层次式三种模式。陈力丹认为，互联网传播已经完全颠覆了大众传播的线性模式，成为典型的动态、开放、非线性传播的混沌系统。陈卫星认为，网络传播的要点在于个性化信息的聚集与传播，基于这种变化，原有的线性、互动、循环等传播模式都受到挑战，在可以随时变化的传者和受者之间，加入了智能化的信息过滤系统。从简单的垃圾信息清除，到搜索引擎的关键词搜索，再到个性化推荐系统，网络个人过滤技术的成熟改变了新媒介环境下信息的传递模式，就此出现了个性化信息推荐传播模型。寇紫遐、张金海认为，社会化媒体颠覆了传统的信息传播模式，媒介组织、媒介用户、媒介生产等重构了数字时代的传播模式，主要体现在从传播者到"共有媒体"系统的建立，从传播媒介到交互式信息平台的形成，从传播内容到用户创造与分享信息的传播机制，从被动的受众到积极互动参与的用户，从碎片化传播到受众的重新聚合等一系列变革要求社会化媒体环境下的传播必须以用户参与、即时互动和信息共享为核心展开。喻国明认为，社会化媒体以人为传播主体，实行"节点"（humanode）式传播。每一个网络用户都是传播的"节点"，同时作为信息的传播者、接收者和再次传播者，他们具有平等地位并可轻易实现角色转换。代玉梅认为，自媒体作为"节点共享"的即时信息网络，体现出"潜传播"下的即时信息发布与获取的核心功能；她还解读了自媒体以聚合为特征的"核心—边缘"信息传播模式，认为这一模式下的自媒体传播具备节点间"弱连带"和信息"圈子化"的优势，体现出信息"圈子化"传播中用户群的嵌套与勾连，这是加速自媒体传播的根本动因。彭兰认为，网络信息的传播模式经历了三个发展阶段：第一个阶段是以网站为核心的"大众门户"传播模式；第二个阶段是以搜索引擎为基础的"定向索取"传播模式；第三个阶段是以社会关系为传播渠道的"个人门户"传播模式。个人门户使得大众门户的中心地位被削弱，每一个个体成为自己的传播中心，这似乎是一个传播的去中心化过程，但同时它也会促成新的话语权力中心。人际传播网络成为大众传播的"基础设施"。每一个"节点"同时扮演着信息的传播者与接收者的双重角色，"节点"的社会关系（用社会学的概念来说便是"社会网络"）成为信息流动的渠道。这也就意味着，在这样的传播模式中，关系渠道的数量与质量直接影响着信息的流动广度，传播者之间的竞争开始转向对用户"关系"的争夺。

七、 大众传播理论的适用范围

许多研究试图通过分析网络传播的种种特性变化来挑战一些在大众传播时代形成的理论。例如对"把关人"理论、议程设置理论、"沉默的螺旋"理论、"知识沟"理论等提出挑战。就拿议程设置理论来说，很多人想当然地认为网络传播的自由随意和海量的信息会使议程设置变得不可能。但是有学者指出，网络传媒还在接收着由传统媒介强塞的信息，导致受众被动的地位没有得到根本的改变，实际上还是受制于传统信息源设置的议程。也有学者提出，在新媒介环境下，应突破以媒体议程设置为中心的单一研究方向，把使用新媒介的个体和社群对媒体议程的作用纳入重点研究范畴。还有学者指出，"沉默的螺旋"现象并没有从网际消失，只不过其表现形式有所变化而已。但是，也有学者对此持相反的观点。周宏刚认为，互联网对舆论的影响越来越大，网络的匿名性特点消解了"沉默的螺旋"理论所描述的舆论形成机制。人们可以在网络论坛上就某个重要事件展开理性的讨论，这种讨论通过网络及网民个人影响力的扩散，可保持舆论的多元化，沉默不再扩散。还有不少学者对目前新媒体语境下的"反沉默螺旋"现象进行了辩证思考。例如孟威认为，既要看到"反沉默螺旋"在舆论形成过程中起到的作用，也要认识到"反沉默螺旋"的发展并不意味着"沉默螺旋"的完全消亡，在某些特定条件下，"沉默螺旋"仍然能够发挥强大的作用，"沉默螺旋"与"反沉默螺旋"在新媒体传播环境中是矛盾共存的。也有学者认为，在 Web 2.0 时代后期，社交媒体的迅猛发展使"沉默螺旋"有了新的表现形式，这些新现象既与社交媒体的人际传播特点有关，也与所处的社会大环境有关。而在"把关人"理论方面，殷俊认为自媒体传播呈现出多重把关行为交叉进行的特点，个体、微组织、传统媒体、政府都充当着"把关人"的角色。

创新扩散理论在新媒介背景下的传播研究中得到应用。国内主要集中于数字技术（互联网、手机）在接入与使用上形成的数字鸿沟研究，探讨新的信息和传播技术与知识分布之间的关联将会带来怎样的社会结果。也有学者创新性地试图勾连数字技术接入与使用鸿沟对人们"知识沟"的影响，提出新媒介技术成为一个显著影响和形塑"知识沟"的变量，"知识沟"可以被视为第三道鸿沟。

有学者关注到二级传播理论在新媒体语境下的变化，认为社会化媒体在特定层面改变了"二级信息传播"模式存在的假设基础。在社会化媒体环境下，受众不再仅仅是被动的信息接收者，单一或者社交媒体也难以通过对信息进行垄断来达到对受众的单向传播。更重要的是，意见领袖作为"中间人"的角色正在逐渐模糊和弱化，甚至正在失去存在的前提。虽然传统的意见领袖在社会化媒体环境下面临弱化的境遇，但意见领袖作为一个概念并未消亡，而是在传播中可以被赋予新的含义，展示新的表现维度。传播学理论中称意见领袖为大众传播媒体与普通受众之间的"中介者"，而现在网络中的意见领袖，有些已与大众传媒的作用相当了，成为信息传播的主导者而非简单的"中介者"。

八、　跨学科研究新视角

新媒体，是一个有无限可能的研究领域。扩展新媒体研究主体、挖掘研究范式、创新研究方法，推动中国新媒体研究的多元化、纵深化、规范化，在理论设计与创新上实现质的突破，无疑是未来新媒体研究努力的方向。有学者的研究路径从新媒介认识论指向传播观的建构。朱光烈提出未来的高度发达的虚拟环境传播将极大地不同于现代媒介传播，未来传播渗透于整个社会生活之中，媒介（网络）不再显其踪影，而是消弭于整个环境之中，目前的传统媒介将消亡，于是传播学研究也将发生重大的革命，不仅古代的传播学研究，而且以研究媒介传播活动为主的现代传播学研究都将浮出水面，这将是一种向社会各个领域渗透的空前宏大的传播学研究。陈先红提出"新媒介即关系"的观点，她认为"新媒介即关系"的传播学意义在于：把新媒介的研究层面从传播技术层面提升到传播关系层面；把新媒介传播研究从以技术性的信息传播导向以对话性的关系传播为主；把以网站为中心的"信息传播学"导向以人为中心的"关系传播学"。传播在某种意义上就是关系的联结，构成一个"社区"或者"共同体"，这是对传播某些久被遗忘特征的再提醒，新媒体使这种特征得到了凸显。苗伟山提出通过媒体多元互动来理解网络群体性事件的分析框架。媒介互动框架的提出，符合中国网络群体性事件发生的现实环境。从受众层面看，处于多样化媒体环境中的受众会接触到不同的媒体，同时具有不同的媒体倾向和使用习惯。从媒体层面看，媒体生态系统内部也在不断分化和整合，没有某种单一媒体在网络群体性事件的传播中占据绝对主流地位。

一些学者试着"走出传播学"，用跨学科的视野研究新媒体传播，提出一些有见解性的观点与创新性理论。陈力丹提出，互联网中的长尾理论与小众传播长尾理论最先起源于经济学领域，在互联网信息传播中同样存在着长尾理论。互联网传播中的长尾理论效应，即大众传播和小众传播并存。小众群体的传播地位日益上升，其传播效应可与大众传播相抗衡，甚至超过大众传播。在社交媒体形态中，小众的、碎片化的信息不断集聚，网络的长尾效应造就了无数在线性传播时代不可能的小众群体聚集，意见主体泛化、分散。不同于大众传播的线性传播，互联网上的社交媒体传播是一种病毒式传播，它们会以裂变的方式进行，逐级裂变蔓延，快速实现信息、观点的生产、复制、加工和再传播。彭兰将社会学中比较成熟的社会网络理论及分析方法引入互联网的新兴应用研究。社会网络是以个体即社会行动者为起点来研究关系的构成的。这涉及两个要点：其一，个体是如何形成与发展自己的关系网的，个体间的关系网是如何连接成一个复杂的社会关系网络的；其二，这种网络中的关系与结构是如何作用于个体的。研究互联网中的社会网络，也需要从这个角度考察。作为传播学研究方法的扩展，认知神经科学研究于2010年在中国人民大学新闻学院展开，其论文成果《媒介即信息：一项基于MMN的实证研究》采用的便是这种方法。该文通过眼动仪（MMN实验），证实纸质报纸和电纸书报纸在脑认知机制上的差异及不同特点。这是我国新闻传播学界采用其他学科研究方法的一次尝试。认知神经科学研究工具的引入，意味着"瞬间效果"的研究成为可能，是传播效果研究在范式上的一种创新。用ERP（事件相关电位）、fMRI（功能性磁共振成像）等脑成像技术，可以得到受众接受信息刺激的即时反应。通过探求人脑对信息的瞬间加工机制，不仅可以对既有效果理论假设予以验证或修正，还将构造"瞬间效果—中期效果—长期效果"的逻辑框架，对传播效果进行多层面的统合分析，或能为效果研究带来新的理论发现和突破。在《探索"外部世界和我们头脑中的图景"：网络议程设置研究》一文中，作者借用神经科学的最新研究成果，提出第三议程设置模型。谭天以关系视角分析全新的媒介组织形态，提出建构在意义经济基础上的媒介平台理论，分析媒介平台在传媒经济活动中的角色功能，描述其在运行中的组织框架和构成要素，进而指出规则创新是媒介平台可持续发展的核心能力。新媒体人际传播成为一个新的研究领域，其研究问题是由互动交流现实决定的，丰富的传播现象为该领域的研究带来丰富的研究议题。这些研究既关注人们采用新媒体技术进行交往互动的动机、新媒体技术对人际关系产生的影响，也思考使用者通过新媒体技术形成在线互动网络后所产生的社会结果。

第三节　新媒体新闻研究

进入互联网时代，随着新媒体的发展，新闻发生了巨大的变化，随之而来的研究也面临巨大的挑战。新媒体新闻应该怎么做？它遇到了哪些问题？哪些是亟待研究的课题？下面聚焦当前我国新媒体新闻研究及其对我国新闻学发展的贡献。

一、　新媒体新闻研究新态势

新媒体新闻研究，是指研究新媒体新闻的生产、传播、消费、运营以及相关方面。以 2015—2023 年为起止时间，在中国知网上检索"新媒体"并含"新闻"的文章有48 869篇，检索"互联网"并含"新闻"的文章有22 498篇，虽然看起来数量很大，但与新闻研究迄今为止已达上百万篇文章相比并不算多。那么，新媒体新闻主要研究些什么呢？我们审视这些新媒体新闻研究论文发现，每年都在5 000 篇以上，最多的 2018 年达到 9 000 多篇。这些研究是不断变化的，既有老问题，也有新话题。对新闻的研究已从新闻生产拓展到新闻传播、新闻消费和新闻运营。学界紧密跟踪新媒体发展，关注由此形成的新闻传播新形态、媒介新生态和传媒新技术，尤其是近年出现的大数据、算法、人工智能等。研究旨趣也从新闻专业主义到后真相时代新闻，并提出建设性新闻、数据新闻学、用户新闻学等新理论，同时对新闻传播学科建设和人才培养进行反思。

李良荣、陈力丹、彭兰、吴飞、黄旦、唐绪军、蔡雯、张志安、喻国明、陈昌凤、刘海龙等一批知名学者依然活跃在新媒体新闻研究前沿，蔡雯率先进行融合新闻研究，李良荣提出"小新闻、大传播"的观点，陈力丹聚焦年度话题，彭兰则关注新媒体对新闻产生的影响。但总体来看，绝大部分研究还是在实务方面，理论建树较少，新媒体新闻研究与现实发展相比仍然处于滞后状态，对新媒体新闻实践缺乏足够的指导。

近年来，新闻传播学研究十分活跃，举办了大量的学术会议，与会者发表了大量的学术论文。但细看一下会发现，最活跃的还是传播学诸领域，新闻学论坛主要还是新闻史等传统研究。当然，其他领域的研究也会涉及新闻，尤其是新媒体研究里也有不少关于新闻的研究。从发表的学术论文来看，新媒体新闻研究数量虽然很大，但高层次的论文并不多，这恐怕与新闻学重实务轻学理有关。有学者认为，研究方法的规范性不足，不仅导致学科内部难以进行持久深入的对话和知识积累，也造成了新闻学与传播学和其他社会科学对话的障碍。而造成我国新闻学和传播学研究方法规范性问题的核心因素主要有两个：一是知识价值取向和知识生产传统，二是学科发展和制度安排；它们体现了不同历史和社会情境下学者们对于学术知识生产和社会关系的理解。（朱鸿军等，2019）

制约新媒体新闻研究的可能还有几个重要原因：一是对新闻学研究所处的环

境变化缺乏足够的认识，由此对新媒体新闻研究不够敏感，不少研究属于旧瓶装新酒或换汤不换药。有学者认为，已有的传播生态和秩序被颠覆，传统的新闻理念和架构也因此受到极大冲击，面临着新闻生产模式、新闻伦理的重建。（常江，2019；刘明洋、王鸿坤，2019）二是缺少足够的理论支撑，尽管新闻学已被传播学武装起来，但还是囿于经典传播学，对于新媒体新闻的研究缺少新理论支撑和跨学科支援，难以有较大突破。三是缺少有中国特色的新媒体新闻，不少新闻学者的理论框架还是基于西方新闻学，对于我国错综复杂的新媒体新闻现象和活动缺少深入了解和深刻认识，导致研究抓不住问题。有学者认为，虽然 40 年来中国新闻传播研究的专业化、科学化水平越来越高，但是学者们对中国实践问题的把握能力和参与程度却越来越低，而当学术体制的专业化和科学化本身成为科学发展的目标时，现代知识分子重返实践的意愿和进行价值重校的空间都将会受到限制。（王维佳，2019）四是我们的新闻学研究有一些误区、盲区或禁区，使得新媒体新闻研究或举步不前，或方向不明。五是近年来我国部分新闻学者转向传播学及相关新兴领域的研究，由此造成在总体上新媒体新闻研究的力量欠缺，进而造成学界对新媒体新闻的研究重视不够、规划不足，没有形成一支有实力的、多学科的研究队伍。

新媒体是让新闻业变得更好还是更坏呢？彭兰认为："人工智能、社会化媒体、大数据、物联网、VR/AR 等技术的进展，将为未来的传媒业带来用户分析的场景化、精准化与智能化，新闻生产的机器化、智能化与分布式，新闻分发的社交化、个性化，新闻体验的临场化，互动反馈的传感化与智能化，这些变化都意味着媒体正在进入智能化时代。但另一方面，新媒体时代，后真相的困扰进一步凸显，信息茧房问题和回声室效应也愈加突出。智能化媒体会带来更好的新闻业，还是更坏的新闻业，决定者仍然是人。专业主义的坚持与升级、公民媒介素养的扩展、人与人连接模式的优化、人与机器的协同以及机器时代新的约束与伦理，都是在智能时代创造一个更好的新闻业的可能路径。"①

新冠疫情凸显和放大了新媒体新闻的一些新问题，值得关注和深入研究。新媒体新闻研究不能只在新闻传播学视域中打转，还需要用社会学、政治学、伦理学以及其他学科视角观照它。我们还需要重点研究新媒体新闻中的基本理论问题。

---

① 彭兰：《更好的新闻业，还是更坏的新闻业？——人工智能时代传媒业的新挑战》，《中国出版》2017 年第 24 期，第 3 页。

二、 新闻定义需要重新界定

在互联网时代，新闻的生产、传播、消费和运营，甚至新闻的定义以及相关的理论和实务，都发生了很大变化，至少有七大变化：新闻定义之变、新闻信息资源之变、新闻业务之变、新闻人之变、新闻业之变、新闻机构之变、新闻规制之变。这些变化导致新闻传播呈现出碎片化、聚合化、泛在化等特点，而这都指向"什么是新闻"这一最根本问题，由此也引发学界对新闻定义的重新讨论。既然一时很难说清"什么是新闻"，不如换一个思路，调转过来问"新闻是什么"，从客体的角度来审视"新闻"，这种客体性是指与主体相对应的客观存在。谭天认为，在新媒体语境下，"新闻是一个相对模糊的概念，新闻是一个集成的概念，新闻是一个过程的概念"①。

（一） 新闻是一个相对模糊的概念

在传统媒体语境下，报纸新闻、广播新闻、电视新闻泾渭分明、边界清晰，我们已经习惯了一开始就对研究对象进行严格界定，即研究的对象具有确定性。然而，在新媒体中，新闻形式的边界开始变得越来越模糊，"模糊概念的内涵和外延是确定性和不确定性的统一"②。目前，人们普遍认为模糊概念有明确的内涵却没有确定的外延。

一方面，新闻概念具有一些基本属性，这些基本属性反映新闻概念处在变化过程中的相对静止状态，例如，人们普遍认同新闻是一种信息，必须具有真实性，违背了这些基本条件，就不能被称为新闻；另一方面，随着新媒体的发展，各种新的新闻形态层出不穷，传受关系的改变引发新闻观念的改变，新闻定义的内涵更丰富，外延在扩展。在新媒体语境下，新闻、资讯、信息的边界日益模糊。信息是物质的一种基本属性。资讯是用户因为及时地获得它并利用它而能够在相对短的时间内给自己带来价值的信息。新闻是一种资讯，资讯是一种信息，其涵盖的不只是新闻。随着社交网站的发展，这种重新结构资讯的方式让受众可以定制个人的信息来源。个性化信息可能对一部分受众来说没有新闻价值，但这些信息却会被另一部分受众视为新闻。

更重要的边界模糊还出现在对立的概念之间，如传者与受者、公共领域与私

① 谭天、刘云飞、丁卯：《新媒体语境下的"新闻"界定》，《新闻界》2012 年第 12 期，第 6 页。
② 石开贵：《模糊概念的特点及其作用》，《四川师范大学学报（社会科学版）》2000 年第 5 期，第 60 页。

人领域、真实与虚拟等概念。在新媒体语境下，新闻是一个相对模糊的概念，只有集成大量有效信息才能帮助我们辨析什么是新闻。问题是怎样才能将模糊的新闻变得清晰呢？那就要了解如何更好地集成它。

（二）新闻是一个集成的概念

在传统媒体时代，新闻的六大要素以传统线性文本内容方式传播，这是一种适应语言文字的线性特征、根据编辑意图按照事件发展或时间顺序自然展开的文本。这种新闻文本发展出了语言精美、结构严谨、情节连贯、鸿篇巨制的叙事风格，形成了注重严密推理，追求终极价值、深刻社会意义、整体化的思维模式和审美意识。

在新媒体语境下，新闻呈现超文本传播。超文本以其鲜明的非线性特征，倡导一种多元、对话、互动的文本理念，网络的超文本结构和超链接组织导致了信息传播碎片化。这些作为新闻要素的信息碎片，还算不上严格意义上的新闻，只有当其被按照一定逻辑进行组织、集成后，才能算是新闻。

一条微博所传播的信息往往是残缺的新闻。在这样的微博信息中，只有时间和地点是确定的，但是人物身份、事件原因往往缺失，这样的信息在新媒体语境下比比皆是。将多条关于同一事件的微博聚合起来，通过解读分析才能形成一条完整的新闻。一个热点事件在当前最常见的传播模式是：目击者（往往是普通网友）发布只言片语的信息—引起网友关注—具有公信力的机构（传统媒体、政府）—个人（如微博上的公共知识分子、企业家）或信息聚合工具（如 RSS 阅读器、维基百科、互动百科等）进行组织—聚合并传播，从而生产出新闻。正是依赖于微博上大量的爆料和推测，之前的碎片细节被集成、放大、加工、传播，事件真相才渐渐为人所知。因此，只有把碎片化的信息进行聚合、解读和分析，才会生产出能被读懂的新闻，从而还原出较为完整的新闻事实全景。

（三）新闻是一个过程的概念

将碎片化的信息和内容进行聚合、筛选、甄别，从而发现新闻，可见新闻是一个逐步接受、辨析的过程。从文化消费和意义生产方面来说，新闻作为媒介组织的产品，乃是社会过程的产物。要判断新闻价值、专业主义和文化观念如何影响新闻内容，还需在新闻生产、信息集成的过程之中考察。在传统媒体环境下，新闻的生产和传播掌握在媒体从业人员手中，传播过程是以媒体为中心，自上而下或从中心向四周的辐射模式。而在新媒体时代，以社交网站和微博为代表的基于社会关系的传播工具，构成了一种不同于以往的新媒体形式，不仅具备互联网媒体自身的迅速、多元、个性、交互的特性，生产者和消费者的界限也变得模糊。在新媒体语境下，信息向新闻转化的过程从源头便已开始，受众能通过新媒体深入地参与到信息的组织、生产和传播的过程中。随着社会化媒体如社交网站尤其是微博、微信在中国的迅速发展，新闻信息的来源已经从单一、固定的渠道转变为多元、分散的信息传播主体。

在用户的接收过程中，新闻的交互性和议论性增强，促使新闻成为一个不断发现的过程。新闻可能不在大众媒体中产生，而在用户的反馈、交互和议论中逐渐产生，经历二次发现、再次传播，从而形成新闻。在这一过程中，需要受众提高媒介素养对新闻进行筛选、聚合，在从生产到传播的过程中，一旦失真和失范，就会出现谣言和假新闻。

新媒体最具影响力的变革除了用户可以生产内容，还在于信息转发以及由此衍生出的虚拟人际关系。新媒体传播结合了人际关系，其新闻传播呈现出一种自发意识、自我增强、裂变式的传播形态，人际关系大大改变了传统的新闻传播模式。新闻生产与传播方式的变革，造成了新闻供需关系的急剧失衡，进而形成网络上的海量信息，为受众提供了广阔的选择空间，新闻消费方式也随着受众地位的提升而发生变化。总之，在新媒体语境下，多元化的生产主体、社会化的生产形式、多样化的产品形态，更加体现了新闻的过程性。

至此，笔者虽仍然无法清晰地界定"什么是新闻"，但还是尝试从多个维度描述"新闻是什么"。从理论创新的角度来看，"新闻是什么"不重要，"新闻是什么"的讨论很重要。这些讨论必会推进对新闻这一基本概念的深化认识，对新闻理论的建构和创新做出新的贡献。

三、 数据新闻成为研究热点

我国新媒体新闻研究大多还是在新闻实务方面，许多新闻业务研究还是传统新闻研究的延伸，但数据新闻的出现改变了这一研究取向。数据新闻研究可以说是人文学科与自然学科交叉结合的产物。数据新闻又叫数据驱动新闻，是指基于数据的抓取、挖掘、统计、分析和可视化呈现的新型新闻报道方式。数据新闻的出现和发展不仅影响新闻生产，也将改变传统新闻业。数据新闻研究在 2014 年开始形成研究热点，发表论文 200 多篇，2016 年上升到 500 多篇，直到 2023 年仍有近 200 篇。

数据新闻是新闻业面对时代变化做出的积极应对，它既丰富了新闻报道的呈现形式，让受众从此类报道中感受到理性之美、深度之美，又促使新闻报道流程随之变革，使"众包新闻"这种合作共享式的生产方式得以在现实中成功运转，进而改变了专业媒体与用户之间的关系模式。（方洁、颜冬，2013）数据新闻被认为是新闻业未来的发展趋势，将会在呈现方式、生产流程和生产理念等方面对新闻生产产生巨大的影响。当然，数据新闻也存在着局限性。（刘义昆，2014）

2014年，"大数据与新闻传播创新研讨会"在中国人民大学举行。此次研讨会集中探讨了大数据在新闻传播实践中创新发展的几个基本问题，包括"大数据、大数据分析与大数据新闻报道""大数据在新闻报道领域的实际应用：以'据说春节'为例""关于大数据分析的探讨：大数据与新闻的矛盾、信息共产主义还是信息霸权主义、数据源的开放""大数据研究发展的未来方向"。（杨雅，2014）有学者通过定量研究发现，国内数据新闻领域亟待确立专业规范，缺乏专业规范的数据新闻正在逐步蚕食这个领域的公信力和专业价值，使之丧失竞争优势。（方洁、高璐，2015）

可视化作为数据新闻的重要特征，具有信息告知和视觉吸引两大功能。有学者通过分析《卫报》《纽约时报》及网易、财新网的数据新闻专栏内容发现：静态的图表和信息图仍是数据新闻可视化的主要表现形式；绝大多数报道不具有交互性，在有交互设计的作品中，时间轴和地图是最常见的交互表达形式；在信息告知功能方面，大部分可视化报道仅仅将数据进行了图形化处理，信息整合以及观点阐释和预测功能较弱。此研究认为，数据新闻可视化需以信息告知为首要功能，视觉吸引力应当服务于信息功能。（黄雅兰、仇筠茜，2018）数据新闻可视化叙事突破了传统的新闻叙事模式，形成了线型、组合型和交互型叙事模式，以及相关性、对比性和演变性的叙事逻辑。探索数据新闻可视化叙事不仅可以丰富新闻叙事学理论研究，也有助于我们了解和掌握数据新闻的生产规律。（许向东，2019）

作为新闻报道的一种新型样态，大数据新闻呈现出报道对象的中介化、报道主体的多元化、报道过程的计算化特征。大数据新闻的特征决定了它在真实性上的特征，这些特征主要表现为：大数据新闻真实是"双重符合性"的真实、"对话性"的真实、"可视化"呈现的真实、"整体性"的真实和"前瞻性"的真实。大数据新闻真实的实现还面临很多难题，需要进一步探索。（杨保军、孙新，2019）

随着数据新闻的新应用、新发展，有学者发现在抗击新冠疫情的众多新闻报道中，数据新闻作品及数据可视化产品表现抢眼，效果独特，影响广泛，充分体现出数据新闻在新闻事件统计、分析、研判上的独特优势。大数据工具的介入，更让数据新闻从之前的"可视化"阶段衍变进入"工具化"阶段，成为此次公共卫生报道中值得研究的新形态。（冯海青、朱昕磊，2020）也有学者指出数据新闻发展中存在的问题，认为数据新闻在国内还存在数据价值利用率低、产品生产优先级错位、传播主体分化严重等问题。（徐星星，2020）

自2015年以来，方洁、苏宏元、张超、任瑞娟、许向东等学者纷纷出版了数据新闻方面的专著、译著、教材和蓝皮书。随着大量学者的进入，大量论文、论著面世，我国数据新闻学已逐步形成。有学者发现：数据新闻研究在地理空间上的分布很不均衡，其研究重镇集中在美国，中国等亚洲学者的研究在本领域影响尚弱。从学术共同体建设的角度来看，数据新闻研究中学术共同体的发育尚不成熟，稳定的合作群体不多，学派建设尚未成型，机构间的合作也较少。目前国际上对数据新闻的研究已经由内而外，即从对于数据新闻本体要素、结构、功能与方法的研究转而主要集中在数据新闻的社会性连接、数据伦理与场景问题的研究。（傅居正、喻国明，2018）

目前，我国数据新闻无论是应用还是研究，与国外还有一定的差距，但相信这一差距会很快缩小甚至在某些方面可以超越。随着5G时代的到来，数据新闻的应用不仅更加广泛，而且在人与物的数据链接上大有可为，数据新闻会转向智能新闻方向发展，相关的研究也应与时俱进，而数据新闻学的学科建设也会随之不断发展。

四、　新媒体新闻研究新议题

除了传统议题外，新媒体新闻研究新的研究点有算法推荐、后真相时代、短视频、人工智能、中央厨房、新闻推送、新闻样态、网络直播、流程再造、大数据、新闻可视化、数据新闻、融合传播、用户等，以及与之密切相关的新生态、新业态、媒体融合、网络舆情、网络谣言、新型主流媒体、社会化媒体、自媒体、政府规制、媒体转型、智媒体等。笔者认为技术与新闻、智能把关、新闻消费、新闻伦理等应该成为研究的重点。

毫无疑问，新媒体技术对新闻的影响是最大的。"数字技术作为行动主体对中国新闻业态的影响，是当下新闻学界研究中国新闻业变迁的主流视角，人与技术的关系成为理解和反思中国新闻场域的新变量。"[1] 近年来，算法和人工智能

---

[1]　束开荣、孙彤昕、段世昌等：《2019年中国的新闻学研究》，《国际新闻界》2020年第1期，第10页。

对新闻也产生了不可忽视的影响。有学者认为，面对人工智能技术带来的各种可能性，"我们也需要有对风险的更明确判断与警惕，技术应用的克制，技术伦理的约束，对于智能生产力这种新'核能'的安全释放至关重要"（彭兰，2019）。所谓的"算法中立"不过是人们对数据和技术的乌托邦想象。政治内嵌与资本介入、社会结构性偏见的循环、量化计算对有机世界的遮蔽，必将导致算法的内生性偏见。（郭小平等，2019）

互联网时代的新闻是变好了还是变差了，取决于我们对虚假新闻的防范，而面对海量信息，仅靠人工把关难以实现，于是"智能把关"研究应运而生。有学者从"把关人"理论管窥算法新闻，认为失去主体性的算法把关缺乏导向管理意识，基于用户画像的算法把关产生"过滤气泡"效应，缺乏透明性的算法把关容易操控公共舆论，基于量的积累的算法把关排挤了高质量新闻。（罗昕等，2019）

在新媒体主导下的社会化传播中，新闻在技术、资本和权力的共同作用下，产生了许多变化。例如新闻的受众变成了用户。作为用户（user）的受众，正以新闻生产者、传播者、消费者的多维身份在新传播格局中从边缘走向中心，精英主义立场的专业新闻观逐渐被解构，何谓"新闻"的定义权重新转移到用户手中。（刘鹏，2019）长期以来，一说到新闻消费，似乎就是充满铜臭味，从新闻专业主义来看更是大逆不道。其实这是一个误区，人们把新闻消费等同于新闻消费主义。在互联网时代，我们不仅要研究新闻生产，还要研究新闻传播和新闻消费；我们不仅要做好新闻报道，还要了解用户需求和考虑流量变现，只有这样才能做好社会化传播和后真相时代的新闻工作。因此，无论对于业界还是学界，新闻消费都是一个重要的研究课题。（谭天，2020）

面对新媒体新技术、新应用的出现及其对新闻产生的影响，学者们纷纷进行研究。传感器不仅连接起了数据与媒体、用户与媒体，也为智能化的新闻信息生产（包括机器自动写作新闻）提供了前提条件，传感器新闻也将进化为智能化新闻。（彭兰，2017）算法新闻中主要关涉三类主体——算法创设主体、算法运用主体、算法新闻收受主体，他们在算法新闻活动中存在着十分复杂的关系。这三类主体通过算法新闻的展开过程而得以连接、结构在一个新闻生态系统之中。作为新兴的技术，相对于任何一种主体，算法系统均具有工具属性，都在一定程度上满足了不同主体的需要，故这三类主体均在不同程度上实现了自身的自由和价值，获得了相应的主体性；但从另一角度观之，不同主体在达成自身目的的同时，也丧失了一定的主体性。在算法新闻活动中，主体关系的背后深藏着技术与人的关系，人们应当保持清醒与自觉，始终将技术保持在工具本位，始终将人作为终极目的。（杨保军、李泓江，2019）作为新闻报道的一种样态，场景新闻正成为新闻呈现的重要方式。场景新闻具有符号文本具象化、表征方式场景化、感知方式在场化等特征。场景新闻的特点直接影响到其真实性特征，这些特征主要表现为：场景新闻的真实是"事实情境"得到直接呈现的真实，是"全能符号"呈现的真实，是受众可以"虚拟体验"的真实，是"技术理性"作用凸显的真实。（杨保军、刘泽溪，2020）

面对互联网平台对新闻的冲击，学者们也进行了探讨。有学者认为，个性化新闻是新技术带来的新趋势，如果只是新媒体平台去适应它，新闻媒体机构恐怕更没有退路了。在数字新闻时代，专业新闻人经验丰富的新闻判断与智能数据技术的结合——人机协同，才是新闻业的未来之路。（陈昌凤、宋云天，2019）也有学者认为，互联网平台和平台新闻业研究需要以更加开放的跨学科视角，使用多学科理论，运用思辨与实证结合的混合方法来开展，同时要扎根中西方不同的社会语境，考察国家、市场、公民等变量与平台新闻业之间的复杂关系。（张志安、冉桢，2020）

当然还有其他重要研究选题，但对新媒体新闻或互联网新闻的整体审视和基础研究更为重要。对此，王斌提出互联网新闻学的构想，他认为："提出建设互联网新闻学，其使命不是直接预测未来，而是对互联网环境下新闻业的剧变提供理性的描摹和分析，并且在历史与现实、现实与未来之间建立某种逻辑关联，这就是其对新闻学知识体系进行激活的核心意义所在。"[①] 到底叫互联网新闻学还是新媒体新闻学，这不重要，重要的是我们要把新媒体新闻作为一个重要研究领域，认真规划，积极推进，进而推动互联网时代的新闻学科建设。

第四节　新媒体样态研究

随着 5G、大数据、物联网、人工智能等技术的不断发展与应用，短视频和网络直播已成为媒体与社交平台内容生产与分发的重要方式。技术的力量催生了新的媒介生态与样态，短视频、网络直播、AIGC 等新媒体样态也引起学者的关注和研究。

---

① 王斌：《互联网新闻学：一种对新闻学知识体系的反思》，《编辑之友》2020 年第 8 期，第 73 页。

一、 短视频的研究

（一）短视频影像生产与传播研究

过去短视频更大程度上表现的是一种个体兴趣，后来开始表现群体性，再往后是否要往社会性走，这是个自下而上的过程。有学者聚焦"打卡""自拍"等短视频影像实践中的典型经验，探讨新媒体时代的城市影像如何重塑人与世界的关系，进而拓展传播、媒介的含义，认为短视频是数字时代的典型影像实践，它突破了媒介表征论，凭借突出的涉身性渗透在赛博城市的肌理中，成为建构社会现实的强大视觉性力量。（孙玮，2020）有学者则从历史社会学角度考察短视频，认为短视频媒介是"后文字时代"的一种平民媒介，它唤醒和激发了普通人的传播本能，促成了福柯所言"无名者"的历史性出场。（潘祥辉，2020）短视频媒介最大的社会价值即其"全民记录"价值。短视频有自身的媒介逻辑和历史社会学效应，是互联网商业化创新的一种"溢出效应"。无论作为影像还是媒介，短视频研究都需要置于社会现实环境中。

还有学者对纪录片等传统影像上网之后发生的嬗变展开了研究。以互联网和移动智能终端为代表的新媒体的发展，不仅创新了影像传播的平台，更催生了影像创作新形式。微电影、迷你剧、微纪录片、恶搞短片、自拍秀等新的影像形式为新媒体而生，为新媒体而传，在篇幅上不仅更短小精悍，在创作上和传播中也显现出与传统影像作品不同的特质，这种新的影像形式可以称为微影像。微影像是新媒体语境下的影像新形式，是微时代的影像新产物，它们以多样的形态成为新媒体传播的重要内容，构成了后现代视觉文化的新景观。（孙蕾等，2018）与20世纪90年代的纪录片热潮不同的是，在当下新媒体语境下，纪录片的制播及审美出现了一系列变化，同时，呼应新媒体时代受众的碎片化需求，纪录片开始了"微转身"，一种新的纪录片样态——"微纪录片"大批涌现，并以方便快捷且利于传播的特质，给纪录片家族增添了一抹别样的亮色。（王春枝，2022）微纪录片催生了网生代纪录片，它给纪录片的发展带来了更多活力。

（二）内容生产者与平台的关系研究

短视频内容生产过程中的生产者与平台之间的关系成为学者们关注的问题，由此"创意劳动者"的概念被提出来。有学者从劳动控制论的角度提出"数字灵工"的概念，揭示出平台资本采用兴趣玩工、命运自主、情感能量、程序正义与希望劳动等一系列意识形态理念，维系着创意劳动者接受不稳定、无保障与缺乏安全感的工作，制造出创意劳动者的主动"同意"，本质上是一种隐蔽的劳动控制。（刘战伟等，2021）与前者相反，有学者在抖音平台展开大规模实证研究发现，短视频创意劳动增进了创意劳动者的福祉与获得感。（何威，2020）从宏观角度来看，短视频创意劳动为个人与行业赋能，使创意劳动者更接近社会，进而转变为创意企业家，推动创意行业集群发展，建构创意领域，培育创新的社会生态。

（三）短视频著作权归属问题研究

在短视频发展过程中伴随而生的侵权、著作权归属问题也引起学者们的关注。有学者认为，目前我国司法治理和行政治理分别因适用范围有限、难以建立长效机制而无法从根本上破解侵权短视频泛滥的治理困境。（冯晓青等，2020）因此，需引入社会治理，在法律制度框架内进行多元社会主体的协同治理，建立长效机制。短视频著作权领域的社会治理应着力于调和短视频平台、权利人、社会公众之间的利益冲突。有学者认为应打破平台不履行著作权主动审查义务的传统行为模式，由平台对短视频作品是否存在侵犯著作权现象进行事先审查，并以此作为对互联网短视频平台主观判断的标准，要求其根据主观存在的过错程度承担相应的侵权责任。（张超等，2021）事先审查和社会治理模式都是应对短视频侵权问题可以尝试的对策，但实操起来恐怕还有很大的难度。

（四）短视频时评的研究

电视新闻上网之后在样态上也发生了变化，尤其是新闻评论。例如，中央广播电视总台和新华社分别推出了短视频时评栏目和时评作品。《主播说联播》是由中央广播电视总台新闻新媒体中心在 2019 年 7 月 29 日推出的短视频栏目，它是《新闻联播》开设的评论板块，也是《新闻联播》在全媒体时代融合创新的尝试。该栏目实现了传统新闻节目在全媒体时代内容传播的碎片化、语态表达的年轻化以及传播方式的多样化，取得了良好的传播效果。（张亚萌，2020）改革开放 40 周年时，新华社新媒体中心推出了时评作品《四十年》，以 MV 和歌曲的形式，配合大量航拍画面，回溯和展望了改革开放 40 年来的各项成就。《四十年》以 MV 的形式，打破了原有以文字为主的时评模式，给观众耳目一新之感的同时，也开创了时评新样态，是 MV 形式下时评的成功尝试。（李梅，2019）

还有学者认为，作为新媒体样态的短视频时评会影响政治传播。以时政类短视频为载体的新媒体背景下的政治传播，顺应了时代发展趋势，化挑战为机遇，实现了多维度的样态创新。在未来要充分发挥短视频在政治传播中的作用，守正创新，创作出人民群众喜闻乐见的内容，实现传播效力最大化，构建政治传播的全新格局。（王紫航，2022）

（五）短视频的发展趋势研究

从短视频发展态势来看，短视频正在逐渐变长，向中视频形态转变，学者们也将研究目光转向中视频。有学者对中视频的概念、基点与媒介规律进行了梳理，将中视频界定为介于短视频和长视频之间，内容时长在 5～30 分钟，以横屏为主，PGC（专业生产内容）和 UGC（用户生产内容）相结合且 PGC 多于UGC，比短视频更有深度，比长视频更为凝练，具有一定专业门槛、体现一定专业水准的视频样态。（刘俊等，2022）但有学者认为，中视频不只是时长和体量的区别，更重要的是由此触发的内容、话语结构和价值偏向的调适。（闫敏，2022）另有学者从媒介进化视角出发，透过麦克卢汉的"后视镜"理论，尝试解析作为新概念的中视频媒介，认为中视频是被用户和生产者"拉长的短视频"，未来可能发展为独立的信息媒介，建立适应其特有属性的游戏规则。（刘磊，2022）

二、直播带货的研究

（一）直播带货营销研究

网络直播作为一种媒介新样态，带来了人与人之间跨时空的交流与互动。直播带货是网络直播快速发展与变现的重要方式，因此许多学者聚焦直播带货营销研究，多以应用型研究为主。有学者从传播者、用户等不同角度入手，分析场景在直播带货过程中的应用实践，提出场景时代的直播带货重构商品、信息和用户之间的连接关系，实质是技术驱动下的营销范式迁移。（王佳航等，2020）短视频"种草"，网络直播"拔草"。有学者对"短视频+电商直播"营销模式的创新性进行探析，提出通过提高产品质量、优化直播内容、改进技术水平等措施优化创新。（张守昂，2022）还有学者站在品牌的视角，认为应当跳出"价格"与"价值"的认知框架，最大限度地从动态、整体的视角发挥直播带货的品牌传播效果，通过消弭虚拟社会的社群经济与现实社会的流量积累的边界，形成强化私域流量效果的"汇合营销"方式，为集中管理品牌传播提供重要时间点，从而提升品牌价值。（谢新洲等，2021）

在直播带货驱动下，直播助农、媒体直播电商成为"直播＋"生态下的新样态。有学者通过探索梅州当地直播助农实践，提出政企媒融合打通党委政府、主流媒体与市场资源的联系，创新搭建直播助农平台的直播助农新模式。（唐林珍，2021）对于主流媒体来说，直播带货还与公益和扶贫结合。有学者以三大央媒携手淘宝直播公益带货为例，考察公益助农直播的可行性、实践性与价值性，提出传统媒体与新媒体融合的公益助农新模式。（李修远，2021）还有学者进一步指出，当前媒体直播带货本质上是在媒体融合深度推进下，传统主流媒体与商业平台联合发起的一场助力经济恢复和脱贫攻坚的媒体消费动员与融合创新实践，需要与MCN机构联合进行商业化运作，融通体制内和体制外资源。（王军锋，2021）

（二）网络直播的工具属性研究

在直播带货背后，指向的是网络直播的工具属性特征以及直播电商的本质逻辑。有学者认为，作为工具的网络直播强调高效带货的变现逻辑，通过"直播＋"战略与电商、教育、演艺、医疗等行业融合发展，成为高效率低成本的公共数字管道。这一工具属性的凸显，意味着未来的网络直播可搭载不同的产业模块，作为一种"新基建"设施发挥出更大的公共服务价值，激发出更大的商业势能。（王建磊等，2022）将直播电商看作新基建可能有些牵强，但完全可以视为新消费的工具。有学者认为，直播电商作为直播与电商的有机结合体，是技术、媒介、平台、资本、企业和主播等因素协同驱动的。直播电商的基因是电商，本质是消费升级，而主播有助于实现"品效合一"则是关键，它通过彻底重构"人货场"来提升交易效率和品牌忠诚度。由此可以看出，学者们对于网络直播的工具属性特征和直播带货、直播电商的本质逻辑的观点基本趋同，这也反映出目前网络直播及直播电商领域背后的运作逻辑：在技术、媒介平台、资本、企业和主播等因素协同驱动下的直播带货是工具与场景的结合体。

（三）网络直播背后的社会问题研究

网络直播作为一种媒介景观与消费样态，与其关联的技术、媒介平台、资本、主播等深层次的问题引发学者们关注，主要体现在平台与资本、权力与关系等微观社会问题上。有学者指出，电商直播是一种以受众为中心的新型经济模式，是一种渗透影响式的消费意识形态控制方式，是一种隐藏着视觉权博弈、主体权争夺、受众权分化的消费狂欢，是资本、主播、平台为谋取商业利润而进行的消费合谋。（燕道成等，2020）电商直播始于灌输观念、吸引受众，终于诱导消费、资本收编，隐含在直播场景中的审美偏向、无序消费、隐私泄露、技术控制等问题值得反思。有学者通过研究发现，头部主播的巨大影响力与其在场域中文化资本的生成逻辑、运作机制息息相关，明星效应、特殊关系场域、习得性文化资本、话语策略影响文化资本的建构。（陈龙等，2022）在主播与用户共同在场的电商直播场域中，一套新的社会规范和时空规则被双方认可，需警惕制度化文化资本无限扩张的反面"替身"为象征权力的潜在风险。有学者发现，直播平台在内容选择标准与审核规范方面掣肘着 MCN 机构；直播平台对时间秩序的操纵规制着 MCN 机构的内容生产流程；MCN 机构从业者积极或消极的情感表达则是个体对直播平台中生存境遇的复杂情感投射。（黄贺铂，2021）在"双向连接"关系中，直播平台与 MCN 机构彼此生成意义空间，构建中国独特的网络直播生态。

（四）直播带货法律法规及信任研究

直播带货过程中引发的信任缺失、人设崩塌、造假等问题也受到学者们的关注，并给出了相应的解决对策。有学者认为，直播带货的实质是一种荐证广告，应当针对当前直播带货行业存在的数据虚假繁荣、主播身份与行为性质界定模糊、消费者维权难、直播平台监管不力等主要问题，加快修订和制定相关法律法规，推动传统媒体转型，树立新媒体电商行业标杆，加强行业自律，建立信用评价体系与黑名单制度。（夏令蓝等，2020）有学者构建了由人格信任、关系信任、制度信任、技术信任组成的网络信任结构模型，发现直播带货是通过透明展示、社交背书、社会临场实现对关系信任和技术信任的增强。（李凌等，2020）然而，这种信任的中介化，既构成直播带货的特色，也成为导致其信任危机的根源——往往造成道德盲视和多主体行为的追责困境，最终引发直播带货的信任危机。于是有学者提出建立严格的分布式责任机制，以克服信任中介化导致的伦理风险。有学者针对直播带货存在的潜在风险，认为需处理好直播带货中有特定身份、社会角色的个体，尤其是有一定名望的人带货的尺度、分寸与频度，平衡好影响力赋能与公信力维护之间的关系，防止工具理性泛滥与过分倚重关系经济，以保证其良性运行。（王彪等，2020）

三、 新媒体样态研究的拓展

新媒体样态的出现和发展也形成了新业态，不仅有大量的相关研究论文和研究报告，还出版了不少相关论著，甚至开设了相关课程和编写了相关教材。但由于发展的时间较短，相关研究仍有不少欠缺和空白，还需进一步拓展研究的深度和维度。一方面，我们需要对新媒体样态的组合展开研究，如"短视频＋"和"直播＋"，研究其新的传播链、产业链和价值链；另一方面，随着互联网技术和人工智能的发展，其对新媒体样态的影响不应是孤立的，而应与媒介生态和传媒业态联系起来。谭天在《5G时代：短视频是一种结构性力量》中提到：5G时代的短视频在技术的推动下，不仅在改变传播形态，而且成为改变媒介生态和传媒业态的结构性力量。技术的推动不仅影响传媒业本身，还会影响它所在的媒介生态和社会空间。信息资源加持下的AIGC具有强大的生产力，为整个内容生态和创作模式带来了全新的尝试。（李白杨等，2023）目前与新媒体样态紧密相关的媒介生态和传媒业态研究还做得不够，与此同时，新媒体样态研究还需要更多的跨学科支援，包括研究方法和范式都要有所突破。

近年来，人工智能的迅速发展以及ChatGPT的出现，令新媒体样态有了更多变化，尤其是AIGC，凭借卓越的信息处理、学习和创新能力，为人们获取知识、提高学习效率和质量提供了有力支持，其迅猛的发展为学习型社会带来了新的发展契机。AIGC技术在教育领域快速普及，催生了终身学习的新样态，即人机交互学习型组织、混质多元化知识环境以及数字侧写个性化路径。（袁磊等，2023）未来，在AIGC的作用下，新闻业的底层运行逻辑将发生改变，促使业态深度重塑；新闻业的生产规则将被打破，刺激产业链重构再造；全新的新闻产品和样态将诞生，推动新闻消费更加人性化。（郑满宁，2023）由于AIGC所形成的新媒体样态处于一个不断变化发展的动态过程，相关的研究才刚刚开始。

第五节　新媒体应用研究创新节点

我国新媒体处于高速、多变、持续的发展时期，创新一直是不变的主旋律，而如何创新是关键。具体而言，传统主流媒体做新媒体应该如何创新？其新媒体创新有哪些重要节点？本节聚焦新媒体应用研究的四个创新节点——思维、融合、场景和算法，以期通过这些节点找到新媒体创新发展的正确路径。

一、 理念创新顺应发展潮流

新媒体发展首先取决于我们对互联网的认知和把握，新媒体创新就是在此基础上形成了新媒体创新理念：互联网思维和"互联网＋"。

（一）互联网思维

在新媒体发展和运营中出现频次最高的词汇是"互联网思维"。何为"互联网思维"？自有人类文明以来，我们的经验、价值观、思维方式都是以有形的、有质量的物质世界为前提和基础获取的，而互联网这一虚拟世界具有的即时性、交互性、匿名性、平等性、可逆性、无限分享性等特征已完全颠覆了物质世界的思维基础。互联网思维是指在（移动）互联网、大数据、云计算等科技不断发展的背景下，市场、用户对产品、企业价值链乃至整个商业生态进行创新审视的思考方式。互联网思维不仅是一种技术思维、营销思维、电商思维，还是一种系统思维、管理思维、创新思维。

互联网行业有九大思维：用户思维、简约思维、极致思维、迭代思维、流量思维、社会化思维、大数据思维、平台思维、跨界思维。这些思维模式都属于狭义的互联网思维。如今，互联网思维已经超越了互联网行业本身，正在不断地渗透到社会发展的各个方面。以下从思维科学、社会管理、经济发展等宏观视角切入，提炼出互联网三大要义：

要义之一，颠覆性创新。互联网思维是一种高级思维活动，属于创造性思维，也就是人们常说的创新思维。创新有两种，一种是渐进式创新，一种是颠覆性创新。在互联网时代，后一种备受青睐。在互联网行业和经济领域，颠覆性创新越来越多地以两种形式出现：一种是用户体验的创新，一种是商业模式的颠覆。乔布斯用云计算颠覆了传统手机，雷军用互联网思维颠覆了手机生产，而特斯拉更是颠覆了人们对汽车的概念，把代步工具变成了"土豪玩具"。

要义之二，开放中博弈。在互联网出现之前，信息是不对称的，对信息的垄断可以形成权力。而当互联网出现之后，信息公开透明，不仅实现了信息对称，而且改变了社会结构。以往传统媒体之所以有市场、有影响力，主要源于信息不对称，而当下出现的是新的信息不对称，只是天平极大地向受方倾斜。因此，政府监管也要有互联网思维。在现代社会管理中，单一的行政管理手段已经跟不上时代了。开放还需依靠法律保障和法治建设，这既包括建立、健全互联网秩序，也包括公权力对私权力的尊重。

要义之三，合作中共赢。商场如战场，在前互联网时代，是零和博弈，竞争各方是此消彼长的关系；而在互联网时代，则是非零和博弈，企业之间既有竞争又有合作，不是谁灭了谁，而是你中有我、我中有你，在合作中共赢。党的十八大提出要改变经济增长方式，如何改变？首先就要从改变思维方式开始，从形成互联网思维开始。这种思维不仅适用于经济，也适用于政治。改革新思维就是要把改革的反对者也纳入利益共同体。

（二）"互联网＋"

"互联网＋"的概念最早在 2012 年第五届移动互联网博览会上被提出，当时提出者将其看作一个多屏全网跨平台场景结合之后产生变化的化学公式，核心在于"互联网＋其他产业"能产生怎样的化学反应。全国人大代表、腾讯 CEO 马化腾在两会的提案《关于以"互联网＋"为驱动，推进我国经济社会创新发展的建议》中这样解释："互联网＋"战略就是利用互联网平台，利用信息通信技术，把互联网和包括传统行业在内的各行各业结合起来，在新的领域创造一种新的生态。马化腾提出的"互联网＋"被政府采纳并列入国家发展战略。时任国务院总理李克强在国务院政府工作报告中提出：制定"互联网＋"行动计划，推动移动互联网、云计算、大数据、物联网等与现代制造业结合，促进电子商务、工业互联网和互联网金融健康发展，引导互联网企业拓展国际市场。

在新媒体发展与创新中，"互联网＋"与"＋互联网"是两个完全不同的概念或理念。"＋互联网"简单来说就是把传统媒体搬到互联网上，它是新媒体发展初级阶段的产物。其价值是利用互联网技术打破原有业务中的信息不对称局面，从而实现效率重建。具体来说就是，过去我们受限于时间、地点、流程等信息不透明导致的高成本，"＋互联网"以后就能实现在线化（24 小时接入）、规模化（一点接入，全球覆盖）、去渠道化（减少流通成本）。

"互联网＋"则代表一种新的经济形态，即充分发挥互联网在生产要素配置中的优化和集成作用，将互联网的创新成果深度融合于经济社会各领域之中，提升实体经济的创新力和生产力，形成更广泛的、以互联网为基础设施和实现工具的经济发展新形态。"互联网＋"的本质是供需重构，因为非互联网与互联网跨界融合后，不只是改善了效率，而是在供给和需求两端都产生增量，从而建立新的流程和模式：供给端是"点石成金"，将原本的闲散资源充分利用；需求端则是"无中生有"，创造了原本不存在的使用消费场景。

在新媒体应用上，"互联网＋"的供需重构可以理解为产品与用户关系的重构。在传统媒体时代，是先有产品再去找用户，而新媒体时代则是倒过来，先有用户再做产品。用户的地位与作用被空前地放大，所有的互联网产品和新媒体运营都是基于用户需求的。"＋互联网"是物理叠加，改善存量；"互联网＋"则会产生化学反应，创造增量。

二、 融合创新驱动媒体转型

媒体融合是传统媒体转型的一项极其复杂的系统工程，在这个困难重重的进程中，融合往往与创新结合在一起，融合创新则成为媒体转型的驱动力之一。

（一）概念的演变

媒体融合（media convergence）最早由尼葛洛庞帝提出，是一种信息时代背景下媒介发展的理念。媒体融合是一个媒体融合发展的过程，也是通过各种媒体相互融合最终实现全媒体化的手段。媒体融合不是目的，媒体转型才是目的，媒体正在通过融合创新推动传统媒体的转型。

我国媒体的融合发展经历了从媒介融合到媒体融合、从全媒体到融媒体的演变过程。媒体和媒介是有区别的：媒介是信息传播所需要的载体、介质或通道；媒体是"媒介＋内容"体系的组合，有后端内容架构、生产流程、编读互动等系统支撑。融媒体是媒体融合的一种理念，是指通过在人力、内容、宣传等方面进行全面整合，实现"资源通融、内容兼融、宣传互融、利益共融"。2014 年被称为"媒体融合年"，2015 年以"媒体融合"为篇名的论文超过一千篇，2019 年超过两千篇，融媒体研究也成为研究热点。

媒体融合和融媒体研究主要还是媒体实务研究，集中在媒体融合创新、融合传播策略、融媒体建设、融媒体发展路径等方面。有学者梳理了媒体融合的发展过程，指出其融合理念产生了变化：弃"全"用"融"，从"全媒体"转向"融媒体"。"在移动互联网等相关技术日新月异带动媒介革新的状态下，媒介融合没有完成时，只有进行时。相较而言，融媒体更符合这个动态过程，也更贴合媒介转型的现实要求。"①

（二）策略的创新

在媒体融合发展中，传统主流媒体采取的策略很值得研究。谭天在国家广播电视总局重点项目"电视与新兴媒体融合与发展研究"中提出"一体两翼"的融合发展策略："一体"即坚持"内容为王"，以具有权威性和公信力的内容为主体；"两翼"是指对接平台与自建平台并举，内容运营"两翼齐飞"，最终实现"内容＋平台"双剑合璧，走出一条电视媒体融合发展的新路。在此基础上，

---

① 栾轶玫、杨宏生：《从全媒体到融媒体：媒介融合理念嬗变研究》，《新闻爱好者》2017 年第 9 期，第 31 页。

他继续提出一系列新观点，如"网台融合，先网后台"。

谭天还指出融合传播中的双重嵌入——传统主流媒体的内容运营嵌入社会网络和个人关系网，继而提出"兵分三路"的传播策略：一是自建渠道的大众传播，还是人找信息；二是平台分发的精准传播，变成信息找人；三是用户转发的关系传播，传播即关系。

媒体融合最难之处还是产业融合和文化融合，这就涉及体制、机制和文化等深层次问题了。对此，有必要探索产业融合的"体外循环"，同时也需要顶层设计的制度创新。媒体融合的本质是生产关系的变革，就是各生产要素的重新组合和融合创新。只有改制才能给媒体融合注入创新活力，才能给传媒转型注入新鲜血液。诚然，改制是一项复杂的系统工程，它涉及传统媒体现行体制的各种限制，哪些可以突破，哪些应该坚守？这既需要勇气，也需要智慧，还需要与上下左右的沟通和协调。"人们在中介化互动中创造了新的语言表述方式和社交线索，以此为基础创造了新的社交语境和文化，并重塑了新媒体本身。"[①] 在文化融合中需要融合创新的"破圈"行动，通过哔哩哔哩（俗称"B站"）与传统主流媒体的融合项目——跨年晚会，我们看到"反向融合"的积极态势，但我们更希望看到传统主流媒体主动出击的"正向融合"。

（三）路径的探索

县级融媒体建设是近年媒体融合的主要任务和研究重点，学者们就其发展路径选择提出了不少观点和建议：

有学者认为，在县级融媒体中心建设过程中，路径创新坐标有三：①如何"引导群众"：移动传播优先，抵达本地社会变动的第一现场。②如何"服务群众"：创新始于用户，而非生产者。③成长方式：嵌入大平台，形成广泛联结。（朱春阳，2018）还有学者认为，未来县级融媒体中心在路径选择上要改变目前传统主流媒体融合发展的路径依赖，实现六大转变：① 从整合存量向创新增量转变。②从"内容—技术"思维向"产品—用户"思维转变。③从"＋服务"向"服务＋"转变。④从大而全向特色化、精准化转变。⑤从以信息服务为主向以基层强关系生产为主转变。⑥从体制内身份向市场化身份转变。（李彪，2019）

在县级融媒体发展思路上，有学者提出应以移动社交构建县级媒体融合新平台。（谭天，2018）还有学者认为，县级融媒体建设不能固守传者本位，追逐技术和平台、立足思维转换、结合传播空间特征、重新定位县域融合传播形态才是

---

① ［美］南希·K. 拜厄姆，董晨宇、唐悦哲译：《交往在云端：数字时代的人际关系》，北京：中国人民大学出版社，2020 年，第 53 页。

县级融媒体中心的最佳建设路径。（滕朋，2019）

总而言之，学者们认为媒体融合或融媒体建设需要更新观念，需要重新定位，需要加强服务，需要移动优先，需要各种转变。问题是大方向是明确的，路径是基本清晰的，但在实际操作中仍存在许多困难和障碍，有客观条件的限制，也有制度创新的障碍，还需做更多的探索和取得更大的突破。媒体融合的研究有很多，但媒体融合的成效还不显著，原因有二：一是理论构建不够，尤其是有支撑力的理论创新不足；二是传媒观念更新跟不上，实施起来打了不少折扣。

三、 场景构建新型用户关系

新媒体传播落到操作层面就是要做连接，而在连接中场景问题就凸显出来了。马化腾提出"连接一切"，即连接人、连接设备、连接服务。问题是如何连接？在移动互联网时代，场景成为最重要的连接器。如果说传统媒体争夺的是关注，互联网争夺的是流量，那么移动互联网争夺的就是场景。

什么叫场景？场景原指电影拍摄的场地和布景，后引申为情境、语境乃至传播学中的媒介形态。早在20世纪80年代，传播学者梅罗维茨就从社会学家戈夫曼的"拟剧理论"中获得灵感，提出了"场景（situation）"的概念，并由此出发研究"媒介场景"对人的行为、心理的影响。随着移动互联网时代的到来，资深记者罗伯特·斯考伯在《即将到来的场景时代：移动、传感、数据和未来隐私》中提出了新的场景（context）理论。尽管二者都翻译为"场景"，但内涵是不一样的。梅罗维茨的"场景"强调的是由于信息流动的模式不同而造成的感觉屏障，侧重于研究媒介形式；而罗伯特·斯考伯的"场景"强调的是新型媒介技术所带来的行为环境、心理背景，侧重于研究媒介内容。

在移动互联网时代，场景是终端融合的制高点。终端融合有两个途径：一是在有线电视网络的互联网改造，实现终端开放，融入更多的互联网服务，形成"渠道＋服务"的产业链。"融合业务平台既提供传统广播电视业务，也提供互联网业务（OTT）。广播电视业务通过广播通道传输，互联网业务通过宽带通道传输。终端必须与前述环节联动才能实现融合业务的最终接收与呈现。"[①] 二是以优质内容对接终端应用，形成"内容 ＋ 服务"的传播链，如"摇一摇""扫一扫"等T2O或O2O模式。终端融合的背后其实是服务融合、观念创新，即把

---

① 肖红江、秦奕龙、聂明杰：《新型广电融合终端需求研究》，《中国传媒科技》2014年第14期，第35页。

传播渠道互联网化，在播出终端接入用户。现在融媒体建设中建立的平台实际上是指前者，即连接设备；而这里讨论的场景主要是指后者，即连接人和连接服务。

根据罗伯特·斯考伯的场景理论，场景实际上是一个媒介与用户构建关系的特定空间。"用户对互联网的需求开始超越双向互动的层面，更加强调媒介与在地环境融合提供特定场景下的适配信息和适配服务。"① 终端如何接入用户？场景是一个关键构件。例如，央视春晚和除夕团圆饭一样，成为中国老百姓大年三十的春节生活场景。"看春晚，抢红包"构建了一个更加有趣的生活服务场景。通过一个"双屏互动"的手机软件把电视的大屏与手机的小屏连接起来，进而把"看"电视变成"用"电视，实现媒体功能的拓展，同时也把受众变成了用户。

互联网的场景包括虚拟场景和应用场景。网络游戏、QQ 秀就是虚拟场景。应用场景是指互联网的一个应用（产品）使用了用户所处的场景，它包括五个构成要件：移动终端的类型、地理位置感知、采集数据的传感器、通过大数据做需求预测、在社交网络中展示（见图 4-1）。

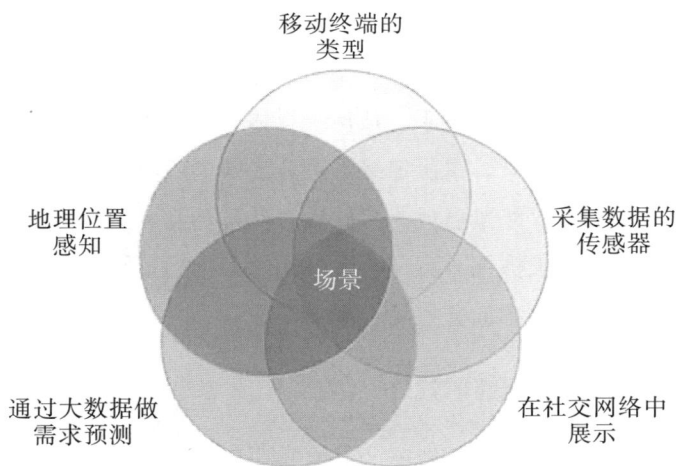

图 4-1　互联网场景五大构成要件

彭兰在《场景：移动时代媒体的新要素》一文中将移动时代用户场景的要素界定为四个方面：空间与环境、用户实时状态、用户生活惯性、社交氛围。

---

① 喻国明、程思琪：《从"连接"到"场景"：互联网发展的重要进阶——试析微信小程序的价值逻辑与市场版图》，《新闻大学》2018 年第 1 期，第 121 页。

其中，空间与环境和社交氛围都是用户所处的现实环境，把握用户在特定时刻所处的现实环境有助于提供更精确的服务。由此可见，场景已经不仅仅局限于传统互联网，还涉及移动互联网和物联网，可以说应用场景是新一代互联网的产物。

那么，场景又是怎么构建的呢？场景设计者可以有三个思考维度——满足欲望、响应需求、创造价值，即人性、社会、文化三个层面。其实隐藏在场景背后更重要的东西是文化和价值观，最好的场景不仅能触碰人们内心最柔软的地方，还能输出价值观。移动互联网的场景是一个非常重要的连接空间，通过它能把人与物、线上与线下、内容与服务等各种生产要素和社会资源聚集在一起，进而实现关系转换、资源置换和功能转变。例如，滴滴出行就是微信为吸纳在线支付用户所构建的一个服务场景。

有学者通过分析移动互联网使用行为与 PC 互联网、传统媒介使用行为之间的关系，以探索移动互联网对当前媒介格局的影响。其研究发现，目前媒介格局呈现电视和互联网双寡头的局面，就日均接触时长而言，移动互联网与电视存在明显的竞争关系，与书籍、PC 互联网则存在显著共生关系。该研究结果充分表明了场景因素在媒介竞合关系中的重要性。[①] 这项研究给我们在媒体融合中如何利用场景优化服务提供了参考。媒体转型需通过媒体融合，媒体融合需通过场景构建。转型即转场，转场即胜负手，从传统媒体和大众传播的受众场景转向新兴媒体和人际传播的用户场景，是决定终端融合成败的胜负手。我们期待进入新型媒体的场景时代。如今，场景已成为媒体融合和移动互联网连接的重要入口，而在这个入口的背后则是大数据，可在大数据的基础上通过算法实现媒体与用户的紧密连接，进而将融媒体推向智媒体的发展阶段。

四、 算法优化开启智媒时代

随着大数据、云计算、人工智能的开发与应用，传媒业开始进入智能传播和智媒时代，算法则是其主要驱动力。

算法在新媒体中的大规模应用始于今日头条的推荐算法，如今互联网平台都在不同程度地运用算法。而抖音更是把算法应用发挥得淋漓尽致，短视频可以说把算法应用推进了"快车道"。抖音的海外版 TikTok 带给美国摧枯拉朽般的冲

---

① 吴文汐、喻国明：《竞争还是共生：移动互联网对当前媒介格局的影响——基于媒介接触时间的研究》，《现代传播》2016 年第 10 期，第 1 页。

击，而其母公司字节跳动也就此在新媒体的国际舞台上"翩翩起舞"，更说明了算法已成为当今新媒体的核心竞争力。

然而，当机器进入新闻传播领域，算法的效率原则必会与大众传播的价值观产生矛盾，算法的广泛应用也带来种种风险，尤其是当下算法的种种缺陷已引起人们的诟病，有学者认为受众正被置于"信息茧房"的危险境地，"对于个体，这意味着，数据和算法的偏见，有可能会把他们进一步困在原有的社会结构里"①。但业界却认为"信息茧房"与算法无关，况且算法也是可以不断优化的。"今天，由于协同过滤、兴趣图谱等算法手段的应用，点击什么推荐什么，搜索什么推荐什么的'信息茧房'时代已经过去，精准而可优化已是趋势。"②

当今，人工智能已经逐渐全面渗透人类活动和社会生活，它给人们带来的是福还是祸，取决于算法开发者对效率与公平的平衡，以及人们对技术伦理的重视和研究。社会学家尼克·西弗提出"算法文化"的概念，在他看来，算法不仅由理性的程序形成，还由制度、人类、交叉环境和在普通文化生活中获得的粗糙—现成的理解形成。有学者从社会学视角，应用计算社会学来进行分析并提出治理建议。"基于统计而不是基于理解的信息选择，在提高信息获取效率的同时，也会制造和加剧信息失衡和信息歧视，成为偏见、劣质信息的传声筒和媒体负面效应的放大器。此外，新闻算法推荐系统还有可能被用来操纵信息，成为一些人牟取利益的新工具，使新闻算法推荐系统可能成为'扭曲的棱镜'，经由它呈现给公众的某些社会图景可能偏离甚至严重偏离客观现实，从而导致公众的社会认知出现不同程度的偏差。故而，不能让算法来定义社会，对新闻算法推荐系统可能产生的负面作用要高度重视，需要从政府监管、企业自律、公众网络媒体素养教育三个方面实施综合治理。"③

有学者认为，算法之所以引发争议，不仅因为算法的准确度问题，更因为它让人们感受到一种危险的倾向，即这些算法用于不当目的时，会对某些群体或个体形成歧视与伤害。个人在这股强大的信息洪流中是处于弱势地位的，同时也承受着极大的信息风险和个体伤害，应引起政府和社会的高度重视。算法、人工智能在传媒业的广泛应用，也引起学者们对技术伦理问题的关注和研究。算法本身

① 彭兰：《假象、算法囚徒与权利让渡——数据与算法时代的新风险》，《西北师大学报（社会科学版）》2018年第5期，第24页。

② 吴晨光：《源流说：内容生产与分发的44条法则》，北京：中国人民大学出版社，2020年，第125页。

③ 刘存地、徐炜：《能否让算法定义社会——传媒社会学视角下的新闻算法推荐系统》，《学术论坛》2018年第4期，第28页。

是中立的，但算法的应用是有价值观的。"与传统新闻伦理只关心新闻内容不同，人工智能时代的新闻伦理将数据、代码和经营都包含其中，伦理结构更加复杂。"①

随着互联网的出现和发展，越来越多人运用计算社会科学的方法来研究传播学问题，由此计算机科学和传播学终于"联姻"成一门新的交叉学科——计算传播学（Computational Communication Research）。计算传播学是计算社会科学的重要分支，主要关注人类传播行为的可计算性基础，以传播网络分析、传播文本挖掘、数据科学等为主要分析工具，（以非介入的方式）大规模地收集并分析人类传播行为数据，挖掘这些行为的模式和法则，分析这些模式的生成机制与基本原理。国内关于计算传播学的研究还处于起步阶段，北京师范大学是计算传播学研究的重镇，其主要课题有：国家自然科学基金项目"移动新闻媒体中的用户行为统计规律与建模"；国家社会科学基金项目"基于社会化媒体的在线知识传播效能与影响机制研究"；教育部人文社会科学研究项目"移动媒体新闻消费行为特征及其影响因素研究"。

如今，移动互联网、物联网、大数据、人工智能、VR/AR、5G、区块链等技术，正在推动新一轮传媒业生态的重构。"所有这些也意味着传媒业原有边界的进一步消解，一个极大扩张的传媒业新版图将在新的角逐中形成。但在这样重构的生态中，专业价值与能力仍然需要坚守。"②

本章小结

新媒体应用研究是新媒体研究中数量最大的研究内容，本章只能选取最重要的几个方面展开研究。通过梳理我国社交媒体的发展和现状，我们划分出社交媒体的四种模式：平台型、社群型、工具型和泛在型。社交媒体正在改变人类的交往方式和社会活动，而大数据、云计算、人工智能、VR/AR、机器人等新科技也在影响着社交媒体的发展。

在新媒体传播研究中，我们分别审视概念演变、技术推动、网络社会、观念改变、传受关系、传播模式、理论适用以及跨学科研究，有不少新的发现。这些发现和研究对新闻传播学也产生了或多或少的影响，促进了学科发展。在新媒体

---

① 赵瑜：《人工智能时代新闻伦理研究重点及其趋向》，《浙江大学学报（人文社会科学版）》2019年第2期，第108页。

② 彭兰：《未来传媒生态：消失的边界与重构的版图》，《现代传播》2017年第1期，第8页。

语境下需要重新定义新闻，与此同时，技术与新闻、智能把关、新闻消费、新闻伦理等应该成为新媒体新闻研究的重点。

近年来，短视频、网络直播等新媒体样态的出现，对传播形态和传媒业态都产生相互作用的影响，相关研究也呈现井喷式发展，但研究层次还需提升，理论创新仍需加强。

所有的新媒体应用研究既服务新媒体应用，也促进新媒体的发展。对于传统主流媒体来说，媒体融合与转型则是一项系统工程。我们聚焦新媒体应用研究的四个创新节点——思维、融合、场景和算法，希望通过这些节点找到新媒体创新发展的正确路径。

在这一章中不全是对已有研究的梳理，其中"社交媒体发展研究"和"新媒体应用研究创新节点"这两节内容都是独立的研究，因为相关的研究并不多，或不够系统全面，只好单独收入我们的研究成果。

第五章　新媒体文化研究

新媒体文化研究是一个十分宽泛的研究领域。我们首先对我国新媒体文化研究做一个较为全面的扫描，进而简单梳理新媒体文化研究的发展。而后，我们聚焦近年来的文化"出圈"现象，探讨价值输出与文化认同。最后，鉴于网络语言是新媒体文化的重要载体，网络语言治理是互联网治理的重要方面，相比普遍的网络语言治理研究，我们把人工智能和"把关人"理论应用于网络语言治理，探讨网络语言的智能把关模式。

第一节　新媒体文化研究综述

新媒体文化是基于数字技术而发展起来的新型文化①，是指用户在利用新媒体技术进行的交往与实践活动中产生并发展起来的媒介文化形态。有学者指出，数字革命和媒介技术的革新会对生活方式、价值观、语言、艺术、思想、宗教等社会文化各个方面产生深远的影响。新媒体文化包含以下三个范畴：第一，新媒体文化是指新媒介平台所承载的传统媒介内容。第二，新媒体文化指的是新兴媒体文化。新兴媒体的实践产生了以亚文化形态为主的新媒体文化现象。第三，新媒体带给其他文化领域的变化及影响。这一范畴超越了狭义的新媒体概念，将新媒体视为其他文化发展的语境。

一、　青年亚文化研究

"亚文化主要是指通过风格化的另类符号对强势文化或主导文化进行挑战从

---

① 张瑞兰：《新媒体文化：人类交往的伟大革命》，《新闻爱好者》2016 年第 4 期，第 28 页。

而建立认同的附属性文化，青年亚文化是亚文化的主要形态"①，是"人们企图解决存在于社会结构中的各种矛盾时产生的，这些矛盾是人们共同经历的，并能导致一个集体认同形式"②，"以惊世骇俗的风格对主流社会形成了强烈的冲击"③。新媒体从根本上改变了青年亚文化的生存发展环境。多种亚文化现象在新媒体的作用下产生，如弹幕文化、二次元文化、丧文化、晒文化等，在整体上具有后现代主义特征，具有碎片化、部落化、异质化等特点。互联网与新媒体技术激活并带动了亚文化与各种文化的关系，青年亚文化正朝着多媒介数字虚拟化、普泛化、交互即时等方向发展。

秦兰珺认为，Web 2.0 是互联网带来的新生产方式，给青年亚文化提供了一种"集市式"的生产机制，"技术革命带来了生产方式的革命，新的生产方式又扩大了善假于它的青年亚文化的影响"④。青年亚文化最先借助互联网等新媒体技术生产新的文化形态，主流文化在适应社会形势变化时会将其纳入自身，在这一过程中，青年亚文化本身也会受到主流文化的影响。刘婷认为，"青年群体利用网络'微传播'接触的优势，自下而上地向成人社会进行'文化反哺'，促进了文化传承的双向互动"⑤。马中红认为，网络亚文化"在呈现文化裂变的同时也呼唤文化协调"⑥。但同时，唐平秋等认为，应警惕网络青年亚文化的犬儒主义倾向和消极颓废、自我放逐等丧文化趋向，警惕"社会不信任扩大固化、社会群际心理冲突加剧升级，社会共享价值开始面临被消解的风险等消极影响"⑦，可通过"积极推进理论创新及强化问题意识，加强社会心态培育和社会心理建设，加强对社会主义核心价值观的弘扬与培育"⑧，化解网络青年亚文化带来的消极影响与风险，传播网络正能量。

社会学、美学、媒介文化等是研究网络亚文化的主要理论视角，其中狂欢理论、空间理论等是应用较多的理论。第一，魏晓冉等从社会学视角考察了网络青

---

①　胡疆锋：《中国当代青年亚文化：表征与透视》，《文化研究》2013 年第 1 期，第 4 页。

②　[加] 迈克尔·布雷克著，岳西、张谦等译，《越轨青年文化比较》，北京：北京理工大学出版社，1989 年，第 1 页。

③　胡疆锋：《伯明翰学派青年亚文化理论的生成语境探讨》，《艺术评论》2007 年第 12 期，第 14 页。

④　秦兰珺：《论青年亚文化与互联网生产方式的互动》，《文艺理论与批评》2018 年第 4 期，第 85 页。

⑤　刘婷：《微传播环境对青年亚文化的影响》，《学术探索》2014 年第 10 期，第 81 页。

⑥　马中红：《新媒介与青年亚文化转向》，《文艺研究》2010 年第 12 期，第 104 页。

⑦　唐平秋、李勇图：《微时代青年亚文化的犬儒主义倾向及对策探究》，《教学与研究》2017 年第 2 期，第 94 页。

⑧　唐平秋、李勇图：《微时代青年亚文化的犬儒主义倾向及对策探究》，《教学与研究》2017 年第 2 期，第 94 页。

年亚文化所映射的社会矛盾，认为网络青年亚文化揭示了一定的社会矛盾，"解决网络青年亚文化反映出的社会矛盾，要以构建统一性文化为目标，转变只讲对立的矛盾处理方式，变革社会本位的矛盾治疗范式，强化社会主义核心价值观对青年健康成长的引领"①。第二，狂欢理论是分析网络青年亚文化的又一视角。新媒体技术的介入为青年亚文化增添了许多新的内涵，用户可以在任何时段借助电脑、手机等新媒体设备进行一场持续的狂欢，使自身价值得到充分显现。陈紫薇认为，"由新媒体构建的青年亚文化以狂欢化的文化消费来抵制成年人的主流文化"②，其内容既厌世颓废又充满了轻松自由和愉悦，日趋突破世俗美学的意旨。闫翠娟等认为，在"狂欢中放逐是网络空间青年亚文化的外在气质"③，这种亚文化在娱乐狂欢中逃离主流文化的规制，不断强化自我身份认同；"在批判中建构是网络空间青年亚文化的内在精神"④，主要表现在借助网络流行语的创制和传播参与主流话语变革，通过聚焦社会热点推动社会民主化进程，通过参与社会公益凝聚社会力量、推动社会发展。第三，陈霖运用空间理论考察了"基于互联网的青年亚文化传播活动，揭示其集聚与流动、参与和分享、区隔与融合的传播特性，指出青年亚文化以此而建构起属于自己的新媒介空间"⑤。其认为，青年亚文化成员以相同的兴趣爱好组成新的部落群体，形成权力运行机制，扮演着各自的角色，在参与和分享行为中形成新的交往模式，使亚文化族群获得认同感、归属感，"也是在这样的文化实践中，青年亚文化构筑起区隔与融合的空间"⑥。青年亚文化群体之间既存在差异和对抗，又存在互动与融合，分享并融汇到其他文化之中。第四，美学也是研究网络青年亚文化的重要视角。马中红认为，网络青年亚文化具有"脱逸"的美学趣味，主要包括逃离社会主导文化的规训、追求个体自由表达、对创新的不懈追逐，"体现了青年亚文化融抵抗权威、自娱自乐、不断创新以求超越的混杂风格"⑦。蒋建国认为，"小清新"是一种新型网络亚文化，网络是小清新亚文化聚集和展示的空间和平台，但"独白式传播"与逃兵主义成为网络亚文化面临的问题，商业收编与道德恐慌成为网络亚文化的宿命。

---

① 魏晓冉、平章起：《网络青年亚文化的社会学分析》，《云南社会科学》2018年第6期，第147页。

② 陈紫薇：《社交网络下的青年亚文化盛宴》，《青年记者》2013年第12期，第47页。

③ 闫翠娟、徐思涵：《网络空间青年亚文化的诉求、影响与发展》，《思想理论教育》2017年第7期，第74页。

④ 闫翠娟、徐思涵：《网络空间青年亚文化的诉求、影响与发展》，《思想理论教育》2017年第7期，第74页。

⑤ 陈霖：《新媒介空间与青年亚文化传播》，《江苏社会科学》2016年第4期，第199页。

⑥ 陈霖：《新媒介空间与青年亚文化传播》，《江苏社会科学》2016年第4期，第204页。

⑦ 马中红：《脱逸：青年亚文化的美学趣味》，《探索与争鸣》2013年第12期，第28页。

二、 消费文化研究

新媒体与消费文化研究大多探讨新媒体影响下消费文化的符号化以及由此带来的弊端与解决策略。唐琳在《论网络消费文化》一文中指出，我国网络消费的群体主要由文化知识阶层和青少年组成，而网络消费文化是与消费个性化相结合、发展与享受一体化的消费文化，但是，网络消费文化中存在着如外国游戏、"网络同居""网络恶搞"等反文化因素，因此，必须加强对网络消费群体的引导，提升网络消费文化品位，净化网络消费环境。史伟认为，网络环境下信息商品化推动消费文化的发展，消费文化呈现出虚拟化、符号化的发展趋势，在这一过程中要避免陷入虚无主义，"避免走向消费主义的极端"①。燕道成认为，新媒体塑造了"95后"青年个性化、符号化的消费文化，他们"希望通过表达对这一符号的认同与欣赏来标榜自己与众不同的文化取向，进而获得社会的关注，加深文化圈内部的认同感"②，但其中的反理性、反权威、去中心化等消极成分应当引起重视。杨成立认为，新媒体影响下艺术图像的生产与消费具备大众化与生活化的特点，对于大众生活及社会意识形态有着深刻的影响。但是，艺术图像消费带来的是艺术审美文化的趋同，将使创作主体失去艺术创造的源泉和灵感，创作者的个性逐渐消失，不利于建立文化自信。其认为，"艺术图像消费的流行性最终的内在需求必将是图像的个性化生产与艺术化的审美，必然导致新一轮艺术图像形式语言的崛起，从而形成良性的图像消费文化"③。

有学者关注新媒体在消费主义传播中的作用及影响。吴义周在《消费主义的移动新媒体传播及其引导》一文中指出，移动新媒体促进了消费主义的传播，为消费主义提供了践行平台，成为受众过度消费的重要内容，它所构建的消费主义景观更容易打动受众。其认为，提高受众的媒介素养、打造出传播正确消费观的新媒体品牌是抵制消费主义在移动新媒体蔓延的途径和手段。

还有学者关注消费文化中的女性。王素兰的《新媒体背景下中国女性粉丝消费文化剖析》围绕新媒体对国内女性消费文化的影响展开研究。其认为，新媒体背景下女性粉丝消费文化的勃兴，促进了粉丝产业的形成，创造了经济价值，有助于塑造国家有力的精神形象。但同时，女性消费主义的消极影响如"道德失范""败坏社会风气"等现象会在新媒体平台上被进一步放大，应当引导用户形

① 史伟：《互联网环境下的消费文化探析》，《当代传播》2011年第6期，第125页。
② 燕道成：《新媒体对"95"后青年文化的解构》，《当代青年研究》2017年第6期，第39页。
③ 杨成立：《新媒体时代艺术图像消费的流行性论析》，《艺术百家》2018年第3期，第79页。

成正确的消费主义观。高婕认为，女性经历了一个从"被动"的消费者到"主动"的消费者的转变过程，在消费社会中，女性消费的特点主要表现在个体化趋势、消费审美化、注重时尚消费、追求商品符号价值与奢侈消费以及网络消费兴起等方面，网络消费的兴起助长了女性的消费冲动，女性在消费的同时也在"被消费"，视觉文化在消费社会大行其道，使女性的身体被建构为男性"凝视"的对象，被"他者化"和客体化。①

三、 文化批判研究

新媒体给媒介文化带来新变化的同时，也产生了消极的作用与影响，一些学者对此展开文化批判。王骏认为，网络文化具有反权威主义、虚拟的个人主义、逃逸与出世的人生态度、快餐品位等特点，"就文化品位本身而言，它追求简洁、快速、便利、菜单化、标准化，因此在本质上它是媚俗的、趋同的、从众的、功利的"②，对网络文化的批判又形成了新的文化。张晓校认为，网络文化中的负面内容迎合了一部分人的需求，但远离人文精神是一种退化的文化，会对网民尤其是广大青少年产生不利影响，厚重的文化会被消解掉，"使人的意志消沉，精神空虚，审美退化，人文情怀萎缩"③，应当树立网络文化批判意识，过滤网络文化中的消极、有害成分，提升网络群体的人文素养与文化素养。赵福生从哲学角度对网络文化展开批判，认为网络文化的异化表现为泛化文化、破碎时空、模拟图像、消解理想等方面，网络文化的异化属性对人具有巨大而长远的腐蚀和摧毁作用，诱使人的追求走向庸俗化，丧失历史感和创造力，使人信仰迷失，"网络文化哲学以文化批判为工具，以梦想重建为旨归，应是当前网络文化建设的一个重要着力点"④。李敬着重考察了技术与理性的内在勾连，从三重维度分析两者之间的关系，认为技术与理性的三重维度"在媒介文化产品领域则分别表现为'图示化''娱乐'和'虚假抵抗'"⑤，技术与文化是相辅相成的，技术加重了个体对社会系统的妥协，同时也为新文化的实现提供了技术支撑。

---

① 高婕：《当代消费社会中女性的消费与"被消费"的女性——基于批判的视角》，《国外理论动态》2016 年第 3 期。

② 王骏：《网络文化：批判之批判》，《科学对社会的影响》2001 年第 2 期，第 50 页。

③ 张晓校：《网络文化负面效应的文化批判》，《现代远距离教育》2007 年第 6 期，第 76 页。

④ 赵福生：《网络文化异化属性的哲学批判》，《学术交流》2013 年第 8 期，第 18 页。

⑤ 李敬：《技术与文化传播：对新媒介文化的批判性研究》，《社会科学》2017 年第 6 期，第 191 页。

四、 文化建构与融合研究

文化建构是新媒体文化研究的重要组成部分，新媒体文化不仅是媒介技术和语境，更是一种当代社会文化。侯巧红认为，新媒体文化建构了一种新型的文化模式，这种模式具有平等、开放、互动等主要特点，能够满足不同人群的精神文化需求，与受众的文化消费密不可分，影响社会生活的各个领域。有学者认为，新媒体文化的最显著特点是互动性，重要特点是去中心化，本质特点是创新性。新媒体技术、"主体施为/客体承受"的信息主体、数字化的文本是新媒体文化构成的三大要素，"新媒体文化归根结底还是一种信息文化"①，"实现了人类向自然状态下人与人之间交往的回归"②。有学者指出，新媒体文化的文化精神是"强调互动，追求平权；回归'本我'，崇尚自由；标榜'草根'，抗拒精英；高扬感性，尊重个性"③，但是，其中"也充满着权力滥用、众语喧哗与负价值弥散的乱象"④。

新媒体的产生与普及加速了不同文化圈层和群体之间的文化融合。蒋凌昊等以 B 站 2020 年的两次成功"出圈"为例指出，在亚文化抵抗主流文化的过程中，"陌生化"的内容产生了传播裂变，使得主流文化与亚文化在一定程度上找到了共同点，促成了文化认同，进而促成文化融合。其进一步指出，"文化融合不是一帆风顺的，更不是一蹴而就的，认同与抵抗是共同存在的，从抵抗到认同是需要过程累积的"⑤，媒体在文化融合中，一方面"要利用好自身条件，看清自身弊端，借船出海，借力出圈；另一方面，要加速正向融合，改变被动依赖，促进双向融合，突破屏障，通过文化融合助推媒体转型"⑥。彭兰认为，媒体融合中存在着文化性障碍，主要表现为新老媒体的不同文化取向与特质以及新老用户的不同文化偏向。她认为，"对于传统媒体的转型来说，既需要进行文化性'转基因'来适应未来发展，也需要在过渡阶段帮助老年受众减少文化性数字鸿沟"⑦。郑宜庸认为，短视频展现出的"文化革新的意义，不仅体现为大众文化权力的张

---

① 孟建、祁林：《新媒体文化：人类文化的全新建构》，《新闻爱好者》2016 年第 4 期，第 22 页。
② 张瑞兰：《新媒体文化：人类交往的伟大革命》，《新闻爱好者》2016 年第 4 期，第 28 页。
③ 官承波：《新媒体文化精神论析》，《山东社会科学》2010 年第 5 期，第 60 页。
④ 刘衡宇、褚志亮：《新媒体文化的多重面相审视》，《理论与改革》2013 年第 2 期，第 149 页。
⑤ 蒋凌昊、孙一楠、谭天：《"出圈"与认同：传播裂变下的文化融合》，《青年记者》2020 年第 18 期，第 17 页。
⑥ 蒋凌昊、孙一楠、谭天：《"出圈"与认同：传播裂变下的文化融合》，《青年记者》2020 年第 18 期，第 17 页。
⑦ 彭兰：《文化隔阂：新老媒体融合中的关键障碍》，《国际新闻界》2015 年第 12 期，第 125 页。

扬，而且反映出当今时代大众参与文化建构的特征与方式、广度与深度"①。

五、 文化传播研究

新媒体对中华传统文化传播、传统文化精神重塑、非物质文化遗产传播、跨文化传播产生了重要影响。

首先是新媒体对中华传统文化传播的影响。李子嘉在《论新媒体对传统文化传播的影响》一文中指出，新媒体优化了传统文化的传播途径、传播模式以及传播格局，使传统文化的接受浅表化和内容传播娱乐化、庸俗化，应增强新媒体传播的文化底蕴，完善传统文化传播格局和传播模式。牛凤燕认为，新媒体技术的应用使得中国传统文化中的精华和糟粕一并传播，技术带来的负面效应依然很多，没有完成传统文化的现代转换，因此中华优秀传统文化的传播"应立足信息技术高速发展的现实，突出问题意识，优化传播环境，创新传播路径"②。殷乐认为，在新媒体环境下，传统文化传播形式相对守旧，主流媒体的教养功能有待强化，重大礼仪应有的传承仪式匮乏，媒体工作者应当"把握基于新媒体平台的传统文化与受众关系"③，提升传播效率，实现有效传播，利用社交媒体将传统文化与日常生活相融合，"实现优秀传统文化的自我再生"④，做好节日文化传播与教育教养内容的规划、规制。廖亮等认为，新媒体所具备的"即时、互动、裂变、扩充的特性，是传统文化搭载新媒体平台打破固有通道、触类旁通、拓展自我的关键"⑤，创作者的个人魅力固然重要，"与时俱进的推广意识与系统的资源配置，亦是新媒体环境下振兴传统文化不可或缺的要素"⑥。王秀丽认为，新媒体环境下中国传统文化媒介形象的塑造正在向可视化、虚拟化、娱乐化、轻量化转型，这种转型能够在更趋细微的心理层面上感召人们对传统文化的热情和传承责任，体现媒体在"创造性转化、创新性发展"中华传统文化方面的责任和担当。⑦

---

① 郑宜庸：《移动短视频的影像表征和文化革新意义》，《现代传播》2019 年第 4 期，第 29 页。

② 牛凤燕：《媒体融合视域下中华优秀传统文化传播的现代转换》，《理论学刊》2018 年第 9 期，第 166 页。

③ 殷乐：《新媒体平台的文化传承：问题与对策》，《现代传播》2015 年第 12 期，第 120 页。

④ 殷乐：《新媒体平台的文化传承：问题与对策》，《现代传播》2015 年第 12 期，第 121 页。

⑤ 廖亮、花晖：《新媒体对传统文化传播的作用和意义：以越剧为例》，《传媒》2014 年第 11 期，第 58 页。

⑥ 廖亮、花晖：《新媒体对传统文化传播的作用和意义：以越剧为例》，《传媒》2014 年第 11 期，第 58 页。

⑦ 王秀丽：《新媒体视阈下传统文化传播的可视化媒介形象》，《当代传播》2019 年第 5 期，第 103 页。

其次是新媒体对中华传统文化精神的冲击与重塑。汪振军等认为，精神价值是文化传播的核心，新媒体环境下中华传统文化精神出现价值缺位、价值颠覆、价值颠倒等问题，价值迷失会影响到现代人的精神。其认为，新媒体时代下传统文化的精神重构应当"找到适合的切入点，突出文化的神圣性，强化内容的贴近性，讲好中国故事，传达中国意蕴"①，真正做到以"文""化"人。赵卓伦认为，互联网与新媒体的发展与应用打破了传统思想的权威链条，冲击了中国传统社会等级有序的伦理结构，改变了中国人"顺遂自然"的思维方式，违背了"执中致和"的民族精神，消解了中华传统文化精神的表意内涵。其认为，新时代下传统文化应坚持适应性重塑，"坚持传统文化精神之源，坚守主流文化阵地；丰富传统文化精神内涵，赋予优秀文化新使命；正视传统文化内容的不适应性，培养新时代情感认同，借助新媒体叙事手段，开拓传统文化传播新领域"②。

再次是新媒体对非物质文化遗产传播的影响。葛艳奇认为，新媒体时代下"非物质文化遗产文化保护工作要着眼于发掘和保护，致力于非物质文化遗产历史化的呈现形态；着眼于整理和还原，致力于'非遗'文化现场化的呈现形态。以积极'融入'的姿态，提高新媒体时代'非遗'的传承和发展效率；从'凸显'的高度，丰富新媒体时代'非遗'的发展和转化成效。通过加强对'非遗'文化的田野考察和学术研究，形成对真实、拙朴、自然的非物质文化遗产的重新审视、重新倡导和重新开发的文化潮流"③。杨青山等认为，非物质文化遗产"与新媒体的结合，扩大和延伸了其传播空间，实现了人作为文化主体的能动性，再造了非物质文化遗产的时空，与非物质传播相契合，使其新鲜性、显著性、趣味性等传播价值得以凸显，重要性、接近性得到加强和深化"④。彭聪等在《非物质文化遗产文化活态的传播创新——以安新芦苇画短视频呈现为例》一文中指出，新媒体时代下非物质文化遗产的传播应当具备艺术性与娱乐性、参与性与交互性等特色。陶赋雯认为，"对于'非遗'影像传播而言，综合运用各类新兴媒介，进行多样化、立体化的传播扩散，能够更好发挥新媒体影像的传播效应；利用网络社区特定受众群体的集聚优势进行有针对性的传播，也有助于将传播效应

---

① 汪振军、乔小纳：《新媒体环境下传统文化传播的价值迷失与精神重构》，《新闻爱好者》2015年第11期，第31页。

② 赵卓伦：《新媒体视域下中华传统文化精神的困境与适应性重塑》，《中国社会科学院研究生院学报》2019年第2期，第85—87页。

③ 葛艳奇：《"非遗"文化在新媒体时代的呈现与传播》，《传媒》2019年第8期，第76页。

④ 杨青山、罗梅：《非物质文化遗产的新媒体传播价值分析》，《传媒》2014年第11期，第78页。

发挥到最佳状态"①。黄永林在《数字化背景下非物质文化遗产的保护与利用》一文中指出，国家和地方应建立统一的非物质文化遗产数据库系统和平台，构建非物质文化遗产资源数字化分类标准规范和检索技术体系，利用虚拟现实和可视化展示技术再现非物质文化遗产，利用新媒体技术传播非物质文化遗产。

最后是跨文化传播。田小秋认为，新媒体给我国跨文化传播带来的变化主要表现在传播内容、形式和渠道逐渐丰富，传播范围逐步扩大，具有开发性、交互性和便捷性等特点，同时在传播和内容等方面存在一些问题，应从行业管理、传播策略、人才培养等方面加以改进。②肖珺认为，新媒体影响下的跨文化传播呈现出异质性、多样化的对立与统一，传播方式共享、互动和创新，文化认知迈入数字文艺复兴等变化，其边界从民族国家进入网络社会，民族/种族文化对新媒体发展的影响、新媒体对文化/社会身份认同的影响、新媒体对跨文化传播不同方面的影响等问题成为跨文化传播新的研究议题。其还提出跨文化虚拟共同体理论，认为连接、信任与认同是跨文化传播与虚拟共同体相联系的三个维度，"共同体所必需的共同目标、身份认同和归属感在跨文化虚拟共同体中实现了互动的可能、意义的流动和价值观的理解"③。郭小霞从符号角度出发，认为新媒体重塑了跨文化传播符号，"视觉性非语言符号的强势传播引发文化的'视觉转向'，自发的跨语言符码转换所体现的文化自觉，立足本土文化符号寻求国际化编码"④。孙宜君阐述了跨文化传播中的伦理困境，认为新媒体语境下跨文化传播面临着文化信息不平衡、文化霸权主义强化、种族偏见、文化认同危机等问题，跨文化传播应当遵循公正平等、自由自律、尊重互敬、宽容共存等原则，进一步提高跨文化传播的能力与效果。

新媒体的产生和发展还对艺术传播产生了影响，其中以影视、音乐为研究对象的文章最多。首先，新媒体促进了影视文化的变革。柴焰等认为，新媒体技术使得影视艺术创作方式发生转变，"具体表现在审美表现场景化、审美体验深度沉浸、审美关系交互性与审美传播跨媒介融合"⑤等方面。张帅认为，新媒体语境下的影视文化传播应当"利用多种媒介形态聚合传播，以受众需求为导向，创建影视文化品牌"⑥。凌燕认为，影视文化价值观的传播呈现出初级文本、次级

① 陶赋雯：《非物质文化遗产影像传播探究》，《福建论坛（人文社会科学版）》2014年第8期，第75页。
② 田小秋：《新媒体与我国的跨文化传播》，《传媒》2013年第4期。
③ 肖珺：《跨文化虚拟共同体：连接、信任与认同》，《学术研究》2016年第11期，第42页。
④ 郭小霞：《浅谈新媒体时代跨文化传播符号的塑造与解读》，《新闻知识》2013年第9期，第39页。
⑤ 柴焰、杨馥华：《新媒体时代影视艺术的审美转变》，《中国高校社会科学》2020年第1期，第144页。
⑥ 张帅：《新媒体语境下影视文化的传播策略研究》，《当代电视》2018年第1期，第87-88页。

文本和三级文本的三级传播模式，影视文化价值观也直接受到互联网文化的影响。[①] 其次，新媒体对于音乐文化的建构和传播具有重要作用。程辉认为，新媒体时代下音乐文化传播具有快捷性、大众性、互动性，音乐人应当"占领新媒体空间，积极打造音乐文化"[②]，在传统音乐文化的基础上进行创新，利用新媒体推广音乐文化，并加强对音乐文化的保护。此类文章还有陈辉的《新媒体时代网络音乐文化传播特征解析》、范明磊的《新媒体时代音乐传播的现状与转变》、马梅等的《新媒体时代古风音乐的发展及其文化意义——基于青年亚文化的视角》等。

六、　文化产业研究

这一方向的研究主要涉及新媒体给文化产业带来的影响与变化。陈少峰等认为，互联网文化产业具有巨大发展潜力和市场价值，但也存在规模化负担、同质化竞争、过度投资需求、传统文化转型压力等一系列问题，互联网文化企业"需要树立互联网思维，重视内在积累"[③]，建立正确的商业模式，充分应用互联网技术，线上线下结合发展。郭鸿雁认为，新媒体应不断推动媒介整合与文化产业发展，确定传媒经营的市场定位，"提高传媒经营的市场化、国际化、产业化、社会化和组织化，加快传媒产业制度创新与技术创新"[④]。向勇等认为，由新媒介技术引发的"泛媒介革命"扩展了文化产业、泛版权经济、文化资讯等发展和创新创造空间。[⑤] 祁述裕认为，高新技术成为传统产业升级的重要动力，媒体产业应逐步走向融合，形成多样化产业链，随着"边缘与核心之间界限的模糊和淡化"[⑥]，文化产品应逐步进入国际高端文化市场。张铮等认为，信息技术的迅猛发展催生了多种新媒体形态与传统文化产业的结合，"改变了传统文化产业的制作方式和传播平台，赋予了文化产业在数字化时代的新内涵"[⑦]，新媒体成为文化产业发展的重要载体，促使文化产业整合、重构与结构升级。孙晶华等认为，新媒体技术影响下的文化产业具有数字化与互动性等特征，经济、科技、文

① 凌燕：《新媒体语境下影视文化价值观的传播》，《中国广播电视学刊》2015年第12期。

② 程辉：《新媒体时代音乐文化传播研究》，《新闻战线》2014年第12期，第223页。

③ 陈少峰、侯杰耀：《互联网文化产业的挑战与对策》，《北京联合大学学报（人文社会科学版）》2016年第2期，第8页。

④ 郭鸿雁：《传媒经济运营与文化产业发展》，《经济研究导刊》2008年第3期，第184页。

⑤ 向勇、皇甫晓涛：《泛媒介革命的内容生产与新媒体的文化创新》，《北京联合大学学报（人文社会科学版）》2012年第4期，第76页。

⑥ 祁述裕：《我国文化产业发展的几个重要特点》，《山东社会科学》2009年第2期，第11页。

⑦ 张铮、熊澄宇：《新媒体对文化产业的全方位影响》，《新闻与写作》2007年第5期，第29页。

化的多维互动表现在构建资源共享交互平台、调整产业结构、延伸产业链、扩大创意文化产业的发展新平台等方面，文化创意产业应当"提升创意自觉性，开展新媒体实践"[1]，将新媒体技术充分运用于文化创意产业之中，提升科技与文化的互动效率。

第二节　新媒体文化研究发展

新媒体文化研究随着新媒体的发展不断出现新的议题，在研究成果数量不断增加的同时，研究质量有所提高，研究内容也有所拓展，使用新的研究方法、视角和手段成为新媒体文化研究发展的新趋势。

一、　新媒体文化研究现状

笔者以"新媒介文化"或"新媒体文化"为主题词，在中国知网资源库（期刊、学术辑刊、报纸、国内外会议、硕博士学位论文）进行检索，发现1994—2023年共有791篇文献，发表年度趋势见图5–1。

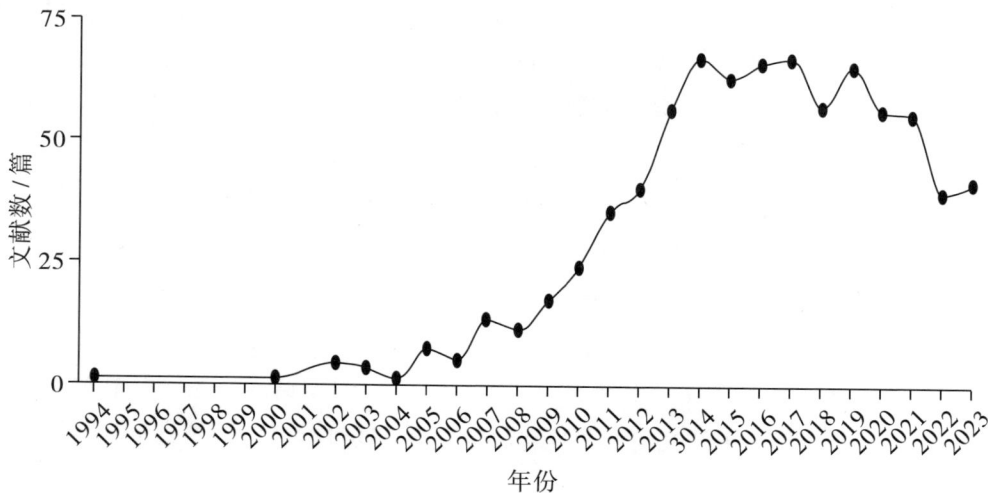

图5–1　文献发表年度趋势（主题词："新媒介文化"或"新媒体文化"）

从发表量上不难看出，自2014年至2021年，发表量都处于一个相对较高的水平，2022年略有回落。

---

[1] 孙晶华、杜丹冰：《新媒体技术与文化创意产业的多维互动》，《出版广角》2018年第21期，第85页。

主要主题分布显示，新媒介相关文献数量最多，其次是新媒体文化、新媒体、新媒介环境（见图 5 - 2）。

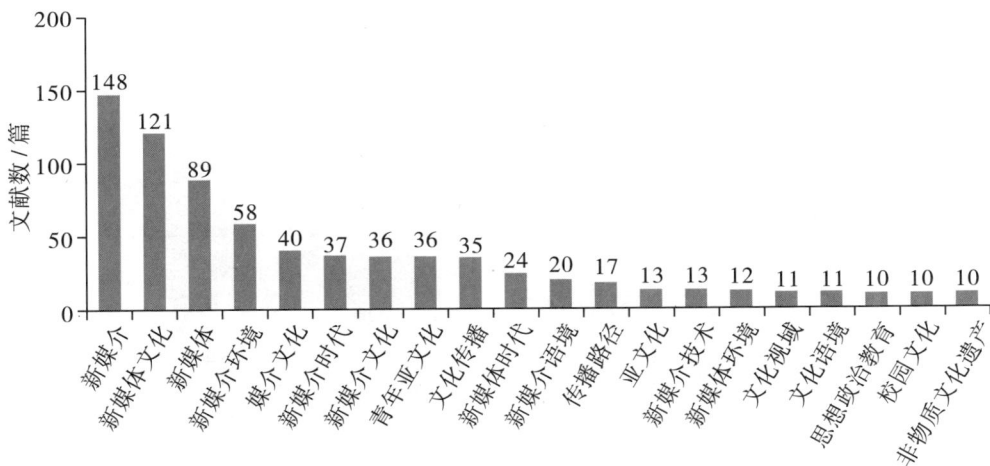

图 5 - 2　主要主题分布（主题词："新媒介文化"或"新媒体文化"）

由学科分布可知，新闻与传媒领域的发表量最大，其次是文化领域（见图 5 - 3）。

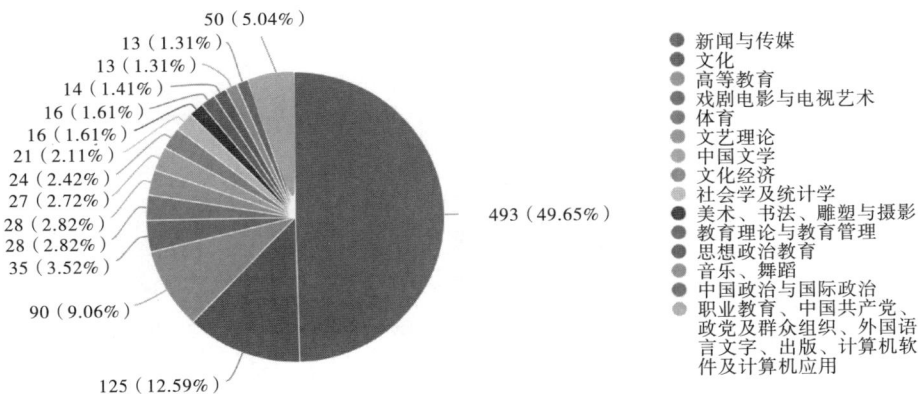

图 5 - 3　学科分布

从研究层次分布不难看出，应用研究相关文献相对较多（见图5-4）。

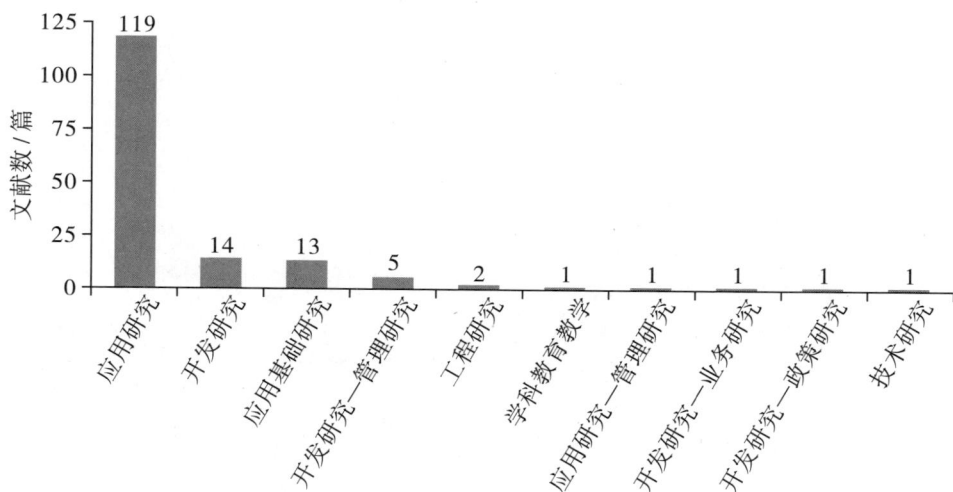

图5-4　研究层次分布

从中国作者分布可以看出，暨南大学曾一果教授和复旦大学陈霖教授排在前列（见图5-5）。

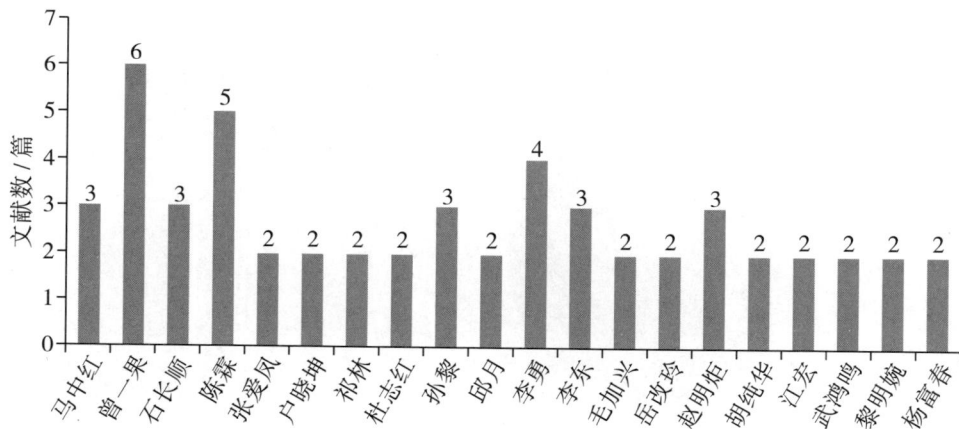

图5-5　中国作者分布

从机构分布可以看出，苏州大学、中国传媒大学和复旦大学位居前三（见图5-6）。

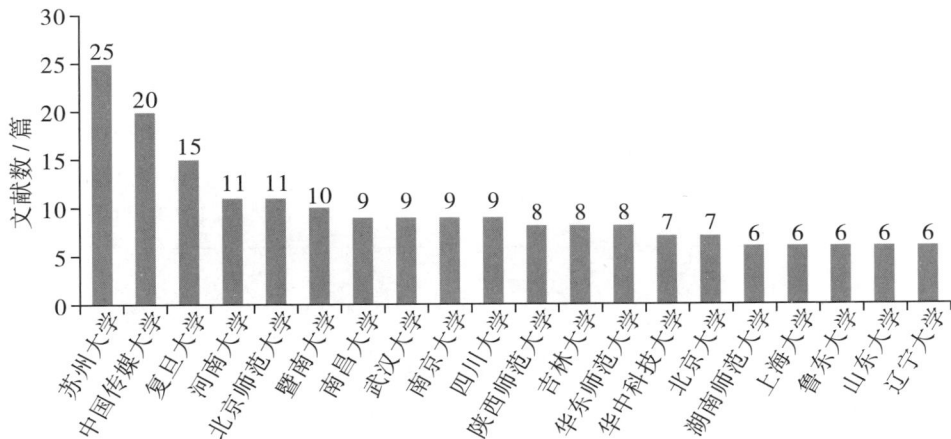

图 5-6　机构分布

笔者又以"网络 * 亚文化"为主题词进行搜索，检索到1998—2023年共有1 418篇文献。从发表年度趋势来看，2021年前数量不断攀升，之后稍有回落（见图5-7）。

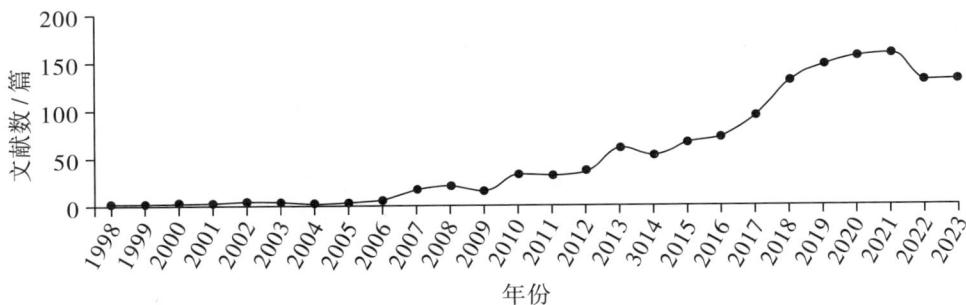

图 5-7　文献发表年度趋势（主题词："网络 * 亚文化"）

由主要主题分布可知，青年亚文化、网络亚文化、亚文化为研究热点，发表量位居前三（见图5-8）。

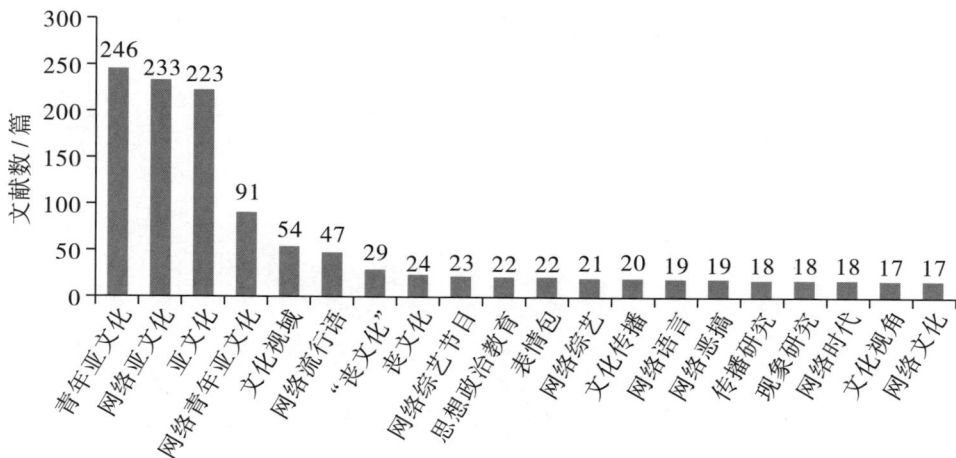

图5-8　主要主题分布（主题词："网络*亚文化"）

二、 新媒体文化研究趋势

随着智能化传播的广泛应用，新媒体文化将会发生很多变化，由此带来的是研究对象的改变、研究内容的扩展。同时，在运用文化学研究方法的基础上，新的研究方法也逐渐被越来越多的学者采用。

（一）研究内容

1．文化本质

相比于传统传播学及"人"的传播行为，智能推送、智能传播会影响文化的本质问题。从传播学来看，现今对传播的定义限于"人"的范畴，一切传播行为和活动指的是"人"的行为；从文化学来看，人与人之间的相互交往形成了"文化"，"人"是形成文化的核心，而智能化传播以机器推送为主要传播渠道，传播动作的发出者是机器而不是"人"。那么，智能时代是对文化的终结吗？智能传播时代应如何定义文化？由此问题进而生成以下几个问题：第一，人与人之间的交往产生了各种物质、精神、制度、行为等，机器与机器的交往会产生什么？第二，这些生成之物究竟属于人还是机器？文化的生成是一个极为漫长和复杂的过程，与社会环境、历史背景等有着多方面的联系，是不可能操控的。但是智能化传播可以精准计算出人们需要什么样的文化，并满足人的需求，这就引申出第三、第四个问题：依靠机器运算生成的文化的合理性如何？这些生成之物是否可以算作文化？

2. 文化伦理

如上所述，文化不是一蹴而就的，它反映了一定历史时期内的社会心理及意识形态，可以说是"时势造英雄"。人只能在一定范围内创造文化或适应文化，文化的发展不以个人的意志为转移，是"大势所趋"，代表了一个群体在一定时期内的集体无意识。而智能传播下文化的可塑性逐渐增强，文化沦为一种算法，只要掌握形成文化的语言，就可以操纵它的生成和传播。因此，需要关注技术垄断导致的文化专制，避免文化成为一部分技术主义者的工具，将互联网与新媒体变为"楚门的世界"。与此同时，智能传播下，文化的可控性在降低，面临着失控的危险，主要体现在两个方面：其一，机器交互所产生的文化是未知的；其二，人可能被机器产生的文化奴役，加重人的异化，例如智能技术普及的同时忽视了老年人等弱势群体在社会的生存。因此，如何避免技术垄断可能造成的灾难，以及人在智能传播下主观能动性的发挥，是新媒体文化伦理面临的两大问题。

3. 文化多样性

新媒体文化的多样性同样面临挑战，主要体现在文化形成和文化传播方面。钱穆认为，地理环境会对生活方式产生影响，而生活方式会影响到文化精神，这也是文化呈现多样性特点的重要原因。新媒体环境下，文化呈现出"快"的特点，即生成快、传播快、消失快，无法长久，且对于现实生活的影响，例如语言、行为等方面是趋同的，没有地域、民族、群体之分。在文化传播方面，新媒体对文化传播具有一定选择性，贴合用户心理、满足用户需求、具备市场潜力的文化会广泛传播，不符合其标准的文化则不被重视，这就对我们已有的文化传播造成了负面影响。在一定程度上，媒介建构的世界影响了用户对事物的看法，这种完全以市场为导向、忽视文化内在发展潜力的行为，不利于文化的多样性发展及传承。

4. 身体与媒介文化

媒介文化中的身体问题是新媒体文化研究的又一趋势和方向。传统媒介理论和文化理论中，身体是缺席的，属于离身研究。随着新媒体及社交媒体的发展，身体在传播中占据越来越重要的比重，并且逐渐成为研究新媒体文化、媒介文化的又一视角。身体介入的媒介文化研究产生了许多新问题，例如：新媒体环境下，用户的身体究竟属于谁？身体在媒介文化形成中起到哪些作用？身体的介入会使文化的形成与传播发生哪些改变，有哪些积极与消极的影响？如何应对因身体的利用而形成的非理性行为和非理性文化？这些问题都值得进一步探讨。

（二）研究方法

大多数学者采用传统的文化学研究方法进行新媒体文化研究，例如田野调查法、文献法、比较法。随着大数据、智能传播的兴起，新的研究方法逐渐被部分学者采用。例如，李欣哲在《面向认知效率的〈诗经〉情感可视化设计及其评测研究》一文中将定性研究和定量研究相结合，对《诗经》情感信息进行抽取，为情感可视化设计做准备，同时采用启发式评估法"对《诗经》情感可视化设计的视觉表现和交互机制进行评测，评估《诗经》情感可视化设计的交互和界面可用性，从而总结《诗经》情感可视化对于中国传统文化的传播效果"[①]。孙信茹在《微信的"书写"与"勾连"——对一个普米族村民微信群的考察》一文中采用网络民族志形式，记录了云南普米族乡村一群年轻人的微信使用和微信群活动，认为"个体在生活空间与网络虚拟空间之间自由转换，乡村个体意识与族群信念交织融合，在村落内部和村落外部实现更为紧密和多元的互动"[②]。徐智等在《网络女性自治区中的性别歧视内化——自媒体美妆视频中的女性嫌恶现象及批判》一文中采用参与式网络观察和深度访谈法，认为"当下性别话语深刻地受到来自社会结构和技术权力的双重塑造"[③]。薛可等在《新媒体与公民参与的关系建构——基于公共领域理论视角下的环境类事件分析》一文中"以 PX 建设中青岛与宁波公民为对比研究对象，采用调查法、案例研究法、对比研究法等探讨新媒体对公民参与度的影响"[④]。

综上所述，新媒体文化研究大多数还停留在传统的媒介文化研究、文化产业研究等方面，随着大数据、人工智能等领域的兴起，个别学者已经将研究目光投向新的方向。新媒体文化研究呈现跨学科、跨领域的特点，研究内容不再局限于传统的文化学、媒介学范畴，而是将传播学与计算机相结合，形成新的学科——

---

① 李欣哲：《面向认知效率的〈诗经〉情感可视化设计及其评测研究》，哈尔滨工业大学硕士学位论文，2016 年。

② 孙信茹：《微信的"书写"与"勾连"——对一个普米族村民微信群的考察》，《新闻与传播研究》2016 年第 10 期，第 6 页。

③ 徐智、高山：《网络女性自治区中的性别歧视内化——自媒体美妆视频中的女性嫌恶现象及批判》，《国际新闻界》2019 年第 6 期，第 145 页。

④ 薛可、王丽丽、余明阳：《新媒体与公民参与的关系建构———基于公共领域理论视角下的环境类事件分析》，《西南民族大学学报（人文社会科学版）》2014 年第 2 期，第 171 页。

计算传播学，注重将理论研究与媒介技术充分结合，探讨新媒体文化在智能传播下的新变化。郭小平等认为，"智能推荐运用了场景洞察、情感计算及用户需求挖掘等计算传播手段，补偿了传统视频媒体的不足，并呈现'人性化'传播特征，实现了短视频文本和用户需求的数字联结与精准匹配"①。李欣哲在《面向认知效率的〈诗经〉情感可视化设计及其评测研究》一文中将《诗经》的情感通过可视化的方式呈现出来，"实现基于用户视角的情感数据的过滤与选择、可视界面的平移与缩放的可视化交互设计"②。

第三节 价值输出与文化认同

本节我们以 B 站为例，探讨网络文化的建构与融合及其产生的社会影响。B站自"2020 跨年晚会"之后，于同年 5 月 3 日五四青年节前夕又推出演讲《后浪》，这两次成功的"出圈"说明了什么呢？成功的背后是一种什么样的力量使然？我们不妨来解构一下，或许它可以给我们一些启示，进而从文化融合的角度出发助力媒体融合。

一、B 站的文化图谱与内容生产

B 站（bilibili）由资深二次元爱好者徐逸创办于 2009 年，是以大量 UGC 和PGC 视频为主要内容的二次元社区网站，其最大的特色在于悬浮于视频上方的实时评论功能，即"弹幕"，B 站的青年亚文化风格在很大程度上是通过"弹幕文化"呈现的。

（一）用户群体及其文化特征

2022 年中国泛二次元用户规模高达 4.9 亿人，以"90 后""95 后"年轻人为主（数据来源于 CIC 灼识咨询《2022 中国二次元内容行业白皮书》），其中 B站 82% 的用户来自 Z 世代（指 1995—2009 年出生的人）（数据来源于 QuestMobile《Z 世代调查报告》）。B 站的受众用户呈现年轻化、高学历、物质基础较好、高活跃度、高用户黏性、高忠诚度的群体特征。

---

① 郭小平、张小芸：《计算传播学视角下短视频的类型化推荐及优化策略》，《电视研究》2018 年第12 期，第 32 页。

② 李欣哲：《面向认知效率的〈诗经〉情感可视化设计及其评测研究》，哈尔滨工业大学硕士学位论文，2016 年。

在人人皆为"传播主体"的新媒体环境下，创作和传播门槛极大降低，新媒体"去中心化"传播模式更便利受众之间的相互交流，青年亚文化群体的娱乐化表达方式和文化场域呈现出娱乐性、相关性、主体性、视觉性、即时性和风格化的文化特性。一是善于借助新媒介进行感官享受和创作，以及获取自我愉悦和内部狂欢；二是善于运用图像符号、动作符号、文字符号隐性地塑造自身媒介形象；三是出于对新媒体更强的观察力、适应力和利用力，其更善于利用亚文化符号来突出自身主体性；四是具有独特视觉感悟和审美需求的青年亚文化群体更善于运用多元视觉符号进行价值表达；五是更长于即时捕捉社会事件和动态、采集和编取瞬息的信息图像，以便将自我与外界时刻关联；六是在构建自身形象的同时，会将个人风格化，以展现个体独特的形象特征。

（二）内容生产模式

B站现阶段已经形成"用户—Up主—内容"三者良性循环生产的生态系统。受众需要通过100道试题测试才能成为正式会员，会员可以通过发送弹幕、评论和二次创作对原有视频进行二次加工，所生成的新视频和新评论则是其他用户的观看内容；用户中会衍生出制作精良、内容丰富和风格独特的优质内容创作者——Up主，这些Up主通过制作动漫、游戏、鬼畜等视频作品走向职业化道路，以优质内容吸引用户的分享、收藏和投币。在此循环中，一方面，普通用户可以通过弹幕或二次创作丰富视频内容；另一方面，Up主也可以通过粉丝的收藏率、分享率和评论进行自我评估，以更好地调整和完善内容。

二、"出圈"中的文化认同

B站凭借优质的内容和健康活跃的社区生态持续"破圈"或"出圈"，2020年开篇的现象级节目《二零一九最美的夜》不仅引起了年轻群体的强烈共鸣，更吸引了部分"70后""80后"群体，让B站在更广泛的层面"出圈"；《后浪》演讲更是"一石激起千层浪"，褒贬不一的网络舆论再次让B站强势"出圈"，引发了网民的极大关注。

媒体融合的纵深发展带来了传播格局和生产模式的变化，主流文化的传播面临着前所未有的挑战和机遇。亚文化（尤其指青年亚文化）与主流文化的相互关系，是延续着伯明翰学派所提出的"挑战—抵抗—收编"的传统发展路径①，还是形成了国内部分学者所认为的"收编—反收编"的对垒态势，这需要我们立足现阶段的媒介生态环境，综合分析新媒体和主流媒体双方的用户群体、文化特征、内容生产以及信息传播模式等因素，以找寻文化融合的基础和契机。

文化认同是人们对于文化的倾向性共识与认可，包括文化形式认同、文化规范认同、文化价值认同三个层次。显然，B 站这两次"出圈"都在一定程度上达成了文化认同：从主流文化来看，是接纳中的认同；从非主流文化来看，是反向融合中的认同。要想"出圈"，建立文化的倾向性共识与认可十分重要。

B 站聚集了各类亚文化群体，以自身的文化内容为中心进行创作、社群式互动分享、仪式性狂欢等行为，最后形成了一个个不同文化的社群。随着媒介融合的加快，文化融合成了必须面对的问题。文化自身具有多元性，不同文化的背景不同，导致融合起来困难重重。彭兰认为："在传统媒体向新媒体转型以及新老媒体的融合过程中，文化性的障碍是关键障碍之一。"② 其实新媒体的生存发展，也面临着能否被主流文化接受的文化性障碍。

亚文化圈层不因利益结合，只因信仰自发聚集，强调精神共鸣，这部分用户并不在意文化融合，而是致力于保障自己所处空间的舒适度及信仰不被破坏，因而在融合过程中他们是被动的。至于那些非原社群用户群体，他们对破壁后所进入的新圈层的认同感是不强烈的。他们强调对原有圈层的认同感，青少年群体的孤独封闭感让他们对亚文化圈层有相当强的依赖感、认同感。为了突破这种文化壁垒，达成对主流文化的认同，B 站做了大量的创新探索。

B 站不断推动内容产品的多元化发展，在纪录片领域的深耕尤其令人瞩目。B 站相继捧红了《我在故宫修文物》《人生一串》等纪录片，为纪录片行业的发展提供了广阔的舞台与空间。B 站还是一个很好的学习渠道，很多人通过 B 站学习穿搭、化妆、电子竞技、编辑图片与视频等。B 站一个最重要的特色是弹幕：一方面，弹幕是一种不可忽视的青年亚文化；另一方面，弹幕让人更有参与感、认同感。互动，是 B 站成功的必要条件，但还不是充分条件。

B 站"2020 跨年晚会"是与新华网联合主办。有人说，此次跨年晚会"很懂年轻人"；有人说，B 站的媒介语言是对机构新闻的重要弥补，既涨知识又具娱乐性，可填补受众需求；也有人说，相对于用户群体更多是乡镇青年的抖音、

---

① ［澳］肯·格尔德著，子玉译：《伯明翰学派：开创亚文化研究的新领域》，《国外理论动态》2013 年第 10 期，第 49 – 53 页。

② 彭兰：《文化隔阂：新老媒体融合中的关键障碍》，《国际新闻界》2015 年第 12 期，第 125 页。

快手，B 站的视频参与者在创作上更贴近社会生活，更有文化交流和知识学习的味道。B 站是兴趣社区的逻辑，是去中心化的。一篇稿件发上去，粉丝自己会造梗，相当于二次创作。Up 主跟粉丝在共同创作内容，或者说共同打造一种氛围、一种文化。这跟优酷、爱奇艺、腾讯视频以及今日头条完全不一样。

文化认同不是讨好一方而放弃另一方，而是找到主流文化和亚文化的最大公约数。当老少观众都能欣赏方锦龙与洛天依的合演时，就有希望看到"出圈"背后的文化破壁与认同。

三、 抵抗引发的传播裂变

文化传播要通过艺术创新来达成，B 站为此采用陌生化的反差策略。"艺术的技巧就是使对象陌生"，源于俄国文艺评论家什克洛夫斯基的"陌生化"理论是俄国形式主义文学理论的核心概念。[①] 随着"陌生化"理论的不断延伸和发展，它对于诗歌、戏剧和电影等文艺创作的指导意义越发明显。新媒介技术的发展彻底打破了传统媒介所营造的传播环境，传播主体试图以一种不同于以往且耳目一新的形式为受众构建一种全新的视觉、听觉和触觉体验。"陌生化"所营造的"距离感"是艺术加工后的内容与社会常态之间的一种反差，此种反差在很大程度上满足了受众求异、求新、求奇的审美趣味。

就传统主流媒体而言，其报告式、说教式和灌输式的传播模式早已不再适应新的媒介环境，近些年各大主流媒体充分发挥新媒体的表现方式、语言特色和传播模式，对"刻板印象"进行"改造"，例如中央电视台的《主播说联播》，又如《人民日报》、央视新闻入驻各大短视频平台和 B 站，一改传统主流媒体严肃、高冷的媒介形象，打造了贴近群众、贴近生活、贴近心理的新形象，这在很大程度上促进了主流文化的传播和发展。

面对商业网站同质化严重的媒介生态环境，受众很难进行有效的选择和使用，更难产生新鲜的审美感受和观看体验，B 站以其"二次元""亚文化""吐槽君"社区的媒介形象进入受众视野，改变了以往商业网站的"刻板印象"，从而产生了全新的审美体验。例如，B 站发表《后浪》演讲，打破了以往年轻群体为自己代言的常态化思维，运用何冰"长辈"的身份为年轻人发声和呐喊，通过他者的视角塑造自我的媒介形象。极具话题性和争议性的《后浪》一经播出就引发了传播裂变，释放了巨大的舆论能量，此种传播效果是一种形象反差利用的体现。

---

① 杨燕：《什克洛夫斯基"陌生化"理论新探》，《俄罗斯文艺》2012 年第 2 期，第 30－34 页。

传播内容的"陌生化"需要从两个维度考察:一是对于受众而言,传播内容本身是陌生、不熟悉或前所未闻的;二是传播内容本身是受众知晓甚至周知的,但传播主体通过新的媒体技术、不同的呈现视角、多元的叙事方式对其进行"拼贴"或者"重构",使其变得具有新鲜感、新奇感或陌生感,从而与受众意识中的"印象"产生强烈"反差",为受众找寻新的认知点和欣赏点。"后浪"现象下的"陌生化"运用主要体现为叙述主题的"反差"、叙述视角的"反差"以及呈现形态的"反差"等。然而,主流文化对其接纳的过程并不顺利。《后浪》的爆火引发了一众网友讨论。宣传色彩加持下的传播内容具有夸大渲染的意图,不少"前浪"表示这样的传播内容过分讨好年轻人,经由主流媒体再传播是一种没有意义的文化融合,因而形成了文化抵抗。文化认同遇到了文化抵抗,似乎不是一件好事,然而有道是"失之东隅,收之桑榆",这种抵抗引发了争议,有人支持有人反对,有人围观有人转发,越来越多的人参与到这一文化事件中来,从而形成了传播裂变。有人觉得奇怪,《后浪》只不过是不到四分钟的演讲,何以激起轩然大波?其实这个作品只是引子,大量解读和爆文才是主要的传播内容。更多的议题设置引发更多的争议,形成的传播裂变由此释放了巨大的传播能量。

可见,要想获得文化认同,必须打破抵抗,避免内容过硬。市场方面,要考虑主流用户的特质,避免偏颇迎合。要利用主流文化地位,加强主流媒体参与感,提高策划水平,让不同的文化经由各大传播渠道渗透到各大圈层,进而完成"出圈"。

四、"出圈"给媒体融合的启示

从 B 站的案例中我们可以发现,媒体融合不是一蹴而就的,也不是几个不连续的高峰可以改变的,而是一场持久战。要摸清主流文化与非主流文化的边界,从双方立场出发,加强认同,消除抵抗。

(一)融合需要安全感,更需要认同感

一直以来,主流媒体的传播内容都强调"安全感",在很多具有典型文化特色的活动中,主流媒体并没有为爆点发声,只为了安全播出,错过了许多文化融合传播的内容。这既有政策因素,也有心理问题,让非主流群体产生了疏离感和不信任感,加剧了文化抵抗。如今反向融合积极主动,B 站的"出圈"起到很好的借鉴作用;正向融合则正在加强,以直播带货为例,《人民日报》、央视等传统主流媒体与互联网平台的合作日益频繁。未来主流文化应更多收编

游戏、动漫等亚文化，既要安全感，也要认同感，主动出击，放下戒备，更好地促进融合。

（二）把握基调，赢得共鸣

在内容基础坚实的情况下，找准自身定位，把握基调，融个性于共性中。B站的"出圈"是具有典型意义的，在文化"出圈"的过程中要想保留这份个性又融于共性，需要对内加强联系、对外创造联系。《后浪》虽被部分业内人士认为宣传色彩浓厚，但它通过画面展示了B站的文化底蕴，在一定程度上创造了各方都能够接受的文化认同。这就是创造联系的一个很好途径，未来我们不光要强调怎么做，还要让更多的人意识到怎么做，将"出圈"的主动权交给核心用户群体去创造。B站的未来，一方面取决于它自己，另一方面取决于受众。

（三）多环发力，打造立体化融合型平台

从早期的亚文化，社群分享，鬼畜、弹幕文化，Vlog到纪录片等，B站的内容推广到各大平台，这些平台纷纷效仿，形成热度，不断营销。这种由内容引发的融合现象本身就是一种圈层破壁，通过文化策划和内容链接，从二次元群体拓展到更普遍的社会大众，小众内容也被大众所吸纳。我们不难预测，B站从小众网站走到大众视野只是时间问题，未来我们所看到的文化内容也将是多元的，会融合不同圈层的思想理念。要想更好地"借船出海"，就需要不断打破各种文化圈层，通过融合形成新的文化结构。

B站成功"出圈"给我们的启示是，文化融合不是一帆风顺的，往往认同与抵抗同在、裂解与聚合并行。聚合积攒能量，裂解释放能量。文化融合也不是一蹴而就的，从抵抗到认同是需要过程累积的，从B站的案例反观传统媒体的文化融合，需要改变的除了行为还有意识。一方面，要利用好自身条件，看清自身弊端，"借船出海"，借力"出圈"；另一方面，要加速正向融合，改变被动依赖，促进双向融合，突破屏障，通过文化融合助推媒体转型。

第四节　网络语言的智能治理

网络语言是网民们为了提高网上聊天的效率或诙谐、逗乐等特定需要而采用的特定语言。随着互联网技术的革新，这种语言形式在互联网媒介的传播中有了极快的发展，越来越成为人们网络生活中必不可少的一部分。但是，网络语言的

迅速发展也带来了许多问题，本节尝试应用网络技术建立网络语言规范智能管理模式，以供网络语言规范的社会治理使用。

一、　网络语言发展概述

网络语言是指从网络中产生或应用于网络交流的一种语言，包括中英文字母、标点、符号、拼音、图标（图片）和文字等多种组合。这些组合往往在特定的网络媒介传播中表达特殊的意义。郑远汉认为，网络语言是"网民之间上网聊天时用来彼此传递信息的一些特别的信息符号和用法"[①]。施春宏认为，网络语言是"网民在聊天室和网络论坛上的交际用语"[②]。陈建华认为，"网络语言是指网民们在使用网络的过程中，新创并广泛使用的词语"[③]。根据各学者对网络语言的不同定义，我们可以找到其中的几个关键词：网络、交流、符号。因此，笔者将网络语言定义为人们在网络空间（社会）交流中所产生、使用的一种满足于网络交流的约定俗成的符号样式与规范。

以生成空间为划分标准，网络语言可以分为三类：在线上生成和传播的；在线下生成、线上传播的；由机器即人工智能生成的。以形态样式为划分标准，广义的网络语言可以分为三类：文字语言、符号语言（表情包）、机器语言（机器翻译或生成的网络语言）。文字语言是指与文字对应的网络语言，例如各种网络流行语、网络热词、网络段子、火星文等，它们主要产生于社交网络空间。符号语言主要指的是表情包。张宁认为，表情包"是一种网络表达符号，多为静态图片或者 GIF 动态图片，既有表情、动作，也可含有文字，意义简洁直接，表达诙谐有趣，更兼一目了然、互动快捷的特点，仅仅一图就有丰富的社会文化意蕴，已经成为当今网络各类社交平台最常见的沟通符号"[④]。例如笑 cry，emoji 表情之一，本意是笑哭，表达的是哭笑不得或者笑到要哭了，表明正在说的某件事或者某种行为让人觉得哭笑不得或者很好笑。何洪峰认为，"网络语言的认知特征是，网络语言需要在不同的符号体系之间进行心理认知的跳跃与联想，要超出常规的

---

①　郑远汉：《关于"网络语言"》，《华中科技大学学报（人文社会科学版）》2002 年第 3 期，第 102 页。

②　施春宏：《网络语言的语言价值和语言学价值》，《语言文字应用》2010 年第 3 期，第 71 页。

③　陈建华：《网络语言的发展及其规范》，《福州大学学报（哲学社会科学版）》2004 年第 1 期，第 75 页。

④　张宁：《消解作为抵抗："表情包大战"的亚青年文化解析》，《现代传播》2016 年第 9 期，第 126 页。

系统与规范"①。表情包在语言表达上由于具有较大的模糊度，因此会产生更为独特的传播效果和认知特征。机器语言指的是 AI 主播，它是人工智能的产物，文字可以通过机器变成视听语言，例如知乎的文字图片转语音视频功能。

学者们对于网络语言存在着诸多争议，持乐观态度者认为，网络语言符合网络信息传播迅速的特点，它简洁的表达便于网民迅速掌握和使用，它快捷、有趣、调侃的特点能给交流带来轻松氛围，同时它也扩充了中国语言文字的表达方式和社会交流方式。张薇等认为，网络语言具备社会方言的属性——语言使用者的社会特征、特定的交际场合，"与其他社会方言一样，网络语言中的某些成分也可以传播开来，被全民使用"②。张云辉认为，"网络语言为社会变体和功能变体交叉的一种语言变体形式"③。反对者则认为，网络语言会对青少年价值观产生消极影响，侵蚀传统伦理道德文化，破坏传统汉语言文字规范，使交流产生障碍，不利于文化传承。

笔者认为，对网络语言的评价应当一分为二，那些生动、活泼的语言理应得到广泛推广与使用。网络语言是网络文化的重要组成部分，在新媒体技术运用背景下，网络则是青年亚文化的主要阵地，作为亚文化的重要组成部分，有些网络语言从亚文化走进主流文化，成为交流及文化传播的常用语言。"伴随计算机传播媒介而衍生的网络语言是一种典型的青年亚文化现象，它的创制和使用既体现了青少年网民的生理—心理特征，同时更为重要地反映出亚文化与主流文化之间暧昧复杂的结构性关联，它们之间既对立又有着潜在一致性的辩证关系决定了创制网络语言的两种方式，即拼贴与同构。"④ 例如给力、点赞等。但是，网络语言中消极、恶俗、哗众取宠、具有危害性、不利于交流的语言，以及由此产生的网络语言暴力、网络谣言等，应及时从网络语言中过滤掉，这是净化互联网空间与网络语言治理的重点。

语言作为承载、传播文化的重要媒介，其使用规范不容违背，"语言文字事业具有基础性、全局性、社会性和全民性的特点，事关国民素质提高和人的全面

① 何洪峰：《从符号系统的角度看"网络语言"》，《江汉大学学报（人文科学版）》2003 年第 1 期，第 74 页。

② 张薇、王红旗：《网络语言是一种社会方言》，《济南大学学报（社会科学版）》2009 年第 1 期，第 28 页。

③ 张云辉：《网络语言的词汇语法特征》，《中国语文》2007 年第 6 期，第 531 页。

④ 肖伟胜：《作为青年亚文化现象的网络语言》，《社会科学研究》2008 年第 6 期，第 192 页。

发展，事关历史文化传承和经济社会发展，在国家发展战略中具有重要地位和作用"①。网络语言虽是一种特定场景使用的语言，但由于现实中的人已经无时无刻不处于"线上"状态，它不仅对网络社会交流产生影响，同样也对现实社会互动产生影响，已经渗入我们的日常生活。因此，对于网络语言的治理不仅关系到文化传承，也关系到社会能否有序发展、能否长治久安。

关于网络语言治理，采取行政和法律手段是目前研究的主要方向，实名制、完善法律条文、加大执法力度成为主要的治理措施。陈晗婧认为，"治理网络语言暴力行为必须改变匿名性、推行实名制，追究行为人责任，并加强对网络空间的言论监管，以制止网络从众行为的发生"②。陈丽湘认为，"媒体语言治理要统筹各方力量，使政府、社会、公众形成治理共同体，加强各主体之间的督促、衔接和协调，实现媒体语言治理的资源整合和力量融合"③。赵子毓在《网络语言传播与治理研究》一文中指出，相关部门应分层对不同网络空间进行规范，执法部门应加强监管与规范。谢天长等人在《网络语言暴力治理的法律对策》一文中，围绕网络语言暴力的法律范畴、建构网络实名制、厘清网络语言暴力中各方责任三方面，论述了依法治理网络语言暴力的基本思路与具体做法。王羽栋认为，"在明确网络语言暴力成因的基础之上，通过政府主导、技术手段、法律保障以及全社会协同参与四个层面的手段，可以形成一条层次分明、职能明确的治理路径，从而有效地对网络语言暴力问题进行治理"④。除此之外，应给网络语言以正确的舆论引导，塑造正确的价值导向，"加强网上舆论引导，控制、减少各种'噪音'"⑤，净化网络空间。另外，还可充分发挥网民的主观能动性。网络运营者应增强自律意识；网民对网络语言的使用应有所甄别，而不是全盘接受。

综上所述，行政和法律手段是现阶段网络语言治理的主要举措，但是，这两种手段具有滞后性，往往跟不上具体情况，且前瞻性不足，有效手段较少。以往的研究将网络语言放在"语言治理"范畴探讨，针对其产生的不良影响提出行政和法律对策，但是，笔者认为网络语言治理不只是语言问题，还是技术问题，应将网络技术应用于网络语言治理之中。

---

① 《教育部 国家语委关于印发〈国家中长期语言文字事业改革和发展规划纲要（2012—2020年）〉的通知》，http://www.moe.gov.cn/srcsite/A18/s3127/s7072/201212/t20121210_146511.html，2012年12月10日。
② 陈晗婧：《集群行为视野下网络语言暴力行为与治理》，《福建警察学院学报》2015年第3期，第50页。
③ 陈丽湘：《政策网络视域下的媒体语言治理初探》，《中国广播电视学刊》2021年第6期，第42页。
④ 王羽栋：《网络语言暴力的治理路径探析》，《广西科技师范学院学报》2019年第4期，第83页。
⑤ 金君俐：《网络语言暴力的成因和对策初探》，《新闻实践》2009年第4期，第64页。

二、 网络技术助力网络语言治理

第一，网络语言的产生与网络技术的发展有着密切的关系，是网络技术的具体应用。语言"是用一定的声音和文字形式去标记事物或思想，从而获得意义"[①]，人类语言产生于具体的实践和人际交往活动中，任何社会发展形态下的语言，都与其使用的工具与技术有着密切的关系，以网络技术普遍应用为标志的信息社会更是如此。信息本身就是由语言组成的，且信息的交换主要是语言的交换，这里的信息主要是指狭义的信息，即音视频、图片、文字等不具有具体形态的事物。网络技术是网络语言产生的前提条件，正是有了电脑、手机等硬件设备，网络语言才有了产生的可能。另外，人与人之间通过网络技术在网络空间的交流是网络语言产生的必要条件。正是由于硬件、非技术图片处理软件、人工智能技术等的使用，文字、图片、字母、数字之间可以任意拼贴，并被赋予意义，文字与视频可以相互转换。因此，由网络技术来解决由其产生的问题，由网络技术的发展与应用弥补由其带来的缺憾，可谓"知己知彼，百战不殆"，能够迅速抓住问题的症结，指出这一网络技术应用中具体的漏洞与问题，并通过改进技术，助力网络语言治理。

第二，网络语言的海量性使采用网络技术治理成为必然选择。第 53 次《中国互联网络发展状况统计报告》（以下简称《报告》）显示，截至 2023 年 12 月，我国网民规模高达 10.92 亿人，手机网民规模高达 10.91 亿人，即时通信用户规模高达 10.60 亿人，网民平均上网周时长为 26.1 小时。网络已逐渐成为人们交流的主要渠道之一。人们的网络活动越频繁，使用网络语言就越多，总的趋势是网络语言的翻新速度不断加快，因此网络语言暴力、网络谣言等网络语言乱象也随之频出，单靠法律法规、人为筛选和自主性是无法及时处理这些海量信息的，需要利用网络技术进行筛查、过滤，能够及时跟踪、评价、反馈和调整规范。

第三，网络技术可以阻断负面网络语言传播渠道。网络语言的产生和传播离不开日常生活所使用的语言，它是将日常用语搬至网络空间，将听觉器官占主导地位的语言转变为以视觉器官为主的文字或各种形式的组合，是一种书写出来的言语。正如我们所知，"完整的成熟的语言符号应该是音、形、义的有机结合"[②]，与日常交往不同，我们在网络空间将言语转化为书写时，为了加快传播

---

① 邵培仁：《传播学》，北京：高等教育出版社，2012 年，第 183 页。
② 邵培仁：《传播学》，北京：高等教育出版社，2012 年，第 183 页。

速度，减少因书写时间产生的延迟，并没有严格遵循音形义的结合，例如文字符号偏向于"音"，文字、数字、字母等书写符号能够满足传者要表达含义的读音即可，这种拼贴顺应了网络交流的时间倾向。受者通过视觉器官（眼睛）与拼读器官（嘴巴）相结合，将书写出的符号解读出来，单个符号没有任何意义，必须结合具体语境，对书写符号或组合体进行解读。

如上所述，网络语言是现实生活语言的迁移，现实生活的变化会直接影响网络语言的产生和发展，而作为网络语言制造主体的个人，则是社会化的个体，无时无刻不接受来自社会各方面的好处或压力，情绪是多变的，并且难以捉摸，各个不同年龄阶段对于网络语言的应用和态度都是不同的，网络语言乱象是不可预测的。《报告》显示，40 岁（不含）以下的网民比例占到网络用户总数的53.4%。其中，6—19 岁占比为 15.7%，这一年龄群体属于儿童期、少年期，此阶段乐于接受新鲜事物，但还没有形成完善的是非价值取向，是主要的受影响群体。20—29 岁占比为 17.4%，这一年龄群体属于青年期，追求个性、标新立异，是网络语言的主要创造者，尤其是表情包和流行语，以及各种拼贴形成的网络语言。30—39 岁占比为 20.3%，这一年龄群体属于壮年期，是个人工作、生活压力最大的阶段，网络成为释放现实压力和负面情绪的场所，随之而来的是网络暴力和网络谣言等乱象的产生，而网络具有开放性的特点，每个用户都可以参与到生产和传播之中，因此无法从产生网络语言乱象的源头治理，也就是不能控制每一个网民不做出负面行为。但是，可以运用网络技术阻止其传播，没有传播的生产等于不存在，不会给他人及社会造成不良影响，这样既达到了宣泄情绪的目的，又保证了良好的网络环境秩序。40 岁及以上网络用户属于中年期和老年期，不易接受新鲜事物，且阅历丰富、精通为人处世之道，网络交流只是日常交流的拓展，更不会参与网络暴力，但对于某些网络谣言的甄别能力有待提升。

第四，成熟的网络技术为网络语言治理提供了坚实的条件和基础。所谓的网络技术，不仅是指网络通信技术等基础设施，更多的是指人工智能、大数据、云计算等尖端科技。这些技术已经成功地被运用到各种互联网和新媒体产品之中，通过这些技术，传播者已经精确地知道用户需求，同样也可以对那些扰乱公共秩序的网络语言进行识别、过滤。

就研究现状来看，将网络技术应用于网络语言治理的研究成果非常少。张爱军认为，"政治语言转向会破坏政治秩序和政治稳定，要采取提高人工智能技术水平、提升大数据治理水平、对网络敏感词进行技术脱敏、构建从宪法权利到具体权利的融通机制等方式对其进行再治理"①。谭天等的《基于深度学习的网络语言规范智能把关模式》一文，是目前国内将网络技术应用于网络语言治理最具实用价值的研究成果。作者将各种新近尖端网络技术相结合，提出建立基于深度学习的网络语言规范智能把关模式，主要包括三个方面：第一，建立生态语言学视域下的网络语料库。对于失范用语、非规范的网络语言进行分类与识别。第二，多模态的网络语言语义语境的自动匹配。网络语言不只是变异字、生僻字等，还包括标点符号、数字谐音、表情符号等多种样式，对于这些网络语言，应当通过深度神经网络构建一个学习网络语言的模型。通过这个模型，可以对网络语言的文本、图像等信息进行学习和分析。基于深度神经网络的模型，可以对多种信息来源或形式（模态）进行横向和纵向分析，对自动学习和深入学习有很大帮助。通过建立起的网络语言学习模型，机器可以判断哪些网络语言能够传播，哪些网络语言属于消极、负面的，并且不予通过和传播。第三，网络语言中不规范内容的识别与检测。针对网络语言暴力、网络谣言、低俗语言、敏感词等会引起社会不良反应的网络语言乱象，可以使用 Python 将网络语言自动录入程序，让机器发现并纠正网络语言中可识别的错误，并将这些错误分门别类，分别建立规范的网络语言样本集和非规范网络语言样本集，对非规范网络用语作进一步分类，使机器能够自动识别出不断生成的新的网络语言，并选择是否予以通过和传播。

综上所述，现阶段研究主要存在以下两个问题：第一，只从宏观角度呼吁重视网络技术在网络语言治理中的作用和功能，以及树立相关意识，并没有涉及如何将人工智能、大数据等技术手段运用到具体操作之中。第二，有些研究网络语言治理技术的文章，只提出了文字语言的治理方式。相较而言，音视频、图片、符号语言等网络语言形式的技术治理难度较大，目前的研究并没有涉及，因此运用网络技术治理网络语言应着重解决这一问题。

三、 基于深度学习的网络语言规范智能管理模式

"网络语言传播力强，不规范甚至低俗的网络语言绝非无伤大雅，实际上会对语言安全、文化安全、意识形态安全带来负面影响，需要高度警惕。"② 网络语言规范化不仅是语言生态文明的治理范式，也是国家发展战略的文化需求。目

---

① 张爱军：《再治理：网络技术对敏感词的屏蔽及其政治语言转向》，《河南社会科学》2019 年第 8 期，第 16 页。

② 成丕德：《净化网络语言》，《新闻战线》2018 年第 12 期，卷首。

前对网络语言规范的研究大多是思辨式讨论，缺少可以用于治理的管理模式和技术手段，我们尝试应用人工智能技术建立网络语言规范智能管理模式，以供网络语言规范的社会治理使用。

（一）建立生态语言学视域下的网络语料库

"网络语言是语言生态环境下语言多样性的体现。"① 网络语言因应网络而产生并发展，"自由创造、使用和传播，但使用中约定俗成"是其典型特征。"网络语言不再作为单一的网络术语而存在，它是网络中和网民们约定俗成的表达方式。"② 2014 年，我国第一部全面贯彻《通用规范汉字表》的语文词典《现代汉语规范词典》再版，其中收录了诸多网络流行词，如"吐槽""失联""正能量"等，而一些不符合语法规范生造的缩略形式的网络热词没有被收录，仅少数网络语言能够进入主流媒体。多样性的网络语言规范需要制定明确的标准体系，因此，顺应网络语言的快速发展，首先要建立当下流行的网络语料库。

大规模网络语料库的平台建构可从生态语言学视域中的多层次研究路径入手，对其进行宏观的系统性分析研究。"对积极的、有利于网络语言生态环境形成的语篇进行定性或定量分析，分析其概念意义、人际意义和语篇意义的具体特征，系统凝练出有利于网络语言生态文明建构的语篇特点。"③

（二）多模态网络语言语义语境的自动匹配

网络语言不只是变异字、生僻字等语言符号的呈现，标点符号、数字谐音、表情符号、视频、图像等多模态表现形式体现了网络语言多样性的特征。基于大规模网络语料库的标准，可以对失范用语、非规范的网络语言进行分类与识别。基于深度神经网络的模型可以自动学习网络语言的深层表示，对文本、图像等多模态信息特征提取，进行多模态融合模块建构，包括模态间信息交互模块、模态内信息增强模块的信息传播。使用深度学习模型，进行自动学习与深入学习，对于识别具有文本、视觉符号、声音等多元异构数据的深层特征的数据体，具有极大的优势。网络语言使用需要语义语境的界定，以满足网络空间交际场景的不同需求，加强全民语言对网络语言的引导示范作用。如"V5""YYDS"等，在特定行业领域作为一种具有正向意义的网络语言在使用，但在其他场景是不规范用

① 梁海英：《从生态语言学视角研究网络语言》，《中国社会科学报》，2019 年 12 月 10 日第 9 版。
② 陈建伟：《网络流行语研究》，广西大学硕士学位论文，2008 年。
③ 梁海英：《从生态语言学视角研究网络语言》，《中国社会科学报》，2019 年 12 月 10 日第 9 版。

语。人们进行信息检索、使用语言及语义理解天然具有偏好，因此可以利用语义语境进行自动匹配。针对文本相似性度量进行匹配的任务，"主要通过生成基于WordNet的知识学习生成任务引入语言学知识，并与外部任务进行联合训练"①，提高文本匹配性能。此外，可利用语言偏好信息进行双边匹配任务，"通过将双边主体的语言偏好信息转化为匹配满意度，在考虑稳定匹配约束条件的基础上，以最大化每方主体的满意度为目标，建立双边匹配模型"②。通过网络语言语义与其所处的现实语境进行匹配，为最后的内容识别提供依据。

（三）网络语言不规范内容的识别与检测

随着社交媒体的飞速发展，人际传播、大众传播、网络传播等融合传播是势不可挡的传播现状。在网络语言中存在大量语言暴力、低俗语言以及各种随意拼贴的不通用的语言等不规范语言内容，特别是在社交平台的评论中，会出现针对某一事件或某一人物长期或短时的大规模暴力、低俗语言现象，甚至会蔓延至线下，对社会造成不良影响，影响公共事件进程。另外，有关政治术语和敏感词的网络语言，基于意识形态和文化安全的考量，都是属于规范治理的内容。因此，社交媒体的网络语言规范化管理同样需要重视，并加以监督过滤与引导。可根据社交评论数量的大数据特征，构建初始数据集，采用 Python 程序进行数据清洗，应用深度学习分类模型建立网络语言分类样本集，经过清洗标注后得到网络非规范用语小样本数据集，选择不同的分类算法选取最优模型，进行内容识别与检测，以可视化形式呈现。在选择分类模型时可以比较选择，如长短期记忆网络（Long Short-Term Memory，LSTM）是深度学习中针对股票、文本这样的序列数据提出的模型，很适合用来解决文本分类问题。传统二分类法是初级分类，进一步使用细粒度情感分析对网络暴力、低俗用语中的每一层级再做细致分类，探析成因、影响因素、事件节点等多维度的影响要素及结果，从而更有针对性地进行评论语言网络空间净化，引导网络语言正向发展与传承。

综上所述，我们可以建立起网络语言规范智能把关模式，基本原理和流程见图 5 – 9。

---

① 周烨恒、石嘉晗、徐睿峰：《结合预训练模型和语言知识库的文本匹配方法》，《中文信息学报》2020 年第 2 期，第 64 页。
② 张笛、孙涛、陈晖等：《基于语言偏好信息的稳定双边匹配决策方法》，《运筹与管理》2019 年第 2 期，第 65 页。

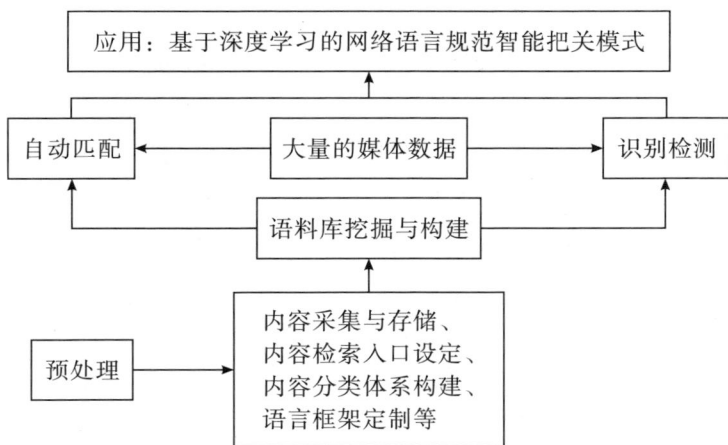

图 5 - 9　基于深度学习的网络语言规范智能把关模式

四、 网络语言规范与融合创新发展

科技赋能助力网络空间治理，而网络语言治理是一项长期的、复杂的社会系统工程。在当今网络社会中，大众传播、组织传播、群体传播、人际传播等融合传播，传播边界愈发模糊。因此，本研究并未严格区分传播类型，尤其是因应社交媒体所产生的社会影响，将大众传播、群体传播、人际传播等产生的网络语言规范治理把关模式作为研究重点，利用深度学习技术方法与应用，建构内容分类、内容识别、语义语境自动匹配等模式。在进一步的研究中，可以将政府、社区、社会组织、网络媒体、个人等主体作为具体的研究对象做细化分析，进行多层次的治理模式探析，建立健全科学化、规范化、标准化的评估机制和指标体系。

与此同时，机器学习、深度学习等技术与应用在不断更新变化，能够解决问题的应用方法也愈发多样，因此发现问题是关键，能够及时跟踪、评价、反馈和及时调整、规范治理体系。深度学习能够高效地学习异构数据特征之间的交叉信息，如 DeepFM 的模型架构，可用于点击率（Click-Through Rate，CTR）预测。因此，在进一步的研究中，将深度学习模型应用于网络新词、热词的排行榜、使用率的预测，可作为网络语言规范推荐与引导的利器。此外，随着智媒场景时代的到来，万物皆媒、人机共生、自我进化的特征催生媒体变革，要处理好技术的科学逻辑与人文伦理的关系，更要确立主流价值观引领智能传播的观念，建设多种治理引导传播机制，推动网络社会健康有序发展。

"作为一种历史必然性出现，人们呼吁语言满足社会对它的要求，它反映了社会状况，并为社会的进步做出了积极贡献，这是语言与社会之间的辩证关系。"① 网络语言是独特的网络文化，随着互联网的飞速发展与社会的影响，其仍在不断创新变化中，成为中国文化软实力不可分割和难以忽略的一部分，"强国必强语"。文化软实力集中体现了一个国家基于文化而具有的凝聚力和生命力，以及产生的吸引力和影响力。伴随网络语言的发展对语言文化的影响，语言与文化的影响相辅相成，尤其是外来语及不同文化的语言词汇，也加入本土语言传播中，对传统文化产生冲击，"食洋不化"、肆意扭曲，语言文化规范问题事关重大。当前"网络空间与现实空间深度融合，网络问题向政治、经济、社会、文化等领域传导渗透，成为影响各国主权、安全和发展及国际关系调整的重要变量"②。在新网络安全理念下，网络语言问题已是社会问题。作为"精神家园"的互联网所产生的传播力与影响力，尤其是网络失范用语，容易对青少年造成不知本义、张冠李戴、错误认知的负面影响，这是亟待解决的文化危机。因此，我们要持续增强"中国语言"的文化力量，夯实国家文化软实力的根基。"创新是媒体融合发展的强大动力，规范则是网络语言承载健康内容有效传播的根本保障。"③ 在人工智能赋能网络语言治理的同时，还需提高全民网络语言素养，通过政府积极的教育引导，促进公民网络用语规范意识的提升，推动网络语言规范治理体系构建。

本章小结

这一章我们对整个新媒体文化研究做了一个较为全面但并不深入的梳理，只能为研究者提供一个简单的参照坐标。此外，我们还稍微展望了一下新媒体文化研究的趋势。针对互联网的圈层结构和近年出现的"出圈"现象，我们探讨了其中的价值输出与文化认同。网络语言也是新媒体文化的一部分，针对如何更好地进行网络语言治理，我们提出把人工智能应用于网络语言治理，建立基于深度学习的网络语言规范智能把关模式。

---

① 高莹：《语言文化学视角的俄语网络流行语发展与规范》，《现代交际》2021 年第 3 期，第 95 页。
② 全国干部培训教材编审指导委员会组织编写：《全面推进中国特色大国外交》，北京：人民出版社、党建读物出版社，2019 年，第 193 页。
③ 任静、其其格、张洪霞等：《新媒体时代网络语言的吸纳与规范》，《中国广播》2016 年第 5 期，第 51 页。

　　综上所述，当今新媒体文化研究大多数还停留在传统的媒介文化研究，依然延续文化工业和文化批判的思路，但随着大数据、人工智能等新技术和智能传播的兴起，不少学者已将目光投向新的研究方向。新媒体文化研究呈现跨学科、跨领域的特点，研究内容不再局限于传统的文化学、媒介学范畴，而是从文化社会学迈向计算传播学，即将传播学与计算机相结合，形成新的学科——计算传播学，注重将理论研究与媒介技术充分结合，探讨新媒体文化在智能传播下的新变化。

　　文化研究博大精深，新媒体文化研究方兴未艾，一方面我们需要用经典理论研究新问题，另一方面我们需要汲取新的学科理论和创建文化理论来提出新的文化理论，使之更具有解释力和说服力。

第六章　新媒体管理研究

随着中国互联网的迅猛发展，新媒体面临的问题越来越多，新媒体管理面对的挑战也越来越大。党和国家十分重视互联网治理和新媒体管理，习近平总书记对此做出了一系列指示，因此有必要研究习近平总书记关于网络信息的论述，这是我们用好管好新媒体的指导思想。近年来，新媒体管理规制的研究愈发引起重视，而随着人工智能的发展乃至 ChatGPT 的出现，社会治理进入新阶段，梳理这些研究有助于推动新媒体管理研究的加速发展。

第一节　习近平总书记关于网络信息的论述研究

2016 年 4 月 19 日，中共中央总书记、国家主席、中央军委主席、中央网络安全和信息化领导小组组长习近平在北京主持召开网络安全和信息化工作座谈会并发表重要讲话。这次讲话是我国建设网络强国的纲领，也是习近平总书记为互联网可持续发展绘制的路线图。在座谈会上，习近平总书记讲了六个问题，笔者将其归纳为两大核心内容，即治网理念与网信精神。下面主要谈谈对这两大核心内容的解读以及对新闻传播学界的启示。

一、　理念：　治网于草野

在互联网全球化飞速发展的今天，各国都制定了信息化国家发展战略，提出了各自的互联网发展理念。如美国前总统克林顿提出的"信息高速公路"、奥巴马提出的"智慧地球"。而习近平总书记在这次讲话中再次强调了"创新、协调、绿色、开放、共享"五大发展理念，这也是我国信息化工作和互联网发展的基本理念。对于互联网，习近平总书记打了一个形象而贴切的比喻：很多网民称自己为"草根"，而网络就是当下的一个"草野"。在讲话中，习近平总书记引经据典——"知屋漏者在宇下，知政失者在草野"。这句古语习近平总书记2013年7月11日在河北调研指导党的群众路线教育实践活动时也曾引用。该句出自汉代唯物主义哲学家王充在《论衡》中的一句论述，原话为："知屋漏者在宇下，知政失者在草野，知经误者在诸子。"意思是说，真正住在屋檐下的人才能深切体会房顶漏雨的危害，深入民间社会的人才能切身察知政令出现的问题，处于诸子百家的不同视角才能审视一家经义的疏漏。从生活的形象比喻，到为政的道理说明，再到学术的观点论证，王充这句话是呼吁为政者不要总是居庙堂之高，从而不解江湖之痛，不要总秉持一种高高在上的视角，从而让施政脱离实际，让视野失之偏颇。习近平总书记这一引用充分体现了他的治网理念。

网民是老百姓，老百姓上了网，民意也就上了网。毛泽东主席早在1943年所写的《关于领导方法的若干问题》一文中就提到："在我党的一切实际工作中，凡属正确的领导，必须是从群众中来，到群众中去。这就是说，将群众的意见（分散的无系统的意见）集中起来（经过研究，化为集中的系统的意见），又到群众中去作宣传解释，化为群众的意见，使群众坚持下去，见之于行动，并在群众行动中考验这些意见是否正确。然后再从群众中集中起来，再到群众中坚持下去。如此无限循环，一次比一次地更正确、更生动、更丰富。这就是马克思主义的认识论。"① 习近平总书记在讲话中指出："群众在哪儿，我们的领导干部就要到哪儿去，不然怎么联系群众呢？各级党政机关和领导干部要学会通过网络走群众路线，经常上网看看，潜潜水、聊聊天、发发声，了解群众所思所愿，收集好想法好建议，积极回应网民关切、解疑释惑。善于运用网络了解民意、开展工作，是新形势下领导干部做好工作的基本功。"②

习近平总书记的讲话与毛泽东主席的文章一脉相承，都指出了一个重要观点，就是要让想法落地，要理论联系实际，要走群众路线。这也是中国共产党建党治国的执政理念，如今要把这一执政理念化为治网理念和用网新政。应该说，历史上没有一个时期像今天这样，把江湖与庙堂连接得如此紧密，让百姓与政府交融得这么深入。只要上网，就进入了一个实实在在的大江湖，每个人都是鲜活的存在，更迭着每一天的资讯。

习近平总书记在座谈会上指出："对网上那些出于善意的批评，对互联网监

① 毛泽东：《关于领导方法的若干问题》，《毛泽东选集·第三卷》，北京：人民出版社，1991年，第899页。
② 《习近平在网络安全和信息化工作座谈会上的讲话》，《人民日报》，2016年4月26日第2版。

督，不论是对党和政府工作提的还是对领导干部个人提的，不论是和风细雨的还是忠言逆耳的，我们不仅要欢迎，而且要认真研究和吸取。"① 中国社科院新闻与传播研究所所长唐绪军认为，这是习近平总书记在讲话中第一次使用"互联网监督"这个词，这一提法对于人民群众主动积极地参与到监督中来，有积极的作用。习近平总书记强调的对广大网民"要多一些包容和耐心"也无疑为互联网监督释放了利好消息，有助于广大人民群众利用互联网对各级党和政府公权力以及行使公权力的领导干部进一步监督，以更好地保障权力在阳光下运行。

克莱·舍基在《人人时代：无组织的组织力量》一书中洞察到在互联网这个江湖里蕴藏着一股强大的无组织的组织力量。其实，互联网的"去中心化"与"再中心化"是并存的，这与现实历史何其相似。得草野者得网络，得民心者得天下。习近平总书记关于网络信息的论述的思想核心就是："网信事业要发展，必须贯彻以人民为中心的发展思想。""互联网＋"对于中国治网者来说就是"互联网＋群众路线"。

互联网时代，无疑是中华民族实现伟大复兴的一个重要历史机遇。虽然中国接入国际互联网只有短短的近 30 年时间，但取得的成就是举世瞩目的。当今互联网越来越成为人们学习、工作、生活的新空间，越来越成为获取公共服务的新平台。为实现中国梦，我们要实施网络强国战略、"互联网＋"行动计划、大数据战略等。习近平总书记还特别针对农村互联网基础设施建设薄弱的短板作出指示：要利用互联网助推扶贫攻坚。"让更多困难群众用上互联网，让农产品通过互联网走出乡村，让山沟里的孩子也能接受优质教育"②，这表明了党和政府缩小数字鸿沟的决心和态度。

此次座谈会的另一个重要特点就是从技术、人才、安全三个维度阐述了我国下一阶段互联网工作的重点。在当前的世界十大互联网公司排名中，美国占 7 家，中国占 3 家。"赛博空间"中形成了以 GAFA（谷歌、苹果、脸书、亚马逊）与 ATZ（阿里巴巴、腾讯、字节跳动）为核心的两大阵营，中美主导的全球互联网共治的物质基础业已形成。我国互联网企业由小到大、由弱变强，在稳增长、促就业、惠民生等方面发挥了重要作用。企业越大责任越大，在商业利益的驱动下，一些互联网企业也出现了失职和失范。对此，习近平总书记指出："办网站的不能一味追求点击率，开网店的要防范假冒伪劣，做社交平台的不能成为谣言

---

① 《习近平在网络安全和信息化工作座谈会上的讲话》，《人民日报》，2016 年 4 月 26 日第 2 版。
② 《习近平在网络安全和信息化工作座谈会上的讲话》，《人民日报》，2016 年 4 月 26 日第 2 版。

扩散器，做搜索的不能仅以给钱的多少作为排位的标准。"① 他希望广大互联网企业坚持经济效益和社会效益统一，在实现自身发展的同时，饮水思源，回报社会，造福人民。

二、行动：取信于草根

"取信于草根"中的"信"有两个意思：一是信息、信息化，网信事业发展要依靠网民；二是信任、依赖，网络安全是信用的基础。"以人为本，取信于民"应该是习近平总书记整个讲话的精神核心。讲话中提出的第一个问题就是要让互联网更好地造福人民，第二、三个问题则从生态和技术两个方面论述如何造福人民。从社会发展史来看，人类经历了农业革命、工业革命，正在经历信息革命。在这条历史长河中，习近平总书记回顾了中国的发展："我国曾经是世界上的经济强国，后来在欧洲发生工业革命、世界发生深刻变革的时期，丧失了与世界同进步的历史机遇，逐渐落到了被动挨打的境地。特别是鸦片战争之后，中华民族更是陷入积贫积弱、任人宰割的悲惨状况。想起这一段历史，我们心中都有刻骨铭心的痛。经过几代人努力，我们从来没有像今天这样离实现中华民族伟大复兴的目标如此之近，也从来没有像今天这样更有信心、更有能力实现中华民族伟大复兴。这是中华民族的一个重要历史机遇，我们必须牢牢抓住，决不能同这样的历史机遇失之交臂。"②

怎样才能取信于民、用信于民呢？智慧在民间，最强大的互联网企业都是平民百姓创造的，从扎克伯格到马云、马化腾。李克强提出的"万众创业，大众创新"就需要依靠目前数量庞大的中国网民。习近平总书记指出，要尽快在核心技术上取得突破。在六个问题中，技术问题是习近平总书记讲得最多的一个问题。他殷切期望"我国网信领域广大企业家、专家学者、科技人员要树立这个雄心壮志。要在科研投入上集中力量办大事、积极推动核心技术成果转化，推动强强联合、协同攻关，探索组建产学研用联盟"③。对此，习近平总书记还提议搞揭榜挂帅，英雄不论出处，谁有本事谁就揭榜。习近平总书记鼓励大家研发网信领域的核心技术，就是要钻研那些基础的、公用的、独门的、具颠覆性的前沿技术。事实上我国网信领域已经出现了像华为、北斗卫星系统那样的自主创新型企业和产品。

---

① 《习近平在网络安全和信息化工作座谈会上的讲话》，《人民日报》，2016 年 4 月 26 日第 2 版。
② 《习近平在网络安全和信息化工作座谈会上的讲话》，《人民日报》，2016 年 4 月 26 日第 2 版。
③ 《习近平在网络安全和信息化工作座谈会上的讲话》，《人民日报》，2016 年 4 月 26 日第 2 版。

"信"由"人"和"言"构成，表明造字者对人言的重视。自从人类学会说话以来，人言就成为一种重要信息指示的传播载体。只有相信群众、依靠群众，才能更好地服务群众，问题是我们应如何面对互联网上的群众——网民。对此，习近平总书记抱着包容、理解和服务的态度："网民大多数是普通群众，来自四面八方，各自经历不同，观点和想法肯定是五花八门的，不能要求他们对所有问题都看得那么准、说得那么对。要多一些包容和耐心，对建设性意见要及时吸纳，对困难要及时帮助，对不了解情况的要及时宣介，对模糊认识要及时廓清，对怨气怨言要及时化解，对错误看法要及时引导和纠正。让互联网成为我们同群众交流沟通的新平台，成为了解群众、贴近群众、为群众排忧解难的新途径，成为发扬人民民主、接受人民监督的新渠道。"①

自互联网兴起以来，各级官员对网络持有不同态度，有人"爱网"，就有人"惧网"。《人民论坛》杂志曾做过官员"网络恐惧症"调查，6 000 余名受调查者中，有 60% 表示"担心工作疏漏等不良现象被曝光，影响前途"。但也有不少官员主动接近互联网，利用互联网为工作服务，开微博、开博客、建微群，有些官员拥有数十万甚至过千万粉丝，被称为"大 V 官员"。2010 年 8 月，时任陕西省公安厅副厅长的陈里开通了微博。他的粉丝数曾达 2 540 多万人。有不少媒体评价说，陈里是"网络最接地气的官员"：他曾在微博上公布自己的手机号码，表示"希望大家多支持监督"；2012 年 10 月 2 日，华山发生游客滞留事件，他在微博直播游客疏散；同年 12 月 10 日，他在微博上上演生死接力，用 2 小时挽救了西安轻生母子。陈里还是"待用快餐"公益活动发起人，2013 年 4 月，他在微博中倡议中国的快餐店为残疾人、老年贫困者、流浪儿童提供一些"待餐盒饭"。从 2013 年 4 月西安诞生第一家提供"待用快餐"的餐厅起，全国共有 30 多个城市、200 多家餐厅加入了"待用快餐"公益活动，并且派生出了"待用学费""待用饮用水""待用图书""待用蛋糕""待用家政""待用医药费"等待用公益形式。越来越多的爱心人士加入"待用快餐"等公益活动。对陈里来说，粉丝都是在网络空间走群众路线的知心朋友。微信、微博等新媒体工具，是他践行群众路线的新阵地。

习近平总书记强调指出，网络空间是亿万民众共同的精神家园。网络空间天朗气清、生态良好，符合人民利益。网络空间乌烟瘴气、生态恶化，不符合人民利益。我们要本着对社会负责、对人民负责的态度，依法加强网络空间治理，加

① 《习近平在网络安全和信息化工作座谈会上的讲话》，《人民日报》，2016 年 4 月 26 日第 2 版。

强网络内容建设，做强网上正面宣传，培育积极健康、向上向善的网络文化，用社会主义核心价值观和人类优秀文明成果滋养人心、滋养社会，做到正能量充沛、主旋律高昂，为广大网民特别是青少年营造一个风清气正的网络空间。习近平总书记为什么特别提到青少年呢？因为他们不仅是互联网的未来，还是互联网的今天。2023 年底全世界网民数量近 50 亿人。从结构上看，2012 年是"前 25亿"，2012 年到 2016 年间是"后 25 亿"。这"后 25 亿"加入全球传播场域，对重建国际秩序的影响是很大的。年轻化、多元化、多极化是"后 25 亿"的特征。"后 25 亿"以草根和青年网民为主，是"容易被影响的人"，他们形成"群聚效应"，是舆论场上的"新意见阶层"。从全球传播的角度来看，"后 25 亿"的积极参与将改变互联网舆情走向，对于这些网民，需要加强思想引导，因为他们毕竟处在一个"三观"形成的时期。例如，针对网络上非常火爆的"Papi 酱"，史安斌认为，这种现象代表了青年文化，显示了他们自我表达的欲望，互联网空间既是开放的空间，同时也要承担社会责任，从这个角度来说，习近平总书记的"4·19"讲话给互联网强化社会责任提出了非常明确的方向。①

三、 启示： 走向大传播

习近平总书记对新闻宣传工作一直很重视，"8·19"讲话、"2·19"讲话、"4·19"讲话，每次都提出新的观点。例如"2·19"讲话一个很重要的思想就是过去强调新闻宣传工作，现在转变为突出新闻舆论工作，更重视与民意的互动，甚至上升到互联网执政的高度来认识。领导干部应经常上网，这是习近平总书记第一次明确提出这样的要求，实际上是把互联网执政作为领导干部应具备的一项主要能力提出来。中国社会科学院新闻研究所所长唐绪军认为："把'党的新闻宣传工作'改成'党的新闻舆论工作'体现了我们党对舆论的认识达到了一个新的高度。"②

习近平总书记在这次讲话中对新闻传播似乎没有讲太多，其实不然，他是把新闻传播置于一个更加宏观多维的场域来谈，可以说是把新闻传播置于互联网治理观的统领之下。党的十八大以来，习近平总书记就互联网治理问题多次发表重要讲话。这些讲话既高度肯定了互联网对推动社会文明进步的巨大作用，又深刻阐明了加强和完善互联网治理的紧迫性和重要性；既为我国建设网络强国提供了

---

① 《清华大学新闻与传播学院副院长史安斌做客人民网 解读习近平总书记网络安全和信息化工作座谈会重要讲话》，人民网，2016 年 4 月 25 日。
② 唐绪军：《由"宣传"到"舆论"意味着什么？》，《中国社会科学报》，2016 年 4 月 29 日第 4 版。

理论指导，同时也向国际社会倡导了中国共产党和中国政府依法、有序、协商治理互联网的互联网治理观。互联网时代，信息的生成、传播和接受以及整个媒介生态环境都发生了极大的变化，新闻变成资讯，宣传变成舆论，新闻传播正在发生空间转向。习近平总书记的讲话至少涉及新闻传播四个方面的内容：一是互联网民意，二是互联网监督，三是互联网生态，四是互联网文化。

习近平总书记的讲话充分肯定了互联网民意的重要作用。习近平总书记不仅第一次提出"互联网监督"这一概念，论述舆论监督与权力制度的关系，还给网民提气，要求各级领导干部包容善意的批评和具有建设性的不同看法，这也是对互联网民意的背书、对互联网监督的肯定。他再次强调："要把权力关进制度的笼子里，一个重要手段就是发挥舆论监督包括互联网监督作用。这一条，各级党政机关和领导干部特别要注意，首先要做好。对网上那些出于善意的批评，对互联网监督，不论是对党和政府工作提的还是对领导干部个人提的，不论是和风细雨的还是忠言逆耳的，我们不仅要欢迎，而且要认真研究和吸取。"①

习近平总书记在讲到要建设网络良好生态，发挥网络引导舆论、反映民意的作用时指出："实现'两个一百年'奋斗目标，需要全社会方方面面同心干，需要全国各族人民心往一处想、劲往一处使。"② 笔者认为，网络文化管理恐怕要比宣传管理要求更高，应是"随风潜入夜，润物细无声"，这就要求意识形态管理部门：一是不能只管传统媒体，还要管好用好新媒体乃至整个互联网；二是不能用传统媒体思维来管理互联网，而要用互联网思维来进行管理，要张弛有度，收放自如，避免"一管就死，一开就乱"的落后、僵化的管理模式。

从习近平总书记这次讲话中，我们可以感受到新闻传播学面临的艰巨任务。当今世界，在互联网和新媒体的猛烈冲击下，新闻传播学学科建设和理论研究都面临着前所未有的挑战。在传播技术发展和媒介融合的趋势下，传播生态和传媒业态都发生了极大的变化，新闻传播从学科建设到人才培养都面临着严重的不适应。过去的新闻传播研究重点主要是在信息加工和内容生产上，甚至主要局限在采写编播评的业务层面，对于信息的传播和运营研究不够，对于新技术应用、新服务提供更是表现出一种迟钝和滞后。由"魏则西事件"引发的百度危机和网络乱象令人担忧，说明互联网企业已不仅仅是技术服务者，还是信息提供者，更是舆论引导的监控对象。新闻传播的研究视域也要由狭窄的新闻业扩展到大传播

---

① 《习近平在网络安全和信息化工作座谈会上的讲话》，《人民日报》，2016 年 4 月 26 日第 2 版。
② 《习近平在网络安全和信息化工作座谈会上的讲话》，《人民日报》，2016 年 4 月 26 日第 2 版。

的广阔天地。习近平总书记此次讲话至少给新闻传播学指明了重点研究领域：新闻舆论学、网络传播学、互联网生态和互联网文化。他谈及的网络安全和互联网执政，实际上涉及互联网伦理和政治传播，这些领域都应该是新闻传播学的研究范畴。他还把"互联网＋"行动计划从经济领域拓展到政治、文化、社会、生态、传播等领域，对"互联网＋传媒"的媒体融合和转型也有启迪。

中国互联网经过近30年的发展，成就有目共睹，但出现的问题和弊端也显而易见。其中一个是网络安全，一个是互联网企业。网络安全不仅仅是一个技术问题，还涉及传播中的政治、文化和伦理，这些都是新闻传播研究面临的新课题。当今互联网企业承载着越来越多的传播任务，成为举足轻重的新兴媒体，甚至扮演起当代传播中的主角，但新闻传播学关于这方面的研究却十分薄弱。因此，新闻传播学研究必须走出学术"金字塔"，跳出原有的理论框架，以全球化大传播跨学科的新思维，研究大问题、真问题、新问题。

当今传媒业已形成"小新闻、大传播、新业态"的新格局，"在大传播的格局下，一定要跳出新闻研究的狭小天地。要跳出传媒看传媒，不以传播论传播"[1]。对此，我们不仅要"走进传播学"，还要"走出传播学"，要综合运用经济学、管理学、社会学等社会科学以及自然科学的理论来研究新传播、新媒体、新问题、新领域，以打通人文科学、社会科学、自然科学三个学科群之间的隔阂。在媒介融合的空间转向中，新闻传播研究需要范式转换。新媒体研究还需要加强基础理论研究，加强跨学科协作，打破旧有的理论框架，拓展全新的理论视野。新闻传播学亟待重构和转型，对此，新闻传播学界要有使命感和紧迫感。学习贯彻习近平总书记关于网络强国的重要思想和讲话精神，有利于清醒认识我国在网络和信息安全方面面临的严峻形势，有利于牢牢掌握信息化条件下意识形态工作的主导权。同时，对于协调推进国家治理体系和治理能力现代化与国家信息化工作、构建新型互联网治理体系和网络空间命运共同体、建设社会主义网络强国，具有重要的现实指导意义。

第二节　新媒体管理规制研究

当今在互联网与新技术新媒体发展不断加快的背景下，新媒体的赋能对传统社会秩序格局的影响愈发明显，新媒体建立的网络虚拟环境的失序现象也愈发严

---

[1]　谭天：《从"新闻学与传播学"到"传播学与传媒学"》，《新闻记者》2015 年第 12 期，第 38 页。

重。如果不能有效规制与治理，将对整个新媒体行业的发展造成严重影响，甚至影响社会稳定。近年来，随着新媒体管理的加强，相关研究也在增加，下面是我们对这些研究的梳理和分析。

一、 研究对象与主要议题

为了便于研究，我们以新媒体管理（治理）的相关论文为研究对象，在中国知网上，笔者检索"新媒体管理"，有文章 4 776 篇，其中 2017—2000 年数量最多，均在 500 篇以上。以"新媒体治理"检索到文章 904 篇，看似数量不太多，但新媒体治理研究与互联网治理研究是相关的，互联网治理研究的文章有 4 181篇，这部分研究对新媒体治理研究也有很大影响。检索"新媒体法规"有文章 1 756 篇；检索"新媒体伦理"有文章 400 篇。

"新媒体治理"相对而言研究数量较少，属于新兴领域，研究谈论更多的是"互联网治理""网络空间治理"。这三者相互关联，有共性，也有不同，有不少研究直接将新媒体治理归入互联网研究框架。这就会造成这样一种现象：似乎大量论述都在探讨互联网治理或网络空间治理或新媒体治理，但同一概念下，探讨的内容完全不对接，或者不同概念下，研究的内容出现重复或雷同。何为"新媒体治理"，它与"互联网治理""网络空间治理"之间的共性与区别如何，以及三者之间是一种怎样的历史演进与逻辑关联，这些并没有全面或专业的论述去加以明晰。缺乏清晰的概念界定，会造成新媒体治理研究分散，缺乏系统性。

新媒体治理的研究议题十分广泛，通过相关文献梳理，我们认为最为常见的有以下四类议题：

1. 顶层设计的完善：新媒体行业政策

随着新媒体产业日趋成熟，网络新媒体如何在自由空间中维护公序良俗，在开放探索中保持自主可控，在服务产业和社会生活中做好管理，成为监管部门需要平衡和解决的重要问题。如何推进顶层设计的完善，夯实新媒体治理，也是学界一直关注的议题。不过，目前解读政策的文章较多，提出建设性意见和政策制定依据的文章较少。

2. 智能技术的规范：算法黑箱与算法治理

作为人工智能技术的核心，算法技术在新媒体领域得到广泛应用，然而，在赋能新闻生产与传播的同时，算法也带来了诸如平台偏向、算法偏见、信息茧房、数字鸿沟等不容忽视的负效应。基于算法风险治理的必要性与紧迫性，有学者认为应公开算法技术。算法黑箱代表的是信息不对称和权力不平等。公开算法使用的数据、分析逻辑等关键过程是打开黑箱、提升算法透明性的关键。但也有学者认为，算法公开透明就能解决算法治理问题的想法是不现实的，毕竟算法作为一种技术与商业机密，不可能做到完全公开透明。对于算法技术是否应该公开，学界对此仍存在不少争议。如何规制算法技术，成为一个新的时代命题。

3．网络空间内容治理：多元主体协同联动

互联网不是法外之地，面对"互联网＋"时代涌现的网络纠纷、网络犯罪等诸多风险与挑战，要依法加强网络空间治理，加强网络内容建设。[①] 在网络空间内容治理实践中，仅靠一方力量的治理效果是远远不够的，需要多元主体协同治理。当前，"共建共治共享""多中心""复合共治""协同共治"等关键词已经成为网络治理领域重要的政策与学术话语，多元主体共同参与网络信息内容生态治理已经成为理论界与实务界的广泛共识。

4．公共空间的守护：传播伦理建设

伦理问题向来是学界研究的热点之一，在包括新媒体在内的互联网治理方面也是如此。在规范人们的社会行为时，法律和伦理两大体系是相辅相成、缺一不可的。谭天指出，互联网伦理是互联网治理的基础，互联网治理是互联网伦理的镜子，我们要通过伦理研究来推动互联网治理。只有把互联网伦理规范好了，互联网治理才有坚实的基础。因此，有必要加强媒介素养教育，提升网络主体的道德自律意识；加强网络伦理建设，加强网民伦理和道德约束。建设人们在虚拟空间中应遵守的道德准则和规范，以创造出健康有序的现实空间和清朗的互联网空间。

二、　中国新媒体管理研究现状分析

（一）　研究的固有认知框架

新媒体治理愈发受到关注，有不少学者对其进行探究。但通过大量的文献梳理，我们发现许多研究都止步于描述性与对策性研究，形成了"完善政策法规—技术规范—多元主体协作—伦理建设"的既有研究认知框架。

首先，国家出台法律政策，完善法治建设体系，相关部门进行落实监管。我国法律规制相对比较完善，一部分是《宪法》《刑法》等针对新媒体活动中对被

---

① 《习近平论述网络安全：网络空间不是"法外之地"》，人民网—中国共产党新闻网，2023 年 9 月
13 日。

侵权人的救济、网络信息传播权等制定的一般性规定，另一部分是《互联网信息服务管理办法》《互联网等信息网络传播视听节目管理办法》等专门性条例，制度化建设正在推进；但仍存在法律涉足范围较窄、内容滞后、法律强制力不足等问题，需要我们进一步深入探讨。其次，算法应用领域不断扩大，要做到促进技术进步与监管两手抓。算法技术研究已经形成一个系统完整的体系。具有代表性的是张旭（2022）提出的完善新媒体平台内部算法合规风险评估及信息传达机制，改进算法合规计划的监督与完善相关机制，强化企业算法合规的外部激励机制，建立健全算法合规第三方监督评估机制的路径，成为算法治理的可行性新路径。再次，多元主体协作已成为学界对于新媒体治理对策的共识。一方面，打造多元主体动态制衡的"治理金三角"，构建一种基于多元主体互信互赖关系的合作共治模式；另一方面，从"碎片化"治理向"整体性"治理转变。"整体性"治理是打造共建共治共享的网络信息内容生态治理模式的关键路径。①

（二）热点研究的新议题

当下有不少学者将研究视域转向新的热点议题。

1. 研究内容多样化

近年来，随着治理研究渐趋成熟，学者们将视野拓宽，开始关注到不同的新媒体，治理策略也有针对性，政务新媒体治理与县级融媒体治理成为新议题。政务新媒体是政府将行政事务与新媒体平台对接的产物，是新时代网络治理的重要工具。何满丹认为，政务新媒体建设缺乏战略性规划，沟通渠道不畅，缺乏高效的联动机制，忽视了用户的服务体验。② 针对政务新媒体现存问题，学者们提出了不少解决措施，但大多数都聚焦于微观实践层面，缺乏理论层面的研究。而作为基层新型主流媒体，县级融媒体的治理及发展方向的探讨成为学界研究的热点。纵观当前研究，更多探讨的是县级融媒体中心嵌入社会治理结构，助力基层社会治理，将其作为治理客体的研究较少。

2. 研究话题前沿化

新冠疫情是公共信息传播和社会信息生态治理的新视角之一。对于新媒体时代的"信息疫情"议题，研究主要从"信息疫情"的概念、成因、传播、危害与治理五个方面展开。通过中国知网以主题词"信息疫情"并含"治理"搜索

---

① 苏慧：《加快推进网络社会治理升级》，《经济日报》，2020 年 8 月 3 日。
② 何满丹：《政务新媒体创新性发展的问题和路径探究》，《新闻世界》2022 年第 1 期，第 32 页。

到2020—2022年发表的文章207篇。治理研究主要从个体素养、媒体平台、政府治理以及技术赋能等角度出发来提供治理策略。值得一提的是，虽然研究的议题与前沿热点对应，但提出的治理策略仍多局限于固有的认知框架。

另一个近来备受关注的研究热点是元宇宙的风险治理。2021年被普遍认为是"元宇宙元年"，国内外的相关研究也正是在2021年开始增长。但目前关于元宇宙的研究论文数量少，优质的内容更是凤毛麟角。技术驱动下的元宇宙发展势必呈现阶段性特征，当下的元宇宙前瞻性研究正在考察元宇宙未来面临的挑战与机遇，布局前沿视角，为治理话题讨论提供更多的可能，也是我们的研究应该关注的重点。

（三）理论应用日趋多元化

对于新媒体治理，不仅需要多维的研究视野，也需要多元理论模式创新。随着新媒体的发展，相关研究的数量和质量也大为提高，学者们在研究中不断采用新理论和新方法，从而大大推动了新闻传播学研究。

白志华在网络舆情风险治理研究领域中以社会燃烧理论为分析框架，提出在社会燃烧理论视角下，网络舆情的失序是社会因素的"燃烧物质""助燃剂""点火温度"共同作用的结果。新媒体扩展了网络舆情触发的"可燃范围"、拓宽了网络舆情激化的"助燃空间"、升高了网络舆情失序的"点燃温度"。传统"技术熔断"模式已难以应对，新媒体时代要依托现代信息技术全面监测"可燃物"、系统治理"助燃空间"、重塑秩序避免舆情"升温点火"。[1]

周建青等以社会互动理论为指导，指出网络空间内容治理需要依托丰富多样的"政策工具箱"，是一系列政策工具选择和使用的管理过程。而政策工具选择和使用的基本逻辑体现为："工具理性"是基本原则，优化组合和高效配置是核心，政策网络结构特征是关键变量。应运用创新政策工具，促进网络空间内容治理由政府监管向生态治理转变，构建政策网络中行动者间的良性互动模式，共同致力于网络空间治理效能的提升。[2]

李敬从阿伦特的政治社会理论出发，以阿伦特对"社会"和"公共"的定界考察网络空间中"公"与"私"的复杂缠绕，并尝试把对"社会"的限定从

---

①　白志华：《新媒体时代的网络舆情风险治理——以社会燃烧理论为分析框架》，《河南社会科学》2022年第4期，第101页。

②　周建青、张世政：《网络空间内容治理中政策工具的选择与运用逻辑》，《学术研究》2021年第9期，第56页。

内容层面转向"隐喻"层面，从而对三种不同类型的网络平台进行针对性讨论。其研究发现，新媒介所建构的技术交往空间与"公共性"相距甚远："多元"不代表差异和复数，"自我表达"也不意味"人"的"自我彰显"。①

杰索普在策略关系国家理论的基础上提出了元治理理论。他认为，所谓"元治理"是为了防止治理失灵而采取的应对策略，是对自我管理的管理、对自我组织的组织，以实现科层制治理、网络化治理和市场化治理相互协调，是对治理过程本身的再治理。在具体实践环节，杰索普将元治理归纳为元交换、元组织、元团结与元异质四种模式，并强调了必要的反思性、多样性与反讽性三条原则。

三、 中国新媒体管理研究的不足与走向

新媒体研究是一个复杂的命题，新媒体管理研究或多或少、或深或浅对新媒体管理有所贡献，但总体来看仍显滞后。

（一） 研究的不足

1. 理论研究滞后

纵观近年来的相关研究，我国学界尚未形成完善的新媒体治理理论体系，在理论方面还存在诸多空白之处，研究大多停留在实践层面，很少对理论进行深入具体的研究。究其原因，一方面是技术作为新媒体现象的主要驱动力，它的层出不穷和快速演进在一定程度上造成了新媒体研究的理论给养不足，长期陷于对新技术现象被动追随和解释的处境。新媒体治理相关研究大多只是描述性和对策性应用研究；另一方面，由于管理并不是传统新闻传播学擅长的研究，加上新媒体管理十分复杂，因此新媒体管理与治理仍处于探索阶段，相关研究需要时间沉淀，理论研究相对滞后。这就需要我们接下来重点关注治理过程中出现的焦点问题，进一步加强相关理论研究，同时借鉴国外治理经验，探索适合飞速发展的网络时代的新媒体治理模式，建立中国特色新媒体治理体系。

2. 研究层次不高

随着新媒体治理方面的研究不断涌现，相对应的研究方法也变得丰富。定性与定量研究相结合成为最常见的研究方法，且以定性研究为主。但很多研究还是借助传统的方法。随着互联网与新媒体的不断革新，出现了许多新问题、新发

---

① 李敬：《新媒介能否让我们遭遇世界？——从阿伦特的政治社会理论出发》，《国际新闻界》2021年第10期，第98页。

展，这就需要我们突破对传统研究方法的依赖。由于新闻传播学本身就是站在"十字路口"的学科，与各学科广泛交叉，许多研究可以借鉴外学科研究方法，涉及公共管理、情报科学、计算机科学、法学、伦理学、社会哲学等，因此，在未来的研究中，我们应注重引进其他学科的研究方法与范式，拓宽研究边界，在更广阔的知识背景中探索新媒体治理方面的新发展、新问题、新需求。

（二）研究发展走向

整体而言，新媒体管理的研究虽然较多，但主要是描述性、解读性和对策性应用研究，学术性较强的文章不多，理论层面的研究相对于实践层面是比较薄弱的。虽有学者打破固有的学科藩篱，运用整合视角和创新思维去深入探究网络治理的多维向度，但对新理论、新方法应用不够，对新媒体规制创新的理论支持不够。由此可见，对于这个交叉学科和新兴领域的研究还需要时间积淀。

以上我们分析的只是公开发表的文章，不包括国家、省部级课题中为政策制定者提供新媒体管理对策的研究报告，以及政府相关部门做的调研报告（出于保密需要，这部分研究成果是不公开的）。由于新媒体治理是一项极其复杂的系统工程，单凭个人和单一学科难以完成这一综合性研究，因此，未来的研究会更多趋向跨学科的团队攻关，同时也会积极借鉴和引入国外的研究成果。

长期以来，我国新媒体管理遵循类似早期环境保护理念的"先开发后治理"模式，法规制定和管理制度滞后，应用研究、对策研究远远多于理论研究。因此，当前亟待加强新媒体法学、伦理学、社会心理学等基础研究，为新媒体管理与治理提供强大的理论支持，进而推动我国新媒体持续健康向前发展。

第三节　智能传播与社会治理

随着大数据、人工智能、物联网、虚拟技术相继进入互联网，传媒业和网络社会中出现智能化的趋势，其标志是"元宇宙"概念的提出和 ChatGPT 的上线，新问题尤其是互联网的治理问题（人类应如何更好地应用互联网和人工智能而不被其奴役？）和相关研究也随之而来。

一、人工智能如何改变传媒业

近年来，在人工智能、物联网、VR/AR 等新技术的推动下，媒体出现了智能化趋向。智媒化的特征主要体现为万物皆媒、人机共生、自我进化。"媒体的智能化，一方面消融了传统传媒业的固有边界，另一方面正在重塑传媒业的原有生态。"①简言之，智能化毁灭了传统媒体，造就了新媒体及整个传媒业。

"生成式智能正在重构新闻生产流程，变革新闻工作机制，并驱动新闻的多模态转换，是否挑战了新闻观念？智能数据驱动新闻是否挑战了新闻专业的基础？用智能技术替代采写，是否挑战了新闻工作者的专业实践观、记者的角色？"②陈昌凤认为，生成式人工智能在赋能新闻业的同时，不一定能够优化新闻业。挑战主要有两方面：①数据驱动的故事新范式会挑战新闻观念。②生成式人工智能工具会挑战新闻专业的实践观念。

张梦等梳理了国内外与智能媒体相关的文献，发现研究主题主要包含四类：①新闻传播实务变革，表现为人工智能在新闻采集、生产、分发和核查等环节的应用及影响。②新闻传播学研究范式革新，主要为新闻传播本体论反思及理论创新。③伦理争议，包括"非真实""偏见和歧视""低透明度""违背个人信息保护"和"损害个体自主"。④伦理归责，包括伦理责任主体的区分、归责依据的探讨以及伦理责任体系的构建。③其实，人工智能影响的不只是新闻，而是涵盖传媒内容的生产、传播、经营和消费。

在智媒化趋势下，媒体内容生产各环节中都会形成人机协同的新生产机制，从信息采集、信息审核、作品创作到内容分发。其中，算法推荐和AIGC是学界研究的两大热点。

先说算法，"一方面，学术界较多采用诠释经验主义范式，阐释人类在日常新闻实践中对算法的意义解读，还原媒体、平台、算法与用户之间动态的相处机制；另一方面，越来越多学者开始探讨算法对于既有的传播理论体系的补充，反思智能媒体在公共性、正当性层面扮演的角色，以及围绕智能技术产生的权力角逐"④。"政治内嵌与资本介入，社会结构性偏见的循环，量化计算对有机世界的

---

① 苏涛、彭兰：《"智媒"时代的消融与重塑——2017年新媒体研究综述》，《国际新闻界》2018年第1期，第38页。

② 陈昌凤：《生成式人工智能与新闻传播：实务赋能、理念挑战与角色重塑》，《新闻界》2023年第6期，第4页。

③ 张梦、陈昌凤：《智媒研究综述：人工智能在新闻业中的应用及其伦理反思》，《全球传媒学刊》2021年第1期，第63页。

④ 师文、陈昌凤：《驯化、人机传播与算法善用：2019年智能媒体研究》，《新闻界》2020年第1期，第19页。

遮蔽，必将导致算法的内生性偏见。"①

再说 AIGC（AIGC 是继 UGC、PGC 之后利用 AI 技术自动生成内容的新型生产方式），"一方面，人机交流中的机器具有较大的可控性，人可以对交流进行各方面的控制，但这未必总能带来理想的交流效果；另一方面，人机交流中的机器也在对人进行着反射，或用自己的方式对人进行驯化，第 104 页"②。

陈昌凤等则应用哈贝马斯的交往理性理论，借此探讨智媒体中的人机关系："交往理性是从社会系统的角度去看待科技的行动和功能的。能自觉地在社会系统中确定自己的定位和行为，可以有效地克服科技理性的问题，提升科技的合理性。"③

二、　智能传播及伦理失范

人工智能的作用和影响远不限于新闻。"生成式人工智能（AIGC）正在展示技术的颠覆性力量，被视为至少能与互联网、智能手机相提并论的前沿技术，其代表性应用是 2022 年底发布的 ChatGPT 智能程序，以及 2023 年 3 月发布的 GPT－4 语言模型等。它们是向数据学习的神经网络系统，半年来已经被广泛运用于日常对话、生活服务、新闻传播、艺术创作（音乐、绘画、时尚、设计和文学等）、商业经营、科学研究、医疗保健、教育教学等各个领域，其爆炸性流行被视为公众采用人工智能技术的第一个真正转折点，也成为激发生产力和人类创造力的巨大引擎。"④

人工智能的影响远超于传媒，它形成了存在于整个网络社会中的智能传播，由此引发了一系列的社会学、法学和伦理学问题。"智能传播涉及三种新的人机关系：人机协同、人机交流与人机共生。在 ChatGPT 以及其他 AIGC 技术的推动下，人机协同将从媒体或其他行业性应用向个体的生活层面渗透。人机协同中，人需要重新定义自身的角色。ChatGPT 及类似应用也会使人机交流日益普及，这种交流虽然可以给人们带来相应的满足，但也可能对人际交流形成挑战与破坏。智能传播，也越来越多地以人机共生的新身体——赛博格（Cyborg）为基础，基

① 郭小平、秦艺轩：《解构智能传播的数据神话：算法偏见的成因与风险治理路径》，《现代传播》2019 年第 9 期，第 19 页。

② 彭兰：《AIGC 与智能时代的新生存特征》，《南京社会科学》2023 年第 5 期，第 104 页。

③ 陈昌凤、石泽：《技术与价值的理性交往：人工智能时代信息传播——算法推荐中工具理性与价值理性的思考》，《新闻战线》2017 年第 17 期，第 74 页。

④ 陈昌凤：《生成式人工智能与新闻传播：实务赋能、理念挑战与角色重塑》，《新闻界》2023 年第 6 期，第 4 页。

于这种新的身体的自我传播也将对人产生日益深远的影响。"①

最为突出的问题是伦理失范。"人工智能技术带来的伦理失范主要有以下四个方面：一是新闻偏见、新闻失衡难以被发现和控制；二是媒介的舆论监督作用被削弱；三是公众的信息安全和著作权得不到基本保障；四是智能推荐易使受众深陷'信息茧房'，对社会产生负面影响。"②

在"人工智能时代数字化生存与人类传播的未来"圆桌对话中，众多学者对人工智能存在的问题溯源分析。"当前讨论人工智能，必须要追溯人工智能的本源——控制论思想，以此揭示出控制论如何成为美国传播学研究中控制和反馈的（被遗忘的）思想基础；在人工智能研究方兴未艾之时，我们应当如何应对这样一种技术主义的挑战。"③

关于智能传播的研究不仅停留在学理层面，还与现实和实践紧密联系。一个是健康码，另一个是自动生成。"'深度伪造'是人工智能技术进步的产物之一，它运用的'生成对抗网络'技术被用户快速普及，对其滥用则会威胁国家安全、个人和企业的合法权益。它严重影响了信息安全，挑战了新闻真实性原则和用户追求真相的价值观。"④

三、 ChatGPT 引发的治理问题

"目前我国在不断加大互联网治理的力度，加强政府监管，出台各种新规。然而，问题和乱象依然存在，信息泄露、信息污染、侵犯隐私等失范现象仍然泛滥，这让我们不得不反思互联网治理的出发点有无问题，或许需要从更基本的层面，即从互联网伦理的角度来审视它。"⑤

2023 年 5 月 14 日，由北京师范大学新闻传播学院主办，清华大学新闻与传播学院新媒体研究中心、《国际新闻界》协办的"ChatGPT 启示会"在北京举办。来自清华大学、北京大学、中国人民大学、北京师范大学等知名院校的二十余名专家学者围绕"大语言模型下信息生产与流通领域的问题""大语言模型下

---

① 彭兰：《从 ChatGPT 透视智能传播与人机关系的全景及前景》，《新闻大学》2023 年第 4 期，第 1 页。
② 靖鸣、娄翠：《人工智能技术在新闻传播中伦理失范的思考》，《出版广角》2018 年第 1 期，第 9 页。
③ 吕新雨、赵月枝、吴畅畅等：《生存，还是毁灭——"人工智能时代数字化生存与人类传播的未来"圆桌对话》，《新闻记者》2018 年第 6 期，第 38 页。
④ 陈昌凤、徐芳依：《智能时代的"深度伪造"信息及其治理方式》，《新闻与写作》2020 年第 4 期，第 66 页。
⑤ 谭天、曾丽芸：《伦理应该成为互联网治理的基石》，《新闻与传播研究》2016 年第 23 卷第 S1 期，第 61 页。

伦理法规领域的问题""大语言模型下文化领域的问题"三个议题展开了历时 1 天的精彩研讨。最终，会议基于平等交流的学术研讨原则，聚焦大语言模型时代的新变化，提出了一些传播学研究新问题（见表 6 - 1）。

表 6 - 1　"ChatGPT 启示会"提出的传播学研究新问题

研究方向与具体研究问题	学者评分
（1）大语言模型的技术与应用：主要涉及大语言模型的设计、训练、操作、功能以及应用等方面的问题	
①大语言模型的内容生产是否存在偏见？	4.47
②人与 AI 共同生产的常规流程是什么？各自角色是什么？	3.38
③大语言模型是否能产生真正的知识或智慧？	3.41
④ ChatGPT 拟合样本与人类搜索行为是否具有较高的一致性？	3.32
⑤如何判断多轮对话中大语言模型的信息真实性？	3.88
⑥大语言模型对人机交互（UI）可能带来的改变	3.74
⑦大语言模型对虚拟现实（VR）人机交互的影响	3.47
⑧大语言模型下如何识别更"智能"的社交机器人？	3.59
⑨大语言模型新的训练样本、新的服务模式应该从何而来？	3.41
合计	3.63
（2）大语言模型的伦理和法规：主要涉及大语言模型在应用中遇到的伦理问题，以及相关的法规和政策	
①如何提升中国在 AIGC 伦理法规制定中的国际影响力和地位？	4.12
②如何将 AIGC 抽象的伦理问题进行操作化处理？	3.85
③大语言模型伦理法规中标准性的测试落地研究	3.76
④人机合作生产中贡献比例应当如何分配和声明？	3.26
⑤人类中心的伦理观念是否会受到 ChatGPT 类产品的挑战？	3.65
⑥大语言模型训练中的数据质量和数字版权问题	4.09
⑦大语言模型创作侵权问题	4.18
⑧大语言模型的反垄断问题	4.03
合计	3.87
（3）大语言模型的社会影响：主要关注大语言模型对社会、文化、经济、政治等方面的影响	
①大语言模型成为新的传播主体，行为和传播会被重构吗？	3.79
② AIGC 如何变革信息的聚合和分享模式？	3.88
③ChatGPT 类产品普及后知识生产的鸿沟是被弥合还是进一步扩大？	4.00

（续上表）

④ChatGPT 类产品如何在国际传播、政治传播等领域作为现实世界的镜像？	3.74
⑤大语言模型如何帮助解决现实生活中虚假信息的生产与传播？	3.76
⑥大语言模型下的数字化身份的识别、认可与自我交往问题	3.62
⑦ChatGPT 类产品带来人机依恋的问题	3.47
⑧作为新常人的 ChatGPT 类产品将带来哪些变化？	3.32
⑨大语言模型是构成新的"大他者"还是"他者"的消失？	3.18
⑩如何发挥大语言模型的人文、社会价值？如何构建安全的 AI？	3.85
⑪大语言模型如何避免从数字治理走向数字灾难？	3.62
⑫ChatGPT 类产品的社会规制问题	3.82
⑬大语言模型的治理模式在机制与逻辑上会发生怎样的改变？	3.74
⑭人机共存的未来场景中应确立怎样的治理逻辑？	3.85
⑮大语言模型训练语料的不对称、不平等问题	3.62
⑯大语言模型下的信息生产的隐私保护问题	4.18
⑰ChatGPT 类产品将如何变革社会生产力和生产关系？	3.79
⑱ChatGPT 类产品的发展是否可能导致价值观渗透和文化入侵？	3.79
⑲AIGC 带来虚拟与现实的交融如何影响人的生存方式？	3.50
合计	3.71
（4）大语言模型的人机交互：主要关注人类和大语言模型交互的过程、心理动机、交互效果等方面的问题	
①未来人机交流将出于怎样的心理动机？	3.65
②大语言模型下人机交流与人际交流存在哪些本质差异？	3.82
③为什么要造一个类人的 AI？具身机器对于人机交流有无意义？	3.68
④大语言模型带来的智能素养问题	3.71
⑤AIGC 的多模态环境构建对人类情感存在哪些潜在影响？	3.62
⑥ChatGPT 类产品对人类创造力的影响	3.76
⑦AIGC 如何引起日常生活的艺术化？	3.00
⑧ChatGPT 类产品对不同人群的自信和自我效能的影响	3.41
合计	3.58
（5）大语言模型的教育和学科发展：涉及大语言模型对教育领域、学科发展以及专业人才培养的影响	
①大语言模型时代传播学研究和学科建设将会面临何种挑战？	3.76
②未来社会是否还需要（大量）传播研究和传播人才？	3.59
③大模型对于不同代际的影响是否有差异？	3.21

（续上表）

④大模型背景下的教育问题和学科交叉问题	3.79
⑤AIGC 与社会赋能赋权的问题	3.50
⑥ChatGPT 类产品如何与各个专业领域相结合？	3.59
⑦组织视角下内容强依赖行业的行动者关系建构研究	3.21
⑧大语言模型是否会形成新的社会职业和新的择业观？	3.41
合计	3.51
（6）大语言模型的技术接受和认知差异：不同文化、不同群体对于大语言模型的接受度、认知差异及其带来的技术恐慌等问题	
①跨文化语境下对大语言模型的技术接受与认知差异研究	3.47
②ChatGPT 带来的技术恐慌与以往技术恐慌的差异	3.15
③学术共同体应对大语言模型建立怎样的共识？	3.18
④人类强化视角下应当形成怎样的新人类观？	3.29
⑤AI 成为新基础设施后，人将形成怎样的认知模式？	3.59
⑥ChatGPT 类产品会改变人类社会日用而不绝的规则吗？	3.29
⑦ChatGPT 类产品是否会出现麦克卢汉所提到的"过热媒介逆转"现象？	3.38
合计	3.34

在讨论"大语言模型下伦理法规领域的问题"这一议题时，学者们发表了各自的见解。[①]

胡泳指出，任何机器学习技术的工作原理一定没有手工编码系统透明，甚至科技公司的工程师也很难确切地说明算法的工作方式，这种不确定性的叠加可能会在未来某个时间节点产生不确定性的"爆炸"。张伊妍基于人机共创背景谈道：当人接到一个创作任务，把创作目的转换为大语言模型的输入指令并对输出结果进行适当修改时，人机已经融合并形成一种赛博格的创作效果，这导致人与大语言模型创作边界的模糊。透明度问题的重点在于将自主权留给受众（keep them informed），通过百分比方式呈现人与大语言模型双方对内容的贡献比例。赵蓓认为，可以将透明度问题细化为算法透明度、数据透明度、使用透明度三个组成部分。在算法透明度上，一些大语言模型如 GPT-3 的算法已经公开，人们可以通过学习模型的内部机制和参数了解其工作方式，并据此分析模型生成内容

[①]　张尔坤、张一潇：《ChatGPT 启示：大语言模型时代传播学研究新问题》，《国际新闻界》2023 年第 6 期。

的偏见和错误，但 GPT-3 之后，OpenAI、谷歌不再公开算法，透明度的降低可能会影响大语言模型的未来发展；在数据透明度上，大语言模型的训练数据通常是不公开的，整个决策过程往往是一个黑箱；在使用透明度上，在使用大语言模型之前，应先制定规范使用透明度标准，避免陷入被动的"使用—检测"竞争之中。

对于 ChatGPT 使用中出现的隐私保护问题，戴舒琪以患者就医为例指出，医生输入患者信息并利用 ChatGPT 为患者自动开具病历的过程中，患者信息会被传输至美国 OpenAI 公司的服务器上，如何保护患者个人隐私将成为新的问题。苏岩认为，ChatGPT 带给人的即时性便捷仅仅是一种表象，长此以往的后果可能是"数字利维坦"的出现，届时个人隐私数据将变为公开信息。赵蓓提到，目前基于大语言模型开发的聊天机器人已能够根据大量聊天记录合成虚拟用户，这一虚拟用户类似于真人用户的数字化身，与虚拟用户的对话可能导致真人用户的隐私泄露。

有学者认为大语言模型将对社会治理逻辑产生革命性影响。喻国明指出：从古至今人类社会的政治、经济、文化都属于精英治理模式，而技术对人类社会的最大颠覆在于强化大众的平等性，拉平人与人之间的差距，打破精英和大众之间的壁垒，削弱精英赋权的基础，这将对未来包括传播在内的整个社会治理、运作产生重大甚至根本性影响。同时，大众的增强可能导致精英治理的"黄昏"。在技术的加持下，大众可以从自然版本的身心结构发展到更聪明、更长寿也更符合人性的后人类结构，这一增强将使人的差距骤然缩小，这是技术最大的社会影响。这一影响可能从两个角度改变未来的发展趋势：①将人的体能、智能与领袖能力均值化，精英治理彻底变成所谓的庸众治理，但这种情况发生的可能相对细微。②更大的可能在于大众增强技术无法拉平人的差距，精英治理会以弱形式长期存在，形成一种新型的普遍强人治理，将精英治理改头换面保持下去。陆小华认为，大语言模型已经在重构社会规则：第一层表现为法律治理规则的重构，互联网、数字技术等相关法律将被改写；第二层表现为传播主体的重构，大语言模型将成为新兴内容生成主体，让社会进入人机共生时代。

四、 我国 AI 治理需要创新升级

人工智能为网络安全治理带来新挑战。在个人层面，人工智能降低了个人网络犯罪的门槛。通过 AI 换脸和拟声技术获取信任进行诈骗的案例屡见不鲜。在社会层面，人工智能伪造虚假信息会误导社会公众。利用人工智能技术制作虚假新闻，针对公众人物制作虚假视频，容易造成不良引导，影响社会认知，甚至破

坏社会信任、扰乱社会秩序。在 2023 年 8 月 27—29 日举办的首届网络空间安全（天津）高峰论坛上，近 800 位来自网络安全领域的官员、专家学者和科研机构、院校、企业代表齐聚一堂，共话网络空间安全形势、共享网络安全理念、共商网络安全对策，人工智能治理呼唤网络安全治理升级。

人工智能治理不能采用"先发展后治理"的模式，这样会后患无穷，学者们就此纷纷提出治理的新思路和新原则。"推进生成式人工智能治理安全与发展的平衡。生成式人工智能发展的治理取向，应在发展中保护、在保护中发展，在坚守技术安全秩序的同时调动市场活力。一方面，应联合科技企业、高校和专家学者对生成式人工智能进行系统性研究和监管，制定公共政策分类保护数据，确保技术创新在获取数据的同时不侵犯个人权利或损害国家安全。另一方面，应构建社会多主体参与的分级治理框架。"① "迈向'模型泛在'的人工智能 2.0 时代，生成式人工智能的治理应遵循敏捷治理与韧性治理并重、精准治理和参与式治理协同的原则。"② "基于敏捷治理的全面性、适应性与灵活性，我国生成式人工智能治理应秉持包容审慎的监管理念，依据模型产业架构，形成'基础模型—专业模型—服务应用'的全面性治理格局；划分已知与未知风险，构建事前预防与事后应对相结合的适应性治理机制；综合运用技术、法律等灵活性治理工具，实现生成式人工智能治理范式革新，促进科技向上向善发展。"③

还有专家采用后视镜、社会实验等方法对人工智能治理提出解决方案。后视镜的隐喻能帮助研究者解释技术的历史发展和逻辑。透过后视镜来反观新技术来时的路，可以在技术的历史发展痕迹中探求技术的未来走向，因此有学者提出"倒着走向生成式人工智能的未来"④ 的治理技术思路。"人工智能社会实验的实验路径为其伦理规范体系的确立提供了基本框架。基于实验开展的七个阶段，结合人工智能伦理和社会实验伦理的研究成果：①分析整合实验各阶段面临的伦理风险，结合应用场景与技术特征进行深化；②梳理提炼普适的伦理原则，将其规范要求细化至实验各个阶段；③针对实验开展需要，确定不同参与主体在各阶段的职能作用，据此落实主体间的伦理责任。由此形成对人工智能社会实验伦理研究的基本认识，建构起既表达普遍价值共识又具备实践可操作性的人工智能社会

①　方彪：《审慎应对生成式人工智能新发展》，《中国社会科学报》，2023 年 8 月 21 日第 4 版。

②　张欣：《面向产业链的治理：人工智能生成内容的技术机理与治理逻辑》，《行政法学研究》2023 年第 6 期，第 43 页。

③　张凌寒、于琳：《从传统治理到敏捷治理：生成式人工智能的治理范式革新》，《电子政务》2023 年第 9 期，第 136 页。

④　陈定权、李帅、董昊南：《倒着走向生成式人工智能的未来》，《图书馆建设》2023 年第 4 期，第 2 页。

实验伦理规范体系。"①

钱忆亲提出了 AI 伦理法规制定的落地问题，指出：关于 AI 伦理法规，学界已讨论多年，当下相关探讨已度过达成某种标准或共识的阶段，进入实施阶段，即如何把 AI 伦理落地的阶段。目前国际社会关于 AI 伦理的探讨仍然比较抽象化、概念化，中国的 AI 伦理法规如何落地是学界亟须关注的问题。另外，中国在 AI 伦理的国际标准制定中处于弱势地位，因为目前所有 AI 伦理的国际标准制定都没有中国内地代表参与，长此以往将形成布鲁塞尔效应，对中国人工智能公司、产品"出海"不利。

有学者基于人工智能的内容生态提出治理建设和伦理框架。"基于人工智能生成内容的生态构成，经过对数据来源、算法嵌入、平台集成、用户反馈四个维度风险派生路径的分析，发现存在着披露未许可、虚假不真实、偏见放大、偏差隐藏、被恶意使用、不道德取利、理性致瘾、小概率惊恐八类风险；进一步对 AI 嵌入内容生成的产生原理及作用机理进行解构与深化，提取出风险治理的隐私保护、说明责任、公平无歧视性、透明可解释性、防第三方侵害、政府责任、人类控制、增进人类价值八项原则；并推演出了开展 AI 数据的镜像审查治理、促进算法和内容的同步治理、推动生成内容的对象治理转向智能平台的生态治理、实施内容生成和渠道推广的风险共担治理四方面的建议，建构起人工智能生成内容的系统伦理框架。"②

近年来，美国学者凯瑟琳·海勒以信息论和控制论为理论基础，对信息媒介、计算机网络、人工智能、虚拟现实等引发的问题进行了深入研究，其后人类传播观念深刻地影响着这一领域的研究。她认为，"后人类的主体作为一种物质与信息相混合的独立实体，重构了身体的边界，导致'电子人'作为后人类传播新主体的出现，并重新界定了传播研究中的'虚拟性'与'物质性'问题"③，"海勒的后人类理论中所蕴含的传播观念，为智能时代的传播研究开拓了一种新视角"④。基于 ChatGPT 的智能传播引发了很多社会治理问题，需要传播学与哲

① 汝鹏、秦晓阳、苏竣：《风险、原则与责任：基于实验路径的人工智能社会实验伦理规范体系建构探究》，《科学学与科学技术管理》2023 年第 7 期，第 2 页。

② 谢梅、王世龙：《ChatGPT 出圈后人工智能生成内容的风险类型及其治理》，《新闻界》2023 年第 8 期，第 2 页。

③ 郑奕、连水兴：《智能时代的信息控制、电子人与媒介物质性——论凯瑟琳·海勒的后人类传播观念》，《福建师范大学学报（哲学社会科学版）》2022 年第 4 期，第 111 页。

④ 郑奕、连水兴：《智能时代的信息控制、电子人与媒介物质性——论凯瑟琳·海勒的后人类传播观念》，《福建师范大学学报（哲学社会科学版）》2022 年第 4 期，第 111 页。

学、伦理学、社会学等相关学科协作开展跨学科研究，同时需要拓展后人类等新的研究视角。

本章小结

研究习近平总书记关于网络信息的论述，可以找到我国新媒体管理的指导思想，不仅能为我国新媒体管理提供政策支持，也能为新媒体管理研究提供理论指导。习近平总书记关于网络信息的论述能让我们在更多层面思考新媒体管理，进而从根本上促进相关研究。

我国互联网发展很快，新媒体管理面临的挑战很多，相关的研究也日益增多，但由于这一研究涉及的学科专业未走出新闻传播学，因此相关研究显得比较薄弱，更多停留在政策解读和对策设想阶段，学理性显得不足。我们需要基于这一综合性研究，加强学科合作和协同创新。

随着大数据、人工智能、物联网、虚拟技术相继进入互联网，尤其是"元宇宙"概念的提出和ChatGPT的上线，新问题和新研究也随之涌现，新媒体的社会治理进入了新的阶段。一方面，我们需要把研究置于智能传播和多学科的框架内；另一方面，我们需要采用新的研究手段和思路。对此，学界已列出新的问题清单。与此同时，研究思路也亟待拓展。

新媒体管理研究是一个新闻传播学结合管理学、社会学、政治学等学科的跨学科研究。然而遗憾的是，纵观本项目研究，这一部分是偏弱的，一方面是新媒体管理研究本身薄弱，另一方面则是缺少对国外新媒体管理研究的关注、梳理和借鉴，希望在后续研究中得以弥补。

第七章　取向、方法与趋势

　　我国新媒体研究的文章虽然很多，但真正算得上学术论文的还不是很多，高质量的研究更少，这涉及新媒体研究的取向、方法与趋势。对此，我们从两方面进行检视：先对新媒体研究者群体做抽样式窥探，聚焦目前国内多个重要新媒体学者的研究，通过这些研究洞察我国新媒体研究的基本特点和学术走向；再基于新媒体研究中举足轻重的研究方法，揭示新媒体研究具有新文科的特点，不仅引入自然学科的研究方法，而且大力推进跨学科研究。

第一节　新媒体学者的研究取向

　　从 1996 年中国社科院学者闵大洪发表第一篇新媒体研究论文以来，我国新媒体研究历史已有将近 30 年。"如今，我国新闻传播学界已经迅速建立起一支庞大的研究队伍，各大高校和科研院所纷纷组建了新媒体研究机构，对新媒体的各个领域开展研究，取得了不少研究成果。"① 对这个研究群体及成果进行扫描，有助于我们了解我国新媒体研究的现状和发展。下面我们通过介绍知名学者来了解这个研究群体的特点和取向。

一、彭兰教授的研究

　　彭兰作为我国最早的新媒体学者，自 1999 年以来一直致力于新媒体理论、新媒体技术、新媒体产业以及媒介文化等领域的研究，已发表了 160 多篇论文。下面对彭兰多年来的研究成果做简单回顾与梳理，试图勾勒出其新媒体研究版图

---

　　① 谭天、夏厦、刘睿迪：《中国新媒体研究发展回顾及展望》，《新闻爱好者》2017 年第 9 期，第 40 页。

的概况、研究的转向以及研究的特点。

（一）互联时代的来临——汇聚（1994—2005 年）

1994 年 4 月 20 日，中国与国际互联网的第一条 TCP/IP 实现全功能链接，中国由此实现了与全球其他互联网成员的汇聚。2004 年，彭兰完成了博士学位论文《花环与荆棘——中国网络媒体的第一个十年》。她从网络媒体的发展阶段、网络媒体视野的基本格局、网络媒体新闻业务、网络媒体经营及网络舆论与社会生活的关系等角度，对中国网络媒体的第一个十年进行了全景式、全程式的历史记录，这在一定程度上填补了中国网络媒体发展史宏观研究方面的空白。

从彭兰在这一阶段发表的论文不难看出，她不仅从宏观向度探讨了中国接入互联网后所发生的深刻变革，还致力于从微观层面研究以下三方面问题：

1. 互联技术的汇聚

互联网带来了各类新型技术的汇聚，如第四媒体、流媒体技术、维客等，彭兰从互联网及这些技术本身出发，对它们进行了详尽的研究。1999 年，她最早在《走向"第四媒体"——第二届亚太地区报刊与科技和社会发展研讨会综述》一文中介绍了第四媒体在中国的应用情况，并对第四媒体将带来哪些变革进行了一一剖析。2004 年，她进一步在《什么是流媒体技术》《什么是维客》中对当时的前沿技术进行了概念诠释和特点概述。笔者认为此时的彭兰更多是处于观察与思考阶段，她针对中国接入互联网这个背景，对互联网带来的新技术进行介绍、研究与审慎预测，同时对这类技术进入中国市场可能带来的传媒产业的变革、采编业务的变化、传受关系的颠覆、商业模式的创新都有一定的思考。

2. 传媒业务的汇聚

作为较早一批对新媒体技术做科普、研究和探讨的学者之一，彭兰从各类技术汇聚出发做观测，却又不止于技术层面。她更多是观察新媒体技术带来的新型关系需求、新型空间需求、新型商业平台以及新型传媒业务模式。在这一阶段，她也注意到了技术汇聚所带来的新旧业务模式的汇聚。

从 1999 年至 2005 年的 7 年时间里，彭兰共发布了 9 篇关于互联技术带来的传媒业务变革的论文。她关于这个向度的研究主要聚焦于三个方面：新媒体技术带来的新型业务模式、新媒体与传统媒体的关系问题、新媒体技术介入传媒业务所带来的风险问题。

首先是关于新媒体技术带来的新型业务模式。2000 年，彭兰在《网络与体育报道》一文中，就新浪网成为"第 27 届奥运会中国体育代表团官方网站唯一互联网合作伙伴"事件进行了探讨，率先对网络技术介入体育新闻报道进行了观察，并明确提出网络媒体的五大优势：资源优势、时效优势、互动优势、选择优势以及经营优势。同时，她还在《边走边看话"千龙"——关于千龙新闻网开拓新路实践的若干思考》与《媒体网站的品牌建设——一种营销学的思路》中，对网站的建设、新型运作模式以及营销思路进行了深入分析。

其次是关于新媒体与传统媒体的关系问题。其实，早在《网络与体育报道》一文中就有彭兰对传统媒体的提醒，她明确提出网络汇聚入传媒业后，传统媒体要去思考如何应对、如何正确处理与网络媒体的关系。彭兰在随后发表的《"鱼"与"熊掌"各有所需——关于报纸印刷版与网络版互补关系的思考》一文中，从报纸印刷版与报纸网络版的新旧形式出发，对两者的关系进行了深入分析。她认为，对于传统媒体来说，网络技术带来的不只是冲击，其实还能通过合作来创造机遇，例如"对很多过去影响力较小的报纸而言，上网是他们与大媒体竞争的一次机会"。同时，网络媒体与传统媒体不仅是一种竞争关系，也有互补关系，例如在技术手段、服务对象、服务方式以及服务策略上的互补。而这一阶段关于新媒体与传统媒体的关系问题讨论，也为后来在众媒时代彭兰分析媒介融合问题提供了先行研究样本和积累。

最后是关于新媒体技术介入传媒业务所带来的风险问题。关于这个问题的讨论不是孤立的，其实彭兰在探讨前两个方面的问题时都有涉及关于新媒体技术带来的风险问题。以2002年的《从"粘贴新闻"到"解读新闻"——网络新闻处理的四个层次》为例，虽然这篇文章主要是探讨网络新闻处理的四个层次，但是在其中也有对网络技术介入新闻业务带来的风险进行反思，例如网络技术带来了"粘贴新闻"的"繁荣"，随之而来的是一系列的潜在风险，如知识产权的问题、新闻质量的问题、新闻趋同倾向的问题以及新闻信息的失真问题等。在《主流化与边缘化——网络新闻发展的双重轨迹》一文中，彭兰则更加直接地指出了网络介入新闻业务所带来的问题："在重大新闻报道之外，网络新闻中更多的是充斥着'煽''色''腥'的低俗消息，也充斥着流言、谣言、小道消息和假新闻。"

3．多元信息的汇聚

在这一阶段，除了关注技术与业务层面，彭兰还将研究方向聚焦到内容层面。随着中国加入互联网的大家庭，中国也被放置于全球化的传播大环境中，那么，多元文化信息在网络上汇聚与传播，是否会对中国本土文化产生冲击与影响？其作用机制又是怎样的？相关机构要如何做到兴利除弊？在传播内容和文化视域下，彭兰对中国内地网站的外来文化信息传播状况做了实证研究，并呼吁新媒体研究者要更多地去关注网上文化产品的传播机制，以及文化产品对人们的作用机制。而这两个方向，也成了后来彭兰一直密切观察的领域。

（二）众媒时代的来临——融合（2006—2015 年）

正如彭兰所说：汇聚，是网络变革中不可遏止的一个势头，也是信息社会发展的一个大势所趋；从另外一个角度看，与网络相关的技术革命也将带来媒体之间的重组与融合。中国接入互联网后发展迅速，特别是在 2006—2015 年的 10 年间，新兴的互联网平台崛起，前沿的新媒体技术加速迭代，这也为新媒体研究者提供了丰富的研究样本和议题，一定程度上促进了新媒体研究的繁荣，而在这 10 年间，彭兰发表了 80 余篇新媒体研究论文。

网络媒体的进化过程分为几个阶段，每一个阶段都有不同的特点，而众媒阶段则是多种媒体形态、多种传播主体、多种传播技术的融合与共生。纵观彭兰在这一阶段的研究，可以发现其很多研究也都围绕着关键词"融合"，主要是在媒介融合、融合新闻、技术融合三个方向探讨得较多。

1. 媒介融合

自 2005 年起，媒介融合就初见端倪，到了 2007 年，关于媒介融合的讨论已非常热烈，学者们围绕媒介融合谈论最多的是"汇聚""集中""整合"等"合"的方面，而此时的彭兰却认为融合只是手段而不是目的，"合"是为了更好地"分"，通过融合达到更高层次的多样化，于是她另辟蹊径，从"合"与"分"两条路径来分析媒介融合的生产流程、受众市场、传播渠道等。她指出媒介融合是大势所趋，但是媒介融合不是简单粗暴地整合集中，而是要求传播的各个环节处理好"合"与"分"的关系，在细分的基础上进行融合，在融合的趋向下做好细分。

彭兰多年来一直没有中断对媒介融合的观察，2007 年，她在之前的研究基础上继续深入，于《社会化媒体与媒介融合的双重挑战》中谈了媒介融合的三个基本问题：媒介融合对专业媒体的挑战、媒介融合时代的合与分的辩证思考、媒介融合的终极目标。

2. 融合新闻

彭兰关于融合新闻的研究主要集聚在 2014 年与 2015 年，她在这两年里关于融合新闻议题的研究论文多达十余篇，主要是从个案入手进行探讨，如《融合新闻在调查性报道中的应用——以〈卫报〉"解密国安局档案"专题为例》《融合新闻里程碑之作——普利策新闻奖作品〈雪崩〉解析》《从〈与死神的约会〉看融合新闻时代的叙事之道》《融合新闻报道要有社会科学研究思维——以澳大利亚 SBS 融合新闻作品〈克罗纳拉骚乱：举国震惊的一天〉为例》等。不难看出，她关于融合新闻的研究主要是从新闻采编业务层面开展的，聚焦于融合新闻的采编思维范式、呈现样式、叙事技巧以及适用的新闻类型等。

3. 技术融合

从彭兰的研究中可以发现，她一直密切关注各类新媒体技术，特别是新媒体技术与新闻采编业务的融合。在这 10 年间，她探讨得最多的技术与业务融合的形式主要有两大类：网络新闻专题、信息图表与可视化报道。

关于网络新闻专题，她认为网络媒体之间的生存较量开始转向深度和差异化竞争，新闻专题成为网络媒体竞争的主战场，这就要求新闻从业者从新闻的选题策划、角度策划到新闻报道的谋篇布局、深度切入方面都要有新闻专业性，因此，她发表了"网络新闻编辑"系列文章，对网络新闻专题的特点、发展、编辑原则、内容策划以及信息手段的运用进行了阐释。

彭兰关于信息图表技术与新闻采编的融合考量，主要是在 2013 年与 2014 年，在此期间她发表的与信息图表相关的论文有 9 篇，主要探讨了信息图表在科技类新闻、健康类新闻、文化专题报道等不同类别新闻报道中的运用，强调了数据新闻和可视化新闻这一应用趋势。

（三）智媒时代的来临——分权（2016—2020 年）

2016 年，新媒体发展开始进入智媒时代，这一年彭兰发表了《从众媒到智媒：在机器时代守望人的价值》一文，此后其整体研究重点开始更多地倾向智能媒体：智媒时代的网络文化研究、算法等新技术带来的人机关系的辩证思考。

1. 自我关系的分权

互联网的本质是连接，而人与人的连接是其中至关重要的一个方面。社会化媒体使得人与人的多元连接得以实现，但同时也带来了一系列的风险与问题，例如自我关系的分权。

彭兰关于自我关系分权的研究主要集聚在 2017—2019 年，在 2019 年之前往往是将此议题放置在具体的新媒体平台或者新媒体产品视域下进行讨论，如《美图中的幻像与自我》《自拍：一种纠结的"自我技术"》《表情包：密码、标签与面具》。她在《美图中的幻像与自我》一文中提到，美图软件的出现使个体有了经过美化和建构的自我，这种自我与现实中的自我是如何在消费社会的驯化力量下分权的，而我们又应该如何处理这两种自我的分权关系，这是十分值得思考的议题。

2019 年之后，彭兰关于自我关系分权的研究则跳脱出某种新媒体产品本身，而是以更宏观的视野来考量数字化时代的自我关系分权问题。如她在《智能时代人的数字化生存——可分离的"虚拟实体"、"数字化元件"与不会消失的"具身性"》一文中提出，作为赛博格的个体，我们的身体"元件"被数字化分解、复制、结合，曾经以"离身性"为主的虚拟空间越来越多地体现出"具身性"，这也就意味着自我被数字化后会面临更复杂的分权境遇，而要如何面对这可分离的虚拟自我与现实自我，将是未来值得重点探究的领域。

2. 人机关系的分权

彭兰对人机关系的思考早在 2005 年就有涉及，当时她在《汇聚与分权——变革中的互联网》一文中就提到："机器本来是人的工具，但在很大程度上，由于技术的不完善，机器会反仆为主，给人类制造陷阱，机器对人的异化，也成为人类的一大心病。"

而 10 多年后，2016 年，彭兰发出了"机器与算法的流行时代，人该怎么办"的拷问，可见她一直关注和思考着人机关系的问题。在《人—机文明：充满"不确定性"的新文明》一文中，她提出了一系列思考：未来人与机器的互动与协同，究竟是拓展了人类的疆域还是会让人类原有的地盘失守？人与机器共同作用下的人机文明，是坚持人类文明按照它的既有轨道前行，还是创造人机和谐共生的新文明，或是任由机器将我们带向一个未知的新世界？这一系列问题暂时没有答案，但是值得学者们进一步去思索、探究。

有意思的是，彭兰对人机关系的思考渗透在她的每一项议题里。例如，在探讨新媒体技术与传媒业变革的议题时，她会提到传媒业中算法分发所带来的人机关系异化风险：要如何保证机器并非对人进行替代，而只是将人从重复的劳动中解放出来？未来机器创作与人的创作之间界限何在？人在内容生产中的定位将向什么方向发展？在探讨知识付费的议题时，她就提到不仅需要依靠机器来洞察用户群体或个体的需求，来定制个性化知识服务和产品，还要注重人在其间的主观观察与能动协作，避免出现"某些知识畸形发展，某些知识日益萎缩"，避免一味地依赖机器，最终带来"日益单调、懒惰和愚昧"。在探讨公共危机信息传播的议题时，她也提及人机关系的问题。她认为，在公共危机事件中，虽然机器、媒介技术带来了高传播效率，但是也建构了同温层，加剧了价值观、立场与文化的分化，而疫情重压下分化可能会直接演变为裂变，这就需要建设一个相对稳定的网络共同体。她还提到互联网让共同体的聚集与消散都变得更加频繁，应思考在这种情况下人机关系要如何协调。

此外，彭兰还出版了不少专著、教材，其中网络传播进阶三部曲——《网络传播概论》《社会化媒体：理论与实践解析》《新媒体用户研究》影响较大。通过梳理彭兰二十余年来关于新媒体方面的研究，我们总结了其研究的三个时间段，她在不同时间段的研究方向都有明显的特点，而且她在每一个阶段都十分关注前沿的新媒体理论、新媒体技术、新媒体产业以及媒介文化等领域，特别是对传媒产业变革的研究和人机关系的思考从未停止。同时，她也提出了很多值得学者们进一步探究的议题。随着 5G 时代的到来，新媒体的发展和迭代会更加迅速，这也就要求每一位新媒体学者要更具互联网敏感性、跨学科视野、资源整合能力，从而将新媒体研究推向一个新的发展阶段。

二、 谭天教授的研究

谭天是我国知名的新媒体学者，已发表 100 多篇论文，出版多部专著、教材，还主持多项国家和省部级课题，可谓硕果累累。那么，他的新媒体研究主要有哪些成果，又有哪些特点呢？下面做简单梳理和分析。

谭天的新媒体研究大致可分为三个阶段：第一个阶段是初步探索（2000—2010 年），第二个阶段是基本理论研究（2011—2015 年），第三个阶段是拓展研究（2016 年迄今）。他研究的方面主要有：①新媒体本体理论研究，主要有媒介平台、关系转换、传播裂变、关系经济、社交媒体构成等，这方面的论文具有理论创新性。②媒体融合与转型研究，这方面的论文最多，主要是实务研究，提出了不少新观点、新思路，如"一体两翼""网台融合"等。③互联网研究，主要有关于互联网思维、互联网治理、"互联网＋"以及移动互联网、物联网的探讨。④新媒体形态研究，如短视频、网络直播、微博、微信等。⑤社交媒体和社会化传播，主要探讨社交媒体的构成、发展和理论构建。⑥其他，广泛涉及新媒体教育、新媒体新闻、研究方法等领域。谭天的新媒体研究既有宏观层面的关注，也有微观层面的分析，还有中观层面的研究。

（一） 新媒体本体理论研究

谭天的新媒体研究始于其 2000 年发表的论文《试论因特网冲击下的传统媒体》。通过梳理他的新媒体研究成果，我们将其研究脉络归纳为"两次转向"和"两条路径"。先来看学术研究的"两次转向"。谭天早期以实务研究为主，主要关注传媒行业的现象和问题，后逐渐转向对现实问题的本质和发展规律的理论探讨，这是他的第一次学术转向——从实务研究转向理论研究。他的第二次学术转向是从电视研究转向新媒体研究，其理论创新主要有媒介平台理论、社交媒体的关系转换、新媒体经济理论等。谭天的新媒体研究起源于传媒经济学研究，2010年他撰写了《传媒经济的本质是意义经济》一文，提出了意义经济理论，认为意义经济由意义消费、意义影响和意义服务三部分构成，其中意义服务是意义经济的运行基点，包括技术产品向服务产品的转化以及商业模式的成熟应用。意义服务为他建立媒介平台理论奠定了基础。2011年，谭天应用意义经济理论和组织管理学理论，撰写了《基于关系视角的媒介平台》一文，提出新媒体的媒介组织形态是媒介平台，媒介平台的三大功能是聚合资源、响应需求和创造价值，从而构建了媒介平台理论。这属于新媒体本体理论研究，也形成了谭天经济管理视角下的新媒体研究路径。

谭天的另一条研究路径围绕新媒体传播展开。2009年他撰写了《新媒介生态下的电视传播模式——以〈百家讲坛〉为例》一文，通过解构电视节目《百家讲坛》的传播现象，提出了传播裂变理论。他认为，互联网中传播的裂变需要满足两个临界条件：从知识传播转为观点传播，从观众谈资转为社会议题。此后，谭天的新媒体传播研究从信息传播深入关系传播层面。2013年，他和研究生一起写出论文《论社交媒体的关系转换》，解释了社交媒体的传播机理。关系既是社交媒体用户行为的核心要素，也是社交媒体实现平台价值的主要途径。通过"个体关系—关系数据—稀缺数据—关系价值"的三重关系转换途径，社交平台实现了用户社会属性向媒体经济属性的转换。

进入移动互联网时代，谭天又探讨了场景理论，2015年撰写了《从渠道争夺到终端制胜，从受众场景到用户场景——传统媒体融合转型的关键》一文，提出互联网时代传统媒体转型首先要实现从渠道竞争转向终端布局，终端融合的关键是从传统的受众场景转向互联网的用户场景，应从人性、社会、文化三个层面进行互联网应用场景构建。基于对互联网和社交媒体的观察和研究，他还在《构建社会化传播理论的思考》一文中提出构建社会化传播的构想。

谭天的媒介平台理论、传播裂变理论以及对关系、场景等问题的学术探讨为我国新媒体研究提供了很好的理论支持，他在此基础上延伸其理论研究，其中较为重要的有两篇文章：一篇是写于2017年的《新媒体经济是一种关系经济》，提出了关系经济理论，认为关系产品、转换机制和价值实现构成了新媒体经济的三大要素，其中场景构建和关系转换构成转换机制，需求响应和协同创新构成价值实现；另一篇是2018年写出的《接入、场景、资本：社交媒体三大构成》，分析了社交媒体基于关系构建和关系转换的用户接入机制，通过数据化的场景构建提供个性化服务的关系转化机制，以及两者背后作为驱动力量的资本运作，为更好地运营和使用社交媒体提供了理论层面的指引。

（二）新媒体实务研究

在新媒体理论研究取得丰富成果的基础上，谭天还把这些理论运用到社交媒体、媒体融合、短视频和网络直播等应用研究中，主要有以下三方面内容：

1. 媒体融合与转型研究

媒体融合与转型研究是谭天新媒体研究中论文数量最多的领域。2011—2015年，他每年都和研究生撰写一篇关于媒体融合发展的年度综述文章，紧跟媒体融合发展的最新动向。他不仅论文数量多，还主持并完成国家新闻出版广电总局重点项目"转型的进路：电视与新兴媒体融合发展研究"，并于2016年出版专著《融合与转型：重构中国电视》。媒体融合研究一般以实务研究为主，但是谭天提出了许多新观点、新思路。例如针对电视与新媒体融合转型的问题，他先从融合进程的层面出发，在《从制播分开到网台融合》中提出电视媒体融合转型的"网台融合"策略，即电视媒体应该利用互联网主动建构多种传播平台，将互联网优势直接引入电视节目生产，化被动应对为主动融合，更大程度上挖掘内容产业的内在以及衍生商业价值。在融合的架构和策略层面，他在2015年写出的《"一体两翼"：电视媒体与新兴媒体融合策略选择》中提出"一体两翼"的媒体融合发展策略，其中"一体"即坚持"内容为王"，"两翼"是指对接平台与自建平台并举，内容运营"两翼齐飞"，实现"内容＋平台"双剑合璧，为电视与新兴媒体的融合形态提出了更加具象化的理论模式。之后他深入传媒体制层面，在《体外循环：电视媒体融合的破冰之旅》中提出媒体融合"体外循环"的实现途径。

谭天的媒体融合研究不仅观点新颖，还总能及时针对行业焦点问题和重大问题开展研究，例如，2015年关于主流媒体概念和形态的《新型主流媒体的界定、构成与实现》，2018年关于县级融媒的《移动社交：构建县级媒体融合新平台》。他还针对媒体融合实践中出现的认识误区、思想观念和存在问题提出批评和意见，相继写出《对"加快广播电视媒体与新兴媒体融合发展意见"的解读》《融媒体建设，传统媒体转型的最后机会》《网络直播：主流媒体该怎么打好这一仗》等文章。近10年他还努力把研究成果转化为生产力，开展了上百场讲座和培训。

2．互联网研究

面对互联网新技术、新形态的出现，谭天的新媒体研究也在不断拓宽和深入。在互联网研究中，他主要对互联网思维、互联网治理、"互联网＋"以及移动互联网、物联网进行了相关探讨。例如，他在2014年写出的《"互联网思维"深受推崇背后》，结合互联网的特质提炼出互联网思维的三大要义：颠覆性创新、开放中博弈、合作中共赢。2015年"互联网＋"战略首次被写进国务院政府工作报告，谭天马上写出《"互联网＋"的世界有多大——大传媒时代的生态化治理前瞻》，提出"互联网＋"的本质就是"融合2.0"，并从技术应用、内容服务、渠道平台、终端用户和产业融合五方面分别论述了"互联网＋"的应用方向。此外，谭天也对大数据、物联网技术、人工智能发展的特征和5G的发展趋势进行了分析和预测。在关注互联网前端技术快速更迭的同时，谭天也同样关注互联网治理。他在2016年的《伦理应该成为互联网治理的基石》中指出当下我国互联网伦理存在的两个主要问题——互联网伦理自身构建缺失、现实社会伦理与网络社会伦理的冲突，并从技术、商业、社会三个方面提出互联网伦理规范建立的着力点。

3．新媒体形态研究

在新媒体形态研究中，谭天主要对不断出现的新形态进行现状分析和发展趋势预测。他和研究生在2017年撰写的《我国社交媒体的现状、发展与趋势》，对社交媒体的形态进行梳理并划分为平台型、社群型、工具型和泛在型四类，提出社交媒体的发展将构造社会化传播的新形态与新生态。针对网络直播的突然火爆，谭天在2016年写出《在中国，网络直播到底能走多远？》，对传统媒体直播和网络直播进行了概念、类型和功能上的区分，提出用户思维、社交互动和对接互联网平台是做好网络新闻直播的三个条件，为传统媒体做网络直播指明了方向。

与此同时，同属于视频形态的短视频在2017年兴起，谭天对短视频的形态、传播和社会影响颇为关注。2019年，他与《新闻爱好者》期刊合作推出《2018年中国短视频发展报告》，从短视频形态的宏观发展、短视频用户的使用行为、政务短视频的发展现状以及短视频监管与治理四个方面进行了全面梳理和分析。5G技术的出现使得短视频未来的发展方向清晰可辨，在《5G时代：短视频是一种结构性力量》一文中，谭天提出5G时代的短视频会成为整个互联网的结构性力量，它对互联网时代的传播形态、媒介生态和传媒业态起到结构性作用。同年他还写出《中国短视频未来发展趋势和影响因素分析》，指出短视频能否成为媒体融合、产业升级、社会和谐的黏合剂是决定它能走多远的关键因素。

此外，谭天还为《中国新闻传播学年鉴 2016》撰写了《中国新媒体研究发展历程回顾（1986—2015）》，通过梳理我国新媒体研究的起步、探索和理论建构的发展过程，综合多年新媒体研究的经历和成果，提出我国新媒体研究要从平台推向生态、从媒体推向社会、从实务研究提升到理论建构，整合力量、跨界合作、协同创新。他还整理了相关新媒体研究成果，出版专著《媒介平台论——新兴媒体的组织形态研究》《道可道：新媒体理论与实务研究》和教材《新媒体新论》；2016 年主持国家社科基金项目"基于大数据的政府网络传播力评估与研究"，针对政府运用大数据提升互联网传播力构建理论模型。

（三）传媒教育、研究心得和新媒体实践

谭天从事科研工作多年，积累了丰富的研究经验，他将这些研究心得集结成系列文章"谭天教授教你如何做研究"，发表在其公众号"谭天论道"中，为初入学术研究领域的研究生和青年教师提供方法和方向上的指引。谭天还倡导新媒体研究的跨学科研究。例如，他在 2014 年撰写的《基于物联网的传播学跨学科研究》提出运用物联网在人文科学、社会科学和自然科学之间架起跨学科研究平台的可能性；在《新闻传播学应加强质化研究》一文中强调引入社会科学研究方法的重要性。此外，谭天也对当下新闻传播学科教育现状和发展有深刻的洞察。例如，他在《"传播学与传媒学"的设想》中提出在传媒教育中新闻学科式微与大传媒领域兴起的背景下，需要转变传媒专业教学的方向；在《试论新媒体专业建设与人才培养》中提出新媒体专业可围绕传播学科、信息学科和传媒经济学科三大学科群开设相关专业课程，指明新媒体专业的三大人才培养方向：新媒体新闻传播人才、新媒体产品设计人才、新媒体经营管理人才。

谭天不仅潜心新媒体理论研究，还践行新媒体各种应用。他最早开设并运营以新媒体研究为主要内容的微信公众号"谭天论道"，后续还开设主打人文旅行内容的头条号"东行漫记"、关注传媒前沿热点话题的一点号"新媒体前沿"。此外，他还兼顾运营抖音号、快手号和视频号等多个自媒体账号，形成自媒体矩阵。清华大学沈阳认为这是高校教师中的第一个自媒体矩阵。这些新媒体应用体验使得谭天对新媒体有了更全面而深入的认识，能够触摸互联网和新媒体发展的脉络，同时也有了与业界对话的能力。此外，谭天还在微信上搭建了多个新媒体研究的交流群，如"自媒体运营交流群""未来媒体讨论群""网络与新媒体研究群"等，为学界与业界搭建交流和对话的平台。

谭天的新媒体研究不仅成果多，而且涉及面很广，几乎涵盖当今新媒体研究的各个方面。其新媒体研究主要有以下五个特点：

（1）坚持基础理论研究。通过理论研究来促进应用研究，这在我国学者中是比较少见的。与其他学者关注现象和应用不同，谭天更关注本体理论，善于理论创新，成果丰硕。

（2）开展跨学科研究。谭天由于拥有多学科背景，把社会学、经济学、管理学甚至物理学等多学科理论应用到新媒体研究中，因此每每能够提出新理论、新设想、新观点，大大拓宽了新媒体研究的视野和疆界。

（3）紧密跟踪新媒体发展趋势，与时俱进。谭天以前瞻性研究始终站在新媒体研究的学术前沿，往往成为最早进入新领域的学者之一，其研究成果也具有开创性和引领性。

（4）问题意识和实务精神。谭天的研究务实，同时具有很强的问题意识，往往针对我国新媒体发展面临的急迫问题展开研究，并提出新观点、新思路，因此其研究成果具有很好的现实指导意义和实用价值。

（5）敢字当头，勇于探索。新媒体的迅速发展给新闻传播学研究带来了前所未有的困难和挑战，谭天对未知领域总是充满强烈的未知欲，积极尝试突破传统桎梏"走出传播学"，以大无畏的学术探索勇气闯进陌生领域，做第一个吃螃蟹的人。

总之，谭天新媒体研究的方式方法值得其他研究者学习和借鉴，而加强基础研究和开展跨学科研究也是当下我国新闻传播学科重建和新媒体学术研究的时代要求。

三、 其他新媒体学者

新媒体学者的学科背景与其研究取向有很大的关系，如今在新闻传播学领域的新媒体学者有什么特点呢？这个群体看似很大，不少学者都介入新媒体研究，但专注新媒体研究的队伍并不庞大，而且很分散，正处于"八仙过海，各显神通"的起步阶段。除了彭兰和谭天之外，下面选取了学术背景不同、风格迥异但有一定代表性的五位学者进行观察，以期找到新媒体学者的特点和共性。

（一）闵大洪：新媒体研究第一人

闵大洪曾任中国社会科学院新闻与传播研究所网络与数字传媒研究室主任，也是我国新媒体研究的先行者和开拓者。他于 1996 年发表第一篇新媒体研究学术论文，同年在"中国新闻传播学评论"网站开设个人在线文库"大洪视点"，1998 年出版专著《传播科技纵横》，2001 年创办面向媒体工作者的新闻性、学术性邮件列表刊物《e 传播周刊》，2002 年主持开通新闻与传播研究所网站"传播研究网"。闵大洪在博客中所发表的传播科技、网络媒体方面文章，对我国互联网和新媒体发展做了许多探索和普及工作，他的研究成果形式主要是博客、论文和专著。

闵大洪退休后仍然活跃在新媒体研究领域，曾任北京网络媒体协会（现首都互联网协会）会长。2016 年，他出版了《中国网络媒体 20 年（1994—2014）》一书，对我国网络媒体发展历程做了回顾和梳理。由于时代的局限性，闵大洪的研究主要还是集中在数字媒体、网络媒体、门户网站上。他的研究没有把互联网与新媒体分开，不仅关注新媒体发展本身的变化，还十分关注新媒体对社会所产生的影响，如《媒体应对与网络突发事件处置技巧》（2014）。

（二）喻国明：新媒体研究的宏大叙事

喻国明是我国最早的新闻学博士，也是一位著述颇丰的新闻传播学者。他的学术背景是新闻学、舆论学，历任中国人民大学新闻学院副院长、中国人民大学舆论研究所所长、中国人民大学新闻与社会发展研究中心主任、北京师范大学新闻传播学院执行院长等职。喻国明也是我国较早开始传媒经济学研究的学者。他随着传媒产业发展进入新媒体研究领域，与其他纯粹从新闻学或传播学研究新媒体的学者不同，其研究更接近新媒体实务，因此被业界称为"传媒军师"。

喻国明不但视野开阔，而且十分勤奋，是我国新闻传播学界最高产的几位学者之一。他的新媒体研究总是能与时俱进，已撰写我国新媒体发展年度综述多年，梳理新媒体发展的内在逻辑并提出不少新观点、新理论，例如《"个人被激活"的时代：互联网逻辑下传播生态的重构——关于"互联网是一种高维媒介"观点的延伸探讨》《互联网时代的新权力范式："关系赋权"——"连接一切"场景下的社会关系的重组与权力格局的变迁》《智能化：未来传播模式创新的核心逻辑——兼论"人工智能＋媒体"的基本运作范式》《技术迭代下传媒经济发展的基本维度与未来趋势——2019 年中国传媒经济研究的热点与前沿分析》等。他不断推出"高维打击""关系赋权"等新概念，新颖而实用；他的研究取向有运作范式、未来趋势等，关注前沿、聚焦热点。喻国明具有较高的学术敏感度，近年来他与团队分别进入了认知传播学和计算传播学的研究领域，希望在新的学科领域推进新媒体研究。

（三）胡泳：互联网发展的守望者

胡泳是政治学博士，北京大学新闻与传播学院教授，中国传播学会常务理事、中国网络传播学会常务理事。胡泳是国内最早从事互联网和新媒体研究的人士之一，也是一位互联网和新媒体的译作家，其与人合译的《数字化生存》（1997）是中国迈入网络时代之际影响最大的启蒙读物。胡泳的研究不局限于新媒体，而是把目光投向整个互联网，以及具有国际视野。

胡泳的研究更多是从政治学、社会学和管理学的视角观照互联网发展，他发表了《网络社群的崛起》《在互联网上营造公共领域》《我们需要什么样的网络意见领袖?》等大量文章，同时还出版了多部新媒体专著，例如《网络为王》（1997）、《众声喧哗：网络时代的个人表达与公共讨论》（2008）。胡泳还是多个媒体的专栏作者，也是国内外最为知名的中国网络观察家之一，他对互联网的发展始终保持前沿观察并经常提出自己的观点和见解。胡泳与喻国明一样，与业界保持着紧密联系。但与绝大多数新闻传播学新媒体研究者不同，他的研究并不局限于新闻传播学，也不局限于新媒体，因此研究视野更加开阔且更国际化。

（四）方兴东：新媒体研究的技术视角

方兴东本科和硕士专业都是工科，博士就读清华大学新闻传播学，1999 年 9 月休学创业。他发起创立国内第一家专业的互联网研究和咨询机构——中国互联网实验室，任董事长兼首席分析师。此后，方兴东以"博客教父""中国博客第一人"为人熟知。他先后任职于汕头大学长江新闻与传播学院、浙江传媒学院互联网与社会研究院。与胡泳相比，方兴东更加游离于传统的新闻传播学之外。

方兴东的研究重点主要还是在互联网，例如《中国互联网 20 年：三次浪潮和三大创新》《棱镜门事件与全球网络空间安全战略研究》《中国互联网 25 年》等。近年他在做互联网口述史研究，例如《中国互联网口述历史 ChinaNet 的诞生：从知识界转向大众》。由于有技术背景和互联网创业经历，方兴东比其他新闻传播学者更加熟悉互联网。他也致力于新媒体研究，但更多的时候是与其他新闻传播学者合作。例如，与胡泳合写的《媒体变革的经济学与社会学——论博客与新媒体的逻辑》，与胡智锋、潘可武合写的《媒介融合与网络强国：互联网改变中国——2015〈现代传播〉年度对话》。方兴东发表的文章很多，其研究旨趣主要有两方面：一是互联网治理，二是对互联网发展的梳理与预测。因此，其研究成果更多还是关于互联网而非新媒体，与其称他为新媒体研究者，不如称他为互联网研究者更恰当。

（五）沈阳：基于大数据的新媒体研究

沈阳原是图书情报学科的学者，后来先后进入武汉大学和清华大学新闻学院担任教授，主要研究方向为大数据、新媒体、网络舆论。沈阳在新闻传播学新媒体研究中虽是后起之秀，但他凭借擅长的数据分析能力迅速进入网络舆论研究领域，而且注重应用研究，发表了大量研究成果，例如《媒体微信公众平台服务发展现状及对策——基于"新媒体指数"大数据平台的分析》《基于大数据的出版流程变革》《媒介使用、社会网络与环境风险感知——基于 CGSS2010 数据的实证研究》《中国网络意见领袖社区迁移影响因素及路径分析》《网络舆情的三种结束模式》等。

沈阳与方兴东的学术背景有些相似，都是理工科出身，但沈阳却有更多数据支撑的实证研究，这也是绝大多数人文学科的新闻传播学者所欠缺的。依托对大数据的熟悉和掌握，沈阳的新媒体研究更符合文理结合的发展要求。他也同样注重对互联网的研究，不从传统新闻传播理论出发，因此研究思路较为另类，视野也较为开阔，例如《网络连接观：类型划分、演化逻辑及风险防范》《全息、全知、全能——未来媒体发展趋势探析》等。如今很多新媒体学者都与业界展开不同程度的合作，但大多是松散型的。沈阳不仅有自己的研究团队，而且有自己的技术平台；不仅能够把研究与应用融为一体，而且能够整合更多的学术资源。这是其他新媒体学者所没有的优势。这与国外的情况相似，国外一些著名教授往往有自己的咨询公司和应用平台。

根据以上五位新媒体学者的研究取向，我们归纳出以下特点：

（1）五位学者都十分勤奋且能与时俱进，因为新媒体发展是日新月异的。同时他们都具有开阔的视野和创新的思维，能够紧密跟踪互联网发展热点和趋势，迅速找到当下新媒体研究的核心问题和理论焦点。当然，追逐热点也可能使得研究成果的成熟度不够。

（2）对比五位学者，前三位学者沿袭人文学科的传统，主要还是新闻传播现象描述和观点表达，侧重价值理性；后两位学者由于具有理工科背景，对互联网和新媒体的研究更多关注技术服务，注重互联网的工具性和新媒体的应用性，侧重工具理性。

（3）除了闵大洪、喻国明，其他三位学者都是来自非新闻传播学科，他们给新媒体研究带来了更多的思考维度和更大的学术空间。不管哪一类研究，他们都不拘泥于某一学科视角。近年来，包括自然科学在内的各类学院纷纷进入新闻传播学领域，未来跨学科背景的新媒体学者会更多。

（4）注重观察和发表。与传统学者不同，上述学者也可以称为互联网观察家。他们不仅出版专著，在期刊上发表大量文章，还选择时效性更快的报纸发表观察结果和研究成果。胡泳还开设个人公众号，及时发布自己的观察和观点。由此可见在新媒体研究中学术交流的重要性。

此外，其他学者也对新媒体研究做出了或多或少的贡献，有的还出版了新媒体研究的学术专著，例如谷虹的《信息平台论：三网融合背景下信息平台的构建、运营、竞争与规制研究》（2012）、高钢的《传播边界的消失——互联网开启再造文明时代》（2016）。

第二节　新媒体需要跨学科研究

进入互联网时代，年轻的新闻传播学面临着前所未有的危机，因而需要面对学科重建的挑战。我们"正处于一个新科学时代的开端。我们正在目睹一种科学的诞生，这种科学不再局限于理想化和简单化情形，而是反映现实世界的复杂性，它把我们和我们的创造性都视为在自然的所有层次上呈现出来的一个基本趋势"[①]。新闻传播学科如何重建？新媒体研究如何应对挑战？跨学科研究恐怕是一个不二选择。

一、学科交叉与跨学科

人类的活动产生经验，经验的积累和消化形成认识，认识通过思考、归纳、理解、抽象而上升为知识，知识在经过运用并得到验证后进一步发展到科学层面形成知识体系，处于不断发展和演进的知识体系根据某些共性特征进行划分而成学科。

学科的概念，从不同的角度分析，被广泛认可的界定有两种：一是科学知识的分类体系，是人类在认识和研究活动中针对认识对象而将自己的知识划分出来

---

① ［法］贝尔纳·斯蒂格勒著，裴程译：《技术与时间·爱比米修斯的过失》，南京：译林出版社，2012年，第96页。

的集合，是相对独立的知识分类体系；二是就大学而言的学科，可以认为是以一类知识为核心，将拥有此类知识背景的专业人士聚集在一起开展各项活动的组织。（陈婵、邹晓东，2006）

人类在漫长的学术研究中逐渐形成三大学科体系——自然学科、人文学科和社会学科，每一个学科体系中又划分许多学科集群和分支学科。这些学科之间彼此相对独立，同时又有千丝万缕的联系，进而形成交叉学科（见图7-1）。

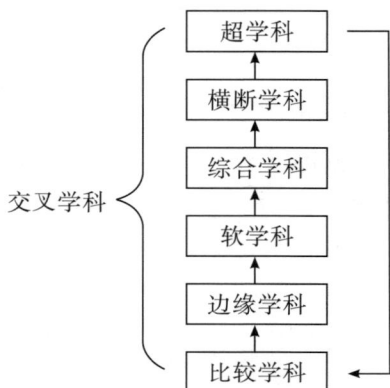

图 7-1　交叉学科分类

"跨学科"一词最早由美国哥伦比亚大学伍德沃斯教授提出（1926年），其最初含义大致相当于"合作研究"。早期人们对交叉学科和跨学科基本不加区分。20世纪90年代以后，有学者开始用跨学科代替交叉学科。"跨学科"的英文单词"interdiscipline"可认为是"inter"和"discipline"的合成，可理解为"学科""之间"的事情。跨学科的定义：①跨学科是从学科到跨学科再到横断学科这个序列中的一个阶段。②跨学科是一个综合的概念，可以分成不同类型的学科活动，诸如多学科、交叉学科、复杂学科。这两种定义的共同点是，对于不同类型跨学科的界定，都取决于学科之间合作和整合的程度。跨学科是科学内部发展由分化到综合这个过程的伴生物，不是对传统学科的替代，而是对传统学科的有益补充。（陈婵、邹晓东，2006）

随着社会的发展，人类面临着越来越复杂的问题，单一学科的知识和理论已经难以解决这些问题，许多重大科研项目需要多人多学科来完成。目前国际上比较有前景的新兴学科大多具有跨学科性质。近年来一大批使用跨学科方法或从事跨学科研究与合作的科学家陆续获得诺贝尔奖。

人类进行跨学科性的研究已有较长历史，但真正称得上跨学科的，还是在近代有了学科建制分门别类后才逐渐成形的。其中最著名的当数笛卡尔将代数学与几何学交叉而发明的解析几何，它不仅一改两千年来这两门学科彼此分离的局面，而且为微积分的发明创造了条件。跨学科研究是科学原创性成果的动力之源，对于一些重大研究人们通常需要这样来完成：首先，打破学科的界限，形成多元文化的教育背景是孕育原创性成果的首要条件。其次，要加快科研模式的转变，形成跨学科、多人员集体性协作的方式。（刘仲林、赵晓春，2005）

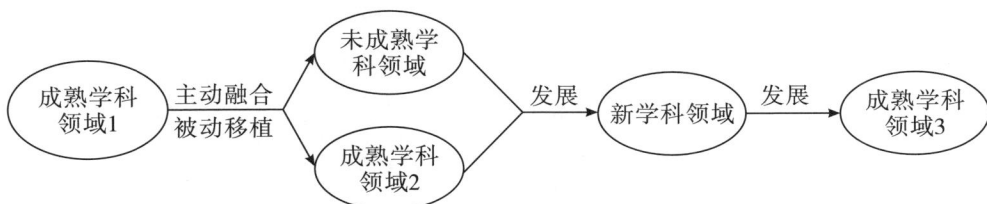

图 7-2 跨学科的学科形成过程

从美国学科专业目录的设置变迁来看，其交叉学科群内的学科数量从 1985年的 9 个增至 2000 年的 21 个，是所有学科群中增加最多的。可见，有了合适的土壤，交叉学科发展的势头十分强劲。而我国现行的学科专业目录既没有设置专门的交叉学科门类，也没有在目录代码和名称中为新兴学科、交叉学科留出发展空间。如果接近成形的交叉学科都很难确立自己的学科地位，处于起步阶段的学科交叉研究更难免动力不足。（程莹，2003）为了推动跨学科研究，美国研究型大学创建了各种学科交叉研究的模式，主要有三种：①麻省理工学院模式；②密歇根大学模式；③哈佛大学模式。

尽管"二战"后社会科学的学科分化仍在继续，但新学科、新知识系统分支以及新思潮更多是以学科交叉融合的方式出现，社会科学的杂交化、整体化趋势不断加强。尤其是 20 世纪 60、70 年代，跨学科交叉研究得到了迅速发展。（陈振明，1999）

我国在 20 世纪 80 年代初兴起了"交叉热"。1985 年 5 月，全国交叉科学学术讨论会在著名科学家钱学森、钱三强和钱伟长的倡议下召开。不过，此后很长时间里，我国的跨学科研究主要还是在各自的学科体系内进行，例如，自然科学与自然科学交叉，人文社科内各学科之间交叉。

二、 跨学科研究的路径与方法

跨学科说起来容易，做起来却不易。这里遇到一个"斯诺命题"，即"由于自然科学家与人文学者在教育背景、学科训练、研究对象以及所使用的方法和工具等方面的差异，他们在文化的基本理念和价值判断方面经常处于互相对立的位置，不仅一直相互鄙视，甚至还不屑尝试理解对方的立场"①。

跨学科研究的路径选择也很重要。跨学科研究的起点，就是要明确人文社会科学是以学科的研究还是以问题的研究为起点。学科的研究和问题的研究是可以结合的，要实现这种结合应澄清两个方面的认识。一方面，要理解学科有其系统性，也有其局限性。这个局限性就是，随着学科的不断细化，它的研究对象越来越局部化。也就是说，学科的研究范围越来越小，与研究对象整体性的反差就越来越大。学科的研究过于精细，通俗地讲，就是越来越类似"钻牛角尖"，这样下去就可能会忽略整体而只顾局部。另一方面，问题的研究不是按照学科体系而是按照社会发展需要提出来的，问题的研究本身具有综合性，这决定了其在起点上就需要跨学科的综合性研究。问题的研究也有其模糊性。也就是说，它不按学科的边界设定研究范围，不仅研究过程是跨学科的，还会产生一些边缘学科、交叉学科和新兴学科。（顾海良，2010）例如网络语言学就是网络技术和语言科学有机融合而成的新兴交叉学科。

跨学科研究根据视角的不同可概要地分为方法交叉、理论借鉴、问题拉动、文化交融四大层次：①方法交叉有方法比较、移植、辐射、聚合等，这些通常发生在各学科之间，其中每一方面和环节都包含着非常丰富细致的内容。②理论借鉴主要指知识层次的互动，通常表现为新兴学科向成熟学科的求借和靠近，或成熟学科向新兴学科的渗透与扩张。③问题拉动是以较大的问题为中心所展开的多元综合过程，有纯粹为研究客观现象而实现的多领域综合，也有探讨重大理论问题而实现的多学科综合，更有为解决重大现实疑难而实现的各个方面的综合。关于这个问题，英国科学家齐曼在《元科学导论》中曾经提出科学研究的三个主要维度，即知识或科学哲学维度、共同体或社会维度、个人或心理学维度。他认为，科学是一项复杂活动，它同时存在于这三个维度之上，三个维度间的不同作用展现了科学活动的复杂景观。④文化交融是不同学科所依托的文化背景之间的相互渗透与融合，这种融合并不是一个单独的过程，因为学科间的任何互动都有文化的因素参与，而真正的文化交融又是一个更深更广的过程，是跨学科研究的终极目标。当代跨学科反思真正要挖掘的，正是这后一种情况。

---

① 顾海良：《"斯诺命题"与人文社会科学的跨学科研究》，《中国社会科学》2010 年第 6 期，第 10 页。

当整体性社会问题被分解成单学科问题后，其性质很可能已经发生了转变，不再是本来意义上的问题了。从学术发展和现实之间关系的互动来看，我们可以发现这样的情况：越是基础性问题越具有整体性，越是重大问题越具有综合性，越是关键问题越具有集成性。（罗卫东，2007）如何解决跨学科研究中遇到的这些问题？1991 年联合国教科文组织发起召开的第二次国际跨学科会议所发表的《巴黎宣言》提出了这样的思路：跨学科研究并不寻求科学与传统的结合，而是探求让两者相互作用的方法，从而实现在高度差异的基础上统一；日益显著的专业化趋势已把科学与文化分离了，跨学科性在承认专业化价值的同时，力求通过重新创立文化的统一性和重新发现生活的内在意义而超越这一价值。（陈振明，1999）

就拿新兴的交叉学科认知传播学来说："认知传播学作为一门交叉学科，容易囿于基础学科的理论视野而缺乏创新动力；另一方面，认知传播学作为一门与实践紧密相关的学科，应该避免陷入理论空谈的境地，将研究视角放置于解决社会问题指向性中，通过问题意识驱动研究的开展，加强认知传播研究的针对性。"[1]

在实际操作层面，美国的经验值得学习：培养良性的跨学科研究合作的市场环境，也亟须市场发挥力量，对跨学科研究的资源配置进行调整，培育和谐信任的创新文化氛围，培养互惠互利的市场与政府、高校的合作关系。（董杲、平思情，2019）

三、 新闻传播学的跨学科研究

"传播是涉及方方面面现实复杂问题的社会现象。传播学从产生之日起，其研究路向与方法天然地具备跨学科研究特性和多学科基因。"[2] 新闻传播学是有跨学科传统的，威尔伯·施拉姆（Wilbur Lang Schramm）是传播学科的集大成者和创始人，他创立传播学的标志是 1949 年由他编撰的第一本权威性传播学著作——《大众传播学》的出版。这本书收录了许多政治学家、心理学家、社会学家、语言学家以及其他学科的专家对传播学的研究成果。尽管施拉姆强调不要把传播看作一个学科，而要把它作为一个跨学科的研究领域，但为了另立门户，他还是创立了一门新学科——传播学。尔后，随着传播学的发展，它也逐渐变成

---

① 欧阳宏生、朱婧雯：《论认知传播学科的学理建构》，《现代传播》2015 年第 2 期，第 40 页。
② 《卷首语》，《新闻与传播评论》2018 年第 11 期。

一门支系庞杂的显学。然而，随之而来的是为了凸显学科的独立性而形成学科发展"内卷化"，传播学研究做得越来越精细，但同时这个新学科也显得越来越封闭。正如法国学者 J. P. 雷斯韦伯在《跨学科方法》一书中所言，跨学科方法反对学科的垄断，打破了科学传统的统一体系，动摇了以分化为主旨的科学体系，但同时又在进行新的分化，跨学科研究出现了一种悖论。（陈振明，1999）

廖圣清等以 2000—2011 年传播学 SSCI 期刊为研究对象研究国际传播学科的发展，他们发现："传播学 SSCI 期刊内部互引的密集，意味着传播学者有了明确的'学科自我意识'，标志着传播学科的成熟。（Borgman，1989）独立学科地位的奠定，宣告新兴的传播学完成了自己的阶段性使命。面对新媒介技术迅速发展的形势和学科交叉互涉发展的趋势，尤其是传播活动的伴随性与遍布性特征，越来越需要传播学破除僵化的学科边界意识，积极向其他学科汲取养分。"[①] 他们的研究显示：传播学内部互引密集，较多引用社会心理学、社会学和政治学期刊，但较少被这些期刊引用。然而，一些交叉类期刊却受到其他学科关注，例如，健康传播类期刊 JHC、HC 获得医学类期刊的大量引证，科学传播类期刊 PUS、SC 获得纳米科学、环境与能源科学类期刊的大量引证。这说明传播学通过与其他学科的交叉实现了自身影响力的扩散，也反映了传播学科对外影响力的提升。更为重要的是，这表明作为人类生活中心的传播及其重要性越发受到社会和各学科研究者的重视，许多自然科学研究者已经介入传播学传统的学科畛域（Lazer et al.，2009）。以互联网为例，如果说报纸、广播、电视是以传播学研究者为主的"领地"，互联网则已成为多学科研究者的"公地"。（Peng et al.，2012）然而，引证分析结果却显示，传播学与信息科学类期刊的互动不足，这有可能成为传播学未来发展的隐忧。（廖圣清等，2013）

为了推进跨学科研究，我国高校进行制度设计时采取了一些相应举措，如学部制。高校管理体制的改革，为构建科学的跨学科研究组织体系提供了良好契机。一些综合性大学正在尝试学部制改革，学部已成为目前跨学科研究组织体系的有效平台和最高形式。（邹晓东、吕旭峰，2010）然而，目前的学部制大多还只是停留在行政管理架构，未能真正形成跨学科的学术对话平台。

我国新闻传播学的大发展是在改革开放之后，新闻学走进了传播学，建立新闻传播学一级学科。接入互联网之后，我们不仅要"走进传播学"，还要"走出

---

① 廖圣清、柳成荫、申琦等：《国际传播学科的现状与发展趋势——以 2000—2011 年传播学 SSCI 期刊为研究对象》，《新闻大学》2013 年第 3 期，第 88 页。

传播学",进入一个更加广阔的跨学科领域。哈尔滨工业大学的传媒专业先后设在机电学院和建筑学院,中南大学在本科教育中开设了融媒体实验班,这些都是跨学科的积极尝试。

四、 对话与创新: 跨学科研究进阶

在新时代,新闻传播学的跨学科研究既是领域的跨学科,更是方法的跨学科。我们既要用他者眼光借鉴社会科学、自然科学等学科的理论、方法与知识,甚至是数据、资源与规范,更要着眼现实,关注中国现实与中国问题,提供新闻传播学的新视角、新方法和新观念,形成新闻传播学的高水准、高格调的学术研究成果。(《新闻与传播评论》2018 年第 11 期《卷首语》)新闻传播学与其他学科进行交叉和融合是必然趋势,这就需要在厘清新闻学与传播学的学科关系基础上,充分认识到跨学科的必要性和可行性,从人才培养目标设定方面、师资队伍建设方面、课程内容设置方面和教学方式改革等方面进行多学科的交叉与借鉴,促进新闻传播学与计算机学、政治学、社会学、哲学、统计学、心理学、经济学等学科的跨学科融合。(郅建业、李旭,2017)

跨学科研究对研究者提出了更高的要求,要求研究者具备多学科背景。谭天由于具有物理学(自然科学)、中文(人文科学)和经济管理(社会科学)三个专业背景,开展跨学科研究就比较得心应手。例如,借鉴核物理学的核裂变理论,研究传播裂变;运用工程学和经济学的平台理论,构建媒介平台理论。然而,并不是所有研究者都具备多学科背景,跨学科研究就是借助多学科多专业的能力合作。从事跨学科研究,不仅需要研究者具备多学科汇通交叉的知识背景,还要依靠众多科学家在各项研究工作中的通力协作。(陈其荣,2009)

我国新闻传播学的跨学科研究经历从"走进传播学"到"走出传播学",随着这个学科的逐步成熟,现在进入了一个学科对话和协同创新的发展新阶段。在科学共同体内部,跨学科研究目前遇到的阻力主要是深度共识的匮乏。因此,在跨学科研究中相关学科之间的对话愈显重要。值得欣慰的是,目前在新闻传播学的一些学术会议和学术论坛上,与其他学科的交流和对话正在不断增加。在科学共同体外部,跨学科研究目前遇到的直接阻力是科研体制的僵化和被学科割据所垄断的流行教育。这种阻力在我国高校科研和新闻传播学术圈中也依然存在。

希望跨学科的对话能够成为常态,而在研究项目上则更需要协同创新。实现协同创新的基础是合作,前提是共赢,迫切需要改革传统的科研理念、组织方式和管理模式,加快学科交叉融合,推进跨学科研究。协同创新的模式多样,包括

达成一般性资源共享协议，实现单个或若干项目合作，开展跨机构多项目协作，设立网络联盟，建立战略联盟，等等。（王树国，2011）我国科研系统主要由高校、科研院所、企业科研机构三大部门构成。从目前的态势看，这三个科研子系统各自独立运行，长期处于"封闭"状态，高校、科研院所、企业科研机构之间基于利益驱动的自愿协同创新尚未成形，造成基础研究、应用基础研究、开发研究没有形成一条完整的链条，导致我国科技创新能力不强。（王树国，2011）这是十分遗憾的，希望能够早日得以改进。

科学自 20 世纪以来的一个重要发展趋势是与技术的融合以及与技术、社会的相互渗透，这使科学变成了一项社会综合事业和工程，甚至有观点认为不通过跨学科研究的方式，就不会有真正的科学突破。人们常说的 STS（科学、技术与社会）研究就是对这一新兴领域和研究方式的集中概括。人类进入互联网时代，计算机、大数据和人工智能不仅成为跨学科研究不可缺少的工具，同时也是重要的支撑平台。2012 年，谭天在《中国社会科学报》上发表《物联网激活传播学跨学科研究》一文，其中写道："新一代互联网，为传播学跨学科研究构建了更加广阔的平台，既可以营造一个仿真度很高的媒介拟态环境，让研究者展开种种传播学模拟实验，也可以建造一个集成多学科、多专业、跨领域、跨区域的虚拟实验室，节约研究成本，提高研究效益，更重要的是，它还可以打破高校行政壁垒和学科门户隔阂，营造充满生机活力的跨学科研究氛围和学术环境。"[1] 近年来，新闻传播学成为跨学科研究的活跃领域，甚至大规模地向自然科学和技术进行反向渗透。

综上所述，新闻传播学或新媒体的跨学科研究主要有三条推进路径：一是积极开展多学科、多领域、多维度的学科对话，为新闻传播学科重建碰撞出更多的思想火花；二是以更多的"跨界行动"促进跨学科的协同创新，推动新闻传播学综合性研究和重大研究项目的落地；三是充分利用互联网技术和人工智能构建跨学科研究的技术平台，通过人工智能发掘学科交叉处的研究热点和学术亮点，进而把跨学科研究推向更高层次和更广阔的学术空间。在这些路径上，价值观和哲学层面的终极目标思考也不可缺失。

五、 跨学科研究的思维方式

跨学科有两种说法广为人知：一种是学科互涉，一种是边界跨越。可以理解

---

① 谭天：《物联网激活传播学跨学科研究》，全国哲学社会科学工作办公室网站，http://www.nopss. gov.cn/GB/219470/17699179.html，2012 年 4 月 19 日。

为"A与B"和"A到B",前者强调对话,后者强调拓展。不管是哪一种,跨学科研究或跨学科发展都需要非线性思维。

非线性是数学术语,指变量之间的数学关系。非线性是指变量之间的关系不是直线而是曲线、曲面或不确定的属性,已从数学拓展到其他领域,为解决复杂问题开辟了一个重要的方向。非线性思维可以理解为与常规线性思维不一样的思维方式。一个系统,如果其输出与输入不成正比,那它是非线性的。实际上,自然科学或社会科学中的几乎所有已知系统,当输入足够大时,都是非线性的。世界的本质是非线性的,线性只是它的特例。

非线性为人类观察世界打开了一扇窗户,也让我们的思维方式发生了深刻的变革:一是机械论与有机论的抗争;二是物质实体向关系实在的转移;三是还原论与整体论的有机结合。非线性思维也体现了科学向辩证思维的复归。"非线性"已经成为现代系统理论的基本概念之一。从哲学视角概括非线性的作用有三:第一,非线性是世界持续发展和社会进步的基本前提;第二,非线性是将一元化与多元化相统一的一种方式;第三,非线性是加深理解物质和意识关系的有力武器。

非线性思维有两个典型思维模式:一个是蝴蝶效应,指在一个动态系统中,初始条件的微小变化,将带动整个系统长期且巨大的链式反应。一个是鲲鹏,庄周《逍遥游》里的鲲和鹏实为一物,在大池中为鱼,在云霄中为鸟。这其实是典型的非线性变化,在达到一定条件时,事物会从一种状态跳跃到另一种完全不一样的状态,根本没有过渡。

非线性是世界的本质,它为人类理解、认知和思考这个世界提供了一种新的思维方式。当今世界已进入互联网时代,而互联网就是一个非线性系统,非均匀的分布、多变的方向、可变的速度等是其主要特点,因而具有种种内在的不确定性、永恒的新颖性和不可预见性。

伊·普里戈金认为,非线性思维促进了一些新概念的产生,例如不稳定性、不可逆性、时间之矢、熵、涌现性、复杂性等,它们被赋予特定的科学含义并运用于科学研究之中;众多非线性现象、混沌现象以及各种复杂巨系统都被纳入科学视野,让人们看到了一个更丰富而真实的世界,"今天,我们的兴趣正从'实体'转移到'关系',转移到'信息',转移到'时间'上"①。恩格斯表示:

---

① [德]马克思、恩格斯著,中共中央马克思恩格斯列宁斯大林著作编译局译:《马克思恩格斯全集(第二十一卷)》,北京:人民出版社,1965年,第335页。

"世界不是既成事物的集合体，而是过程的集合体。"①

2016 年，谭天在西安交通大学举办的"丝绸之路"文化研究国际论坛上发表了《我国"海上丝路"研究的新思维》，引起了国内外学界的关注。该文实际上就是运用了非线性思维。在新冠疫情防控过程中，钱学森智库在钱老的复杂开放巨系统理论指导下，应用非线性思维及各种技术手段，助力政府管理和科学决策。

第三节　新媒体传播的三次革命

1969 年诞生的互联网迄今已经历半个多世纪的发展，这在人类的历史长河中虽然只是一个瞬间，但其所形成的网络空间却对人类社会产生了巨大的影响。CNNIC 发布的第 53 次《中国互联网络发展状况统计报告》显示，截至 2023 年12 月，我国网民每周的人均上网时长为 26.1 小时，而在 2020 年更是突破 30 小时。也就是说，人们的生活越来越离不开互联网。互联网给我们带来的不仅是新技术，还有新应用和新思维，是一场传播革命、产业革命和思维革命。我们把用户生产、推荐算法、元宇宙称为互联网的三次传播革命。

一、　第一次传播革命——用户生产

我们可以把互联网传播发展归结为一部媒介史。1964 年，麦克卢汉在其著作《理解媒介：论人的延伸》中提出"媒介即信息"。人们由此开始认识到信息是通过媒介进行传播的，媒介是人延伸出来的一种新功能。此时可以把信息社会中的人分为两类：一类是信息的传播者（他们可以形成媒体），一类是信息的接收者（受众）。这两类人与内容、渠道和效果形成信息传播的基本要素，即大众传播的 5W 模式。互联网诞生于美国，最初只是给计算机专家、工程师和科学家使用。1969 年 12 月，美军在 ARPA 制定的协定下将美国西南部四所大学的计算机连接起来，组建 ARPAnet，这标志着互联网的诞生。而后，美国国家航空航天局以及更多的大学也加入进来。互联网最初的设计是为了提供一个通信网络，即使一些节点被核武器摧毁，也能确保同一网络下的其他节点正常工作。1983 年，美国国防部将 ARPAnet 分为军网和民网，民网渐渐扩大并演变成了今天的国际互联网。互联网采用分布型网络结构，这种结构使得互联网成为一种去中心化、分

---

① ［比］伊·普里戈金、［法］伊·斯唐热著，曾庆宏、沈小峰译：《从混沌到有序：人与自然的新对话》，上海：上海译文出版社，2005 年，第 10 页。

权的新媒介，不仅使互联网具有很高的安全性和可靠性，也造就了互联网信息传播的多样化与控制的复杂化。

进入互联网时代后，信息社会发生了一个巨大的变化，那就是受众变成了用户。用户既是信息的接收者和内容的消费者，也是信息的传播者和内容的生产者。这两种身份有机地统一在用户身上，使人在传播中的主观能动性大大增强。在这个"人人都有麦克风"的时代，一种无组织的组织力量令传统的大众媒体迅速旁路了。在互联网去中心化和再中心化的双重冲击下，传播中的人（用户）发生了异化。对此，彭兰提出新媒体用户的三个维度：节点化、媒介化和赛博格化。用户的生产使得信息社会改朝换代；用户的生产令传播形态、媒介生态和传媒业态也随之发生变化。

1994年4月20日，中国正式接入国际互联网。1996年春，中国最早的互联网服务商瀛海威在中关村南大门零公里处打出"中国人离信息高速公路还有多远？向北1 500米"的巨幅广告。尽管中国互联网起步较晚，但其凭借庞大的人口基数，使得推出的任何互联网产品都比较容易获得数量可观的用户规模，而正是这一人口红利，推动着中国互联网高速发展。用户生产的不只是内容，还会生成一种传播权，这就是网络赋权。这个"权"包括权利和权力。在互联网上，每个人都有传播的权利，这对于每个人都是一样的。但互联网赋予的权力却有很大的差别：一方面，它赋予使用互联网的能力，因此也叫网络赋能；另一方面，这个权力受制度、资本、观念等政治、经济、文化等诸多因素影响。互联网不是法外之地，虽然任何媒体和个人都能自由地使用它，但它与传统媒体一样，也是要受到监管和控制的。

随着互联网的发展，更多的社交属性使之成为社交网络，新媒体也成为社交媒体。人际传播在无孔不入的网络空间里的传播有时候比大众传播更快更广，甚至会形成病毒式传播。在特定条件下，某些话题和议题甚至可以引发传播的裂变，从而释放巨大的传播能量。事实上，如果我们引爆某个传播节点，由此引发的传播裂变，一方面会形成现象级的传播活动，另一方面会影响网络舆情和社会稳定。互联网不仅有强大的传播力和影响力，还具有强大的社会动员力。

互联网的普及给人类呈现了一个全新的生活空间，非线性传播让人们在享受互联网带来的便利、自由和利益的同时，也引发诸多侵扰和乱象：沉迷网络、虚假信息、网络暴力、隐私泄露……互联网治理、网络安全不得不提上社会管理最重要的议程。在享受互联网带来的红利的同时，我们要保持清醒的头脑，思考如何趋利避害。

互联网时代是一个不断重新定义的时代，我们要重新定义新闻、重新定义内容、重新定义媒体……新媒体研究不仅要"走进传播学"，还要"走出传播学"，运用多学科理论和视角来探讨互联网传播规律。与此同时，我们发现，在互联网世界里，过去被忽视的个人传播和人际交往的作用日益凸显。"新媒体最激动人心的部分之一，就是那些曾被大群体所独享的媒体，如今可以用于个人传播。这就模糊了大众传播和个人传播的界限。"① 那么，维系个人传播的是什么？是用户还是信息？我们发现是它们背后的关系，"随着关系的发展，我们寻求线索更加丰富的媒介来充实我们的联系，联系一旦被充实起来，就会使用多种媒介进行交往。这些媒介相互融合，就形成了复媒体环境"②，而这些就是我们今天所说的媒体融合和"连接一切"。"近年来，传播转型中最重要的一类，就是由大众传播到大众自传播的演进。"③ 这种大众自传播是由自媒体和它所依附的平台来完成的。彼得斯认为："数字媒介的意涵主要不在'意义'，而在'权力'和'组织'。"④ 那么，互联网时代又会出现哪些新的媒介组织及其媒介组织形态呢？这就是平台时代的到来。

二、 第二次传播革命——推荐算法

随着智能手机的出现和普及，人们进入了移动互联网时代，大众媒体的传播权威被媒介平台所替代。"通过某一空间或场所的资源聚合和关系转换为传媒经济提供意义服务，从而实现传媒产业价值的媒介组织形态叫做媒介平台。"⑤ 此时，一种全新的媒介组织形态出现了，它就是基于互联网的媒介平台。与传统媒体以内容生产为核心不同，像微博、微信、抖音这样的互联网平台本身并不生产内容，内容全部由用户提供，它们只是运营内容的综合服务平台。然而，互联网平台却以强大的内容分发功能横扫所有传统媒体，政府、企业和媒体（包括权威的官方媒体），纷纷入驻这些具有巨大流量的互联网平台，媒介平台俨然成为具有强大传播力和影响力的主流媒体。

---

① ［美］南希·K. 拜厄姆著，董晨宇、唐悦哲译：《交往在云端：数字时代的人际关系（第2版）》，北京：中国人民大学出版社，2020年，第5页。
② ［美］南希·K. 拜厄姆著，董晨宇、唐悦哲译：《交往在云端：数字时代的人际关系（第2版）》，北京：中国人民大学出版社，2020年，第172页。
③ ［美］曼纽尔·卡斯特著，汤景泰、星辰译：《传播力》，北京：社会科学文献出版社，2018年，第1页。
④ ［美］约翰·杜海姆·彼得斯著，邓建国译：《奇云：媒介即存有》，上海：复旦大学出版社，2020年，第9页。
⑤ 谭天：《基于关系视角的媒介平台》，《国际新闻界》2011年第9期，第85页。

有几股重要的力量正推动着互联网发展：首先是科技的力量。网络技术、计算机、通信技术以及相应的硬件和软件，使得互联网成为国民经济和社会发展的基础设施。其次是资本的力量。互联网是一种极易商业化的媒介，随着互联网技术迅速转化为生产力，互联网产业的崛起改变了经济形态和商业版图，媒介平台攻城略地，资本市场推波助澜，网络赋能使得人类社会进入两极：一方面，互联网形成新的经济增长点；另一方面，新的贫富差距、新的社会危机出现了。大数据让我们对网络空间有了更多了解，但也产生更多困惑。

随着人工智能的发展和应用，推荐算法进入了平台。当今媒介平台不仅具有强大的内容分发功能，而且改变了人们的信息传播方式。在推荐算法的驱动下，在网络空间中，"人找信息"变成了"信息找人"。一方面，人在传播中的主观能动性发挥到最大；另一方面，人也极易陷入"信息茧房"而成为"算法囚徒"。资本最先嗅到了算法蕴藏的巨大商机，互联网传播就此在商海中横冲直撞，放飞自我。

基于大数据的推荐算法，不仅可以为用户画像，还可以投其所好，大众传播变成了精准传播。这一传播革命让经典传播理论失去了解释力，大众媒体也陷入了困境，在广告收入下滑的背后是用户的严重流失。人们不得不审视信息传播背后的关系传播和关系转换。关系传播背后又是什么呢？显然是在网络空间中形成的新的权力结构，而这些权力又在驱动社会资本的流动，导致网络社会中形成更为复杂的社会化传播现象。

如今互联网不仅成为我们生活、生产和学习的一个重要空间，而且形成了影响我们生存发展的网络社会。在人工智能的应用、影响和驱动下，传媒进入了社会化传播的智媒时代。人工智能对传媒最大的影响莫过于推荐算法，"信息找人"的算法推送、沉浸式场景再造，把人与互联网紧紧绑定，无路可逃。我们不得不反思，这个网络社会到底给人类带来了什么？好的坏的？真的假的？它让人类的生活变得更好还是更坏？我们不得不更多地从伦理和哲学层面展开思考，不得不对推荐算法和网络安全进行治理，力求让网络社会变得更健康一些。

互联网的发展大致经历了三个阶段（或形态）：

Web 1.0：一种单纯通过网络浏览网页的模式。它是以数据为核心的网络，通过超链接实现知识生产、信息传播和资源共享的创新。关键词是门户网站。

Web 2.0：更注重用户的交互作用。用户既是网站内容的浏览者，也是网站内容的制造者。关键词是UGC。

Web 3.0：互联网本身转化为一个泛型数据库，并呈现平台化、社交化和智能化趋势。关键词是大数据、云计算和人工智能。

如今已经很难用 WebX.0 来描述互联网的发展形态了，需要运用空间理论来诠释它。而网络空间的发展也从平台进化到生态，我们面临的挑战是如何构建内外兼修、可持续发展的生态体系。面对网络全球化的严峻形势，我国提出了"互联互通、共享共治，共建网络空间命运共同体"的积极倡议。

在建立人类命运共同体的过程中，我们还须面对空间与文化的双重转向。"空间转向"的实际开端，始于 20 世纪 60—70 年代，列斐伏尔、卡斯特、哈维、索亚等人为这个转向的形成做出了自己的贡献。"空间转向"为社会科学的研究注入了全新的视角和思维方法。一方面，在多元文化的倡导和人本主义思潮的推动下，文化与建筑设计、城市规划、地理学等空间学科与日俱增地交叉渗透，出现了"文化转向"的趋势；另一方面，在后现代思潮的影响下，社会学、政治学、文化研究、文学研究等人文学科亦经历了一个引人注目的"空间转向"。互联网时代的"空间转向"涉及诸多变化：身份转变、关系转换、文化转向……互联网的圈层与"破圈"、连接与反连接并存。"全球网络社会的共同文化是一种文化的传播规则，它使得不同文化之间的沟通不是基于共同的价值观，而是共享的传播价值观。"① 共享的前提是认同，而认同的前提是沟通。

我们发现，此时的网络空间已不仅仅是人类社会中的一个独立存在，随着互联网的普及深入、用户使用时长的增加，互联网正在形成一个与现实社会平行且相交的网络社会。而在新的社会形态中逐渐形成一种新的传播形态——社会化传播。"社会化传播是指在互联网连接的虚拟与现实的空间里，任何个体和组织都会形成传播行为，通过各种媒介平台和传播工具的关系转换，进而引发社会资本流动和各种传播活动。"② 社会化传播催生了各类社交媒体，使得一切皆可变为媒介或媒体。"社会性媒体的出现和流行邀请我们从全新的角度思考'在场'的各种传播可供给性以及人类身体的各种被中介化。"③

三、 第三次传播革命——元宇宙

互联网盛产新名词、新概念，有的昙花一现，有的指向未来。近年，继区块

① ［美］曼纽尔·卡斯特著，汤景泰、星辰译：《传播力》，上海：社会科学文献出版社，2018 年，第 31 页。

② 谭天：《构建社会化传播理论的思考》，《浙江传媒学院学报》，2018 年第 2 期，第 44 页。

③ ［美］约翰·杜海姆·彼得斯著，邓建国译：《奇云：媒介即存有》，上海：复旦大学出版社，2020 年，第 7 页。

链之后又冒出新概念"元宇宙"。"元宇宙"（Metaverse）一词源于1992年的科幻小说《雪崩》，其中描述了一个人们用虚拟形象在三维空间中与软件交互的世界。元宇宙可以理解为"超越现实的虚拟宇宙"，但它无法完全脱离现实世界。元宇宙平行于现实世界，与之互通，但又独立于现实世界，人们可以在其中进行真实的社交和工作。

尽管目前元宇宙还不是一个严谨的学术概念，尚处于早期的厘清定义和框架搭建阶段，但元宇宙的存在早已到处可见。在互联网的虚拟世界里，人的形象、身体和身份都能任意置换，可以通过"人设"重新设定一个符合自己传播需求的身份。头上戴个VR头盔，或者脑袋后面插一个脑机接口，就可以在虚拟世界里上天入地，就像玩沉浸式剧本杀。

目前业界普遍认可的元宇宙基本特征包括：沉浸式体验、低延时和拟真感，让用户具有身临其境的感官体验；虚拟化分身，现实世界的用户在数字世界拥有一个或多个ID身份；开放式创造，用户通过终端进入数字世界，可利用海量资源开展创造活动；强社交属性，现实社交关系链在数字世界发生转移和重组；稳定化系统，具有安全、稳定、有序的经济运行系统。元宇宙有六大支撑技术：区块链技术、交叉技术、电子游戏技术、人工智能技术、网络及运算技术、物联网技术。

基于大数据、云计算、5G的人工智能（AI）让新媒体向智媒体发展，而5G最主要的应用是物联网，智能传播就是"人工智能＋物联网"应用。"Web3.0时代：万物感知——智慧控制。物质世界与人类社会的全方位信息交互，人与物质世界的连接。面对信息通信技术的突飞猛进，新闻传播实践和传播学研究都面临变革的震荡。"[1] "由物联网、移动互联网和桌面互联网所构成的第一代互联网将重构一个全新的传播领域——从物质世界到人类社会，在这个全新的传播领域中，一系列新问题摆在传播学者面前，这些问题牵涉自然科学和人文社科的各个领域，而物联网的出现则使这些联系更为紧密、更为直接。"[2]

学界关于空间理论曾有三次大讨论——绝对空间与相对空间、先验空间与经验空间、自然空间与社会空间，如今则进入现实空间与虚拟空间的探讨，然而这两个空间的边界是模糊的。"边界模糊的核心是一种对于虚拟和真实的深度混

---

① 高钢：《物联网和Web3.0：技术革命与社会变革的交叠演进》，《国际新闻界》2010年第2期，第68页。

② 谭天：《基于物联网的传播学跨学科研究》，《重庆工商大学学报（社会科学版）》2012年第5期，第2页。

淆。……数字媒体让我们的身份、关系和实践的真实性成为新问题。"① 扎克伯格认为，可以把元宇宙看作一个具身性的互联网。具身传播已成为传播学研究的热点。例如，新冠疫情让人们不得不把现实中的大量任务搬到网络空间去完成；由于新技术的突破，如 VR/AR，人们在虚拟空间里可能比在现实空间里做得更好。元宇宙是人类数字化生存的最高形态，对于这样一个新世界将给人类带来什么，我们拭目以待。元宇宙已进入探索期，在此期间存在泡沫，需要积累，但未来值得期待。

2021 年被称为"元宇宙元年"。尽管目前元宇宙的主要应用还是在游戏领域，但新冠疫情加速了社会的虚拟化，线上与线下打通，人类的现实生活开始大规模向虚拟世界迁移，人类正逐渐成为现实空间与数字空间的两栖物种。元宇宙应用也会进入更多领域，如社交、教育、会展、旅游、金融等。目前中美日韩都在布局元宇宙，腾讯、字节跳动等互联网巨头也在投资元宇宙项目。尽管目前元宇宙在传媒行业和传播领域还没有太多实际应用，但从 AI 主播到仿真机器人，从深度学习到认知神经科学，元宇宙所产生的思维方式和思想火花已影响了整个传媒业和传播学，这些无疑会引发互联网的又一次传播革命。

未来，人工智能和元宇宙将持续深远地对传播和传媒产生影响，学界当与业界协力，积极应对算法对新闻生产、公共生活、人类价值观以及传统学科体系的影响，致力于发掘智能媒体技术与新闻业乃至社会公共生活的相处之道。在尚未清晰可见的元宇宙里，未来的传播发展有无限的可能性，人类将面对更多技术伦理、传播伦理、认知心理、思维方式、人性本质等方面的拷问和考验，需要在哲学层面、社会构建与人类发展方面进行更多的深入思考。

四、 互联网传播革命的深远影响

第一次传播革命源自互联网用户的产生，网络分权与科技赋能让人的传播能力大增；在第二次传播革命中，推荐算法实现"信息找人"，从平台驱动到生态构建，我们进入了"人机合一，共同进化"的智媒时代；第三次传播革命则是元宇宙把人类带入更为纷繁复杂的物质世界，万物互联，虚实相交，新的传播形态与媒介生态催生新的传媒业态。

从"媒介即信息"到"媒介即关系"再到"媒介即存有"，当前我们在研

---

① ［美］南希·K. 拜厄姆著，董晨宇、唐悦哲译：《交往在云端：数字时代的人际关系（第 2版）》，北京：中国人民大学出版社，2020 年，第 6 页。

究互联网应用、媒体融合和网络治理时遭遇挫折，很重要的一个原因就是我们对已经和正在发生的传播革命认识不够、准备不足。互联网已经成为如彼得斯所说的基础设施："基础设施可以被定义为：各种大型的、具有力量放大的能力系统，它跨越巨大的时间和空间将人与机构联系起来；或者还可以定义为：大型的、附用的和运行良好的系统或服务。"① 如今虚拟的网络社会与现实的人类社会是相互影响、相互建构的。"如果想要在网络社会中实现社会变革，就必须对负责形象操控和信息处理的符号环境进行重新编码。"② 人类应掌握这些编码的秘诀。

未来的传播学将聚合更多的学科领域，面对人类与大千世界广泛而复杂的联系，借助多元学科知识、使用多元科学工具与方法，深入探讨信息传播和系统控制的特点与规律，建造起更具说服力和适应性的理论体系。在人类社会从现实空间到数字空间的穿越中，我们需要开展社会学、法学、伦理学、心理学以及技术哲学等跨学科、多学科研究：一方面，我们要把老问题切换到新时空重新进行审视；另一方面，我们还要发现新问题、构建新理论，并借此重构传播学和传媒业。新一代互联网的传播研究面临的最大问题就是在新时空中如何突破旧有认知、学科局限、理论框架和思维定式，对此，理论与实践要更紧密结合，要进一步解放思想，同时加大创新力度和效度。

本章小结

简言之，我国新媒体研究有以下特点：一是研究队伍十分庞大且日益壮大，但专注新媒体研究且有突出研究成果的学者并不多。二是新媒体研究成果虽然很多，但大多还是应用研究和实务研究，基础理论研究还比较薄弱。三是越来越多的新闻传播学及各相关学科学者进入新媒体研究领域，各种新理论、新方法、新思维对推进新媒体研究产生了不同程度的影响。新媒体跨学科研究日显重要，以什么样的方式方法来推进此类研究，对于新媒体提质增效至关重要。与此同时，跨学科研究也催生了新学科的诞生。例如计算传播学，它正成为新媒体研究重要的研究方法和技术支持。尽管目前计算传播学还处于起步阶段，但未来它对新媒

① ［美］约翰·杜海姆·彼得斯著，邓建国译：《奇云：媒介即存有》.上海：复旦大学出版社，2020年，第36页。

② ［美］曼纽尔·卡斯特著，汤景泰、星辰译：《传播力》，北京：社会科学文献出版社，2018年，第324页。

体研究的影响和作用难以估量。

经研究我们认为，新媒体的跨学科研究主要有三条推进路径：一是积极开展多学科、多领域、多维度的学科对话；二是以更多的"跨界行动"推动新媒体综合性研究和重大研究项目的落地；三是充分利用互联网技术和人工智能构建跨学科研究的技术平台。同时，在价值观和哲学层面的终极目标思考也不可缺失。而在这些研究的推进过程中，思维方式的改变更显重要。

新媒体研究从属于互联网研究这一更大范畴，其发展与互联网发展息息相关。通过互联网视野的观察与思考，我们提出互联网传播的三次革命——用户生产、推荐算法、元宇宙。互联网传播革命对于新媒体研究有着极其深远的影响。

第八章 结 语

中国互联网发展不过近30年，却取得突飞猛进的成绩，中国也成为世界上新媒体发展最快、应用最活跃的国家。中国新媒体在取得辉煌成就的同时，也累积了许多问题。中国新媒体"出海"遭遇西方国家打压，互联网平台疯狂扩张开始尝到反垄断制裁的苦果，这一切说明中国新媒体发展正处于一个时代节点，从新媒体升级为智媒体，既是机遇，也是挑战。

近年来，关于新媒体理论的研究有一个新的转向——新物质主义转向。学者们跳出人类中心主义的视角来观察和研究媒介与新媒体。在过往的传播学研究中，大多数传播学者将研究的中心放在了媒介效果上。马克思早在170多年前就断言一切的等级和固定的东西都会烟消云散，似乎预示了如今的媒介发展现状。从App到云计算，从虚拟现实到人工智能再到元宇宙，我们不难发现，周遭的一切都在加速化为虚有。但通信设施、通信协议、平台算法等都在时刻提醒我们新媒体背后的物质性结构。

进入21世纪的第二十个年头，媒介的物质性研究激起了新的学术想象力。"物质性""身体感""后人类"等概念成为热点。弗里德里希·基特勒、维兰·傅拉瑟、布鲁诺·拉图尔、唐娜·哈拉维、韩炳哲等涉足文化与技术哲学的学者观点被反复引用。澳门科技大学章戈浩提出，媒介物质性研究更像一个"标签式"的学术兴趣，它聚合各种思潮，却"不做保证"，是一个"区块链式"的学术探究方向。与此同时，我们也不应忘记"以人为本"，新媒体研究中的人文关怀不可或缺。

经过全方位、多视角整理和跨学科领域分析我国已有的新媒体研究，我们有以下发现：

（1）中国新媒体研究虽然发展较快，也取得不少成果，但总体而言还是未能与新媒体发展和传媒蜕变相匹配，还须提速增效升级。我们必须认清一个基本现实：与新媒体发展的突飞猛进相比，新媒体研究具有一定的滞后性。目前中国新媒体研究还未适应社会发展、文化需求和全球传播，还跟不上新媒体飞速发展的步伐。但这不能成为新媒体研究落后的理由，通过努力是可以缩短这个距离的。

（2）新媒体传播研究内容丰富、涉猎广泛，但经典的、单一的传播学理论已难以支撑。因此，一方面需要改造传播学；另一方面必须"走出传播学"，借助其他学科理论和方法来研究新媒体传播。新媒体研究不仅要"走进传播学"，更要"走出传播学"。毋庸置疑，新媒体研究对新闻传播学科重建具有不可忽略的促进作用。

（3）在新媒体研究中，应用研究的成果数量最为庞大，但都有缺失或偏颇。展望未来，智能传播和技术赋能将成为两个重要的研究领域。面对新技术、新应用的不断涌现，新媒体技术引发的伦理、法律、社会和哲学问题显得日益重要和复杂。

（4）新媒体文化必须批判与建构并举，为我国新媒体文化建设提供更多的理论支持。一方面，我们要研究如何弘扬优秀的新媒体文化；另一方面，我们也要研究新媒体如何"出圈"，如何在传播圈层之间实现社会资本的流动，进而促进融媒体建设。

（5）经过近30年的发展，我国新媒体研究已形成多元化、多向度的学术群体，新一代的研究者也在迅速成长，但仍然需要更多的研究团队。新媒体研究要进入跨学科协同创新阶段，就涉及人文社科科研体制的创新发展。更重要的是，未来新媒体研究的空间会更加广阔，不仅要跳出新闻传播学领域，还要跳出人类中心主义，在人类社会与物质世界之间不断穿越，从而进入一个新的哲学高度。

展望未来，新媒体研究呈现以下三个显著特征：

（1）新媒体研究与互联网和新媒体发展紧密相关，新媒体从平台主导到生态博弈，新媒体研究对象不断变化，进入一个边界模糊、熵增无序的混沌状态。

（2）新媒体研究与新闻传播学科发展紧密相关，相互影响、相互促进，还会产生新的学科和新的领域。新媒体研究一方面成为决定新闻传播学重建的结构性力量，另一方面成为跨学科协同攻关的重要领域。

（3）新媒体研究与国内外舆论环境变化紧密相关，对内需要服务国家战略，对外需要应对诸多挑战。这些变化使得研究更趋务实，但同时也会对基础研究产生影响。对此，我们要保持清醒的认识。

根据我国新媒体研究的发展现实和以上发现，我们提出未来中国新媒体研究发展的整体思路：需要整合国内外学界、业界、政界和商界的学术资源和研究力量，构建一个强大的新媒体研究矩阵，从跨学科、平台化、国际化三个维度推进我国新媒体研究。随着移动互联网、物联网、人工智能的发展，对新媒体的研究也要从媒体推向生态，从媒介推向社会，从应用研究为主提升到理论建构层面；要采用多种合作形式，建立起连接各种学术资源和各方研究力量的新平台，在新媒体研究的主要领域形成集群优势；要大力推动新媒体研究创新、成果转化和人才培养，充分发挥跨学科、跨领域、跨区域、跨部门的协同创新，立足学术，面向社会，服务国家，影响世界，努力打造国际知名、国内外领先的研究基地和智库。

整体思路清晰明了后，还需要采取切实可行的具体措施，我们认为以下四方面必须认真思考并大力落实：

（1）加大投入。在5G、AI、物联网、区块链等新技术构成的互联网新时代，我们面临着更加复杂的问题和更加严峻的挑战。必须加强新媒体研究力量，政府、高校和行业都应加大新媒体研究投入；同时还要加强基础研究，善用新理论，以追赶新媒体发展的步伐，并给互联网治理、新媒体人才培养等应用提供更多的理论支持。

（2）规划布局。目前我国新媒体研究存在力量分散、研究方向散乱的状况，对此必须加强规划，集中力量攻克新媒体发展亟待解决的重大课题；同时合理布局，通过整合各方资源建立更多学术基地和学术团队。要提高研究的投入产出比，让我国新媒体研究不仅在量上增加而且有质的飞跃。

（3）改变思维。展望未来，在互联网新生态、新时空中，还会出现各种新媒介、新现象，当下新媒体研究面临的最大问题是，在新形势下如何突破旧有认知、学科局限、理论框架和思维定式。我们认为，只有具有非线性思维和全新观念，摆脱人类中心主义等固化思维的羁绊，才有可能取得根本性突破。

（4）学科对话。我国新媒体研究主要还是集中在新闻传播学科内，而这一学科发展的滞后性和内卷化影响着新媒体研究发展的提速，新闻传播学科重建与新媒体研究也存在相互促进作用。我们需要重新定义新媒体，重新审视新媒体研究的核心问题和学科边界。新媒体研究需要更多的学科支援，需要与人文社科和自然科学诸学科展开更多的对话。

本研究的创新点主要有三方面：

（1）首次梳理了我国新媒体研究的发展进程，整理了新媒体研究的主要成果并发现了一些问题，让学界对新媒体研究现状有一个较为全面的认知，为今后研究提供了一些参考的维度和建议。

（2）不仅对新媒体研究成果进行整理，还对我国新媒体研究的特点、机制以及存在的问题进行分析，在此基础上提出未来我国新媒体研究的发展思路和相应对策。

（3）既是新媒体研究的研究，也是新闻传播学科的发展和创新研究。本研究通过互涉和重构，使得新媒体研究超越了原有的范式、场域和边界，对我国新闻传播学创新发展做出了一定贡献。

我们认为后续研究还可以开展以下工作：①研究范围不限于新闻传播学，应该收集和整理其他学科的新媒体相关研究，以更好地描绘新媒体研究学术版图。②我国新媒体研究不能孤立地做，必须了解和分析国外尤其是互联网大国的新媒体研究，通过对比和借鉴可以更好地审视我国新媒体研究。未来，我们需要参与和组织更多的国际学术活动，开展跨国、跨领域的国际研究合作。

新媒体发展与研究让我们重新思考什么是媒介，让我们重新认识如今的传播。今后，我们还要不断学习、加强研究，因为媒介正更加紧密地把我们与这个世界联系在一起。换句话说就是，我们要通过媒介和传播与这个世界相处。如果我们能通过新媒体研究找到一种与世界相处的新模式，就会燃起我们对人类社会美好未来的信心。

莎士比亚说："凡是过去，皆为序曲。"屈原曰："路漫漫其修远兮，吾将上下而求索。"东西方两位伟大诗人为我们描绘了新媒体研究的未来——任重而道远。展望未来，我们相信新闻传播学及相关学科的发展，以及人工智能等新技术的推动，会把我国新媒体研究推向更加广阔的时空，而本研究可助推这个重大历史进程。

参考文献

［1］彭兰：《新媒体用户研究》，北京：中国人民大学出版社，2020 年。

［2］彭兰：《社会化媒体：理论与实践解析》，北京：中国人民大学出版社，2015 年。

［3］谭天：《道可道：新媒体理论与实务研究》，广州：暨南大学出版社，2020 年。

［4］谭天：《媒介平台论——新兴媒体的组织形态研究》，北京：中国人民大学出版社，2016 年。

［5］谷虹：《信息平台论——三网融合背景下信息平台的构建、运营、竞争与规制研究》，北京：清华大学出版社，2000 年。

［6］彭兰：《中国网络媒体的第一个十年》，北京：清华大学出版社，2005 年。

［7］林军：《沸腾十五年——中国互联网：1995—2009》，北京：中信出版社，2009 年。

［8］闵大洪：《中国网络媒体 20 年：1994—2014》，北京：电子工业出版社，2014 年。

［9］方兴东、王俊秀：《博客》，北京：中国方正出版社，2003 年。

［10］高钢：《传播边界的消失——互联网开启文明再造时代》，北京：中央广播电视大学出版社，2000 年。

［11］李永刚：《我们的防火墙：网络时代的表达和监管》，桂林：广西师范大学出版社，2009 年。

［12］胡泳：《众声喧哗：网络时代的个人表达与公共讨论》，桂林：广西师范大学出版社，2013 年。

［13］胡泳、王俊秀：《连接之后：公共空间重建与权力再分配》，北京：人民邮电出版社，2017年。

［14］刘德寰：《颠覆与重整：手机人的群落与游牧》，北京：机械工业出版社，2013年。

［15］匡文波：《新媒体舆论：模型、实证、热点及展望》，北京：中国人民大学出版社，2014年。

［16］邓建国：《媒体融合：基础理论与前沿实践》，上海：复旦大学出版社，2017年。

［17］谭天：《融合与转型：重构中国电视》，北京：中国广播影视出版社，2017年。

［18］吴军：《智能时代：大数据与智能革命重新定义未来》，北京：中信出版社，2016年。

［19］聂有兵：《虚拟现实：最后的传播》，北京：中国发展出版社，2017年。

［20］牟怡、刘洋：《传播的进化——人工智能将如何重塑人类的交流》，北京：清华大学出版社，2017年。

［21］丁未：《流动的家园——"攸县的哥村"社区传播与身份共同体研究》，北京：社会科学文献出版社，2000年。

［22］王井、陈立旭：《文化迁徙：媒介新技术与网络文化价值体系发展研究》，北京：中国社会科学出版社，2017年。

［23］张学波：《社交媒体中信息传播与用户行为研究》，广州：中山大学出版社，2019年。

［24］谢新洲：《县级融媒体中心建设理论与实践》，北京：电子工业出版社，2019年。

［25］于孟晨、梁华平、王苏喜：《互联网新媒体伦理生态及治理研究》，北京：社会科学文献出版社，2020年。

［26］胡泳：《数字位移：重新思考数字化》，北京：中国人民大学出版社，2020年。

［27］陈昌凤：《智能传播：理论、应用与治理》，北京：中国社会科学出版社，2021年。

［28］［美］克莱·舍基著，胡泳、沈满琳译：《人人时代：无组织的组织力量》，北京：中国人民大学出版社，2012年。

［29］［美］凯文·凯利著，张行舟、陈新武、王钦等译：《失控：全人类的最终命运和结局》，北京：电子工业出版社，2016 年。

［30］［美］杰里米·里夫金著，赛迪研究院专家组译：《零边际成本社会——一个物联网、合作共赢的新经济时代》，北京：中信出版社，2014 年。

［31］［英］维克托·迈尔—舍恩伯格、肯尼思·库克耶著，盛杨燕、周涛译：《大数据时代：生活、工作与思维的大变革》，杭州：浙江人民出版社，2013 年。

［32］［英］汤姆·斯丹迪奇著，林华译：《从莎草纸到互联网：社交媒体2000 年》，北京：中信出版社，2015 年。

［33］［美］尼古拉·尼葛洛庞帝著，胡泳、范海燕译：《数字化生存》，北京：电子工业出版社，2017 年。

［34］［美］阿尔文·托夫勒著，黄明坚译：《第三次浪潮》，北京：中信出版社，2018 年。

［35］［德］弗兰克·施尔玛赫著，邱袁炜译：《网络至死：如何在喧嚣的互联网时代重获我们的创造力和思维力》，郑州：龙门书局，2011 年。

［36］［丹］延森著，刘君译：《媒介融合：网络传播、大众传播和人际传播的三重维度》，上海：复旦大学出版社，2012 年。

［37］［美］安德鲁·基恩著，丁德良译：《网民的狂欢：关于互联网弊端的反思》，海口：南海出版公司，2010 年。

［38］［加］唐·泰普斯科特、安东尼·D. 威廉姆斯著，何帆、林季红译：《维基经济学：大规模协作如何改变一切》，北京：中国青年出版社，2007 年。

［39］［美］杰里米·里夫金著，张体伟译：《第三次工业革命》，北京：中信出版社，2012 年。

［40］［美］丹尼尔·沙勒夫著，林铮颢译：《隐私不保的年代》，南京：江苏人民出版社，2011 年。

［41］［美］克里斯·安德森著，乔江涛译：《长尾理论》，北京：中信出版社，2006 年。

［42］［英］戴维·冈特利特著，彭兰译：《网络研究——数字化时代媒介研究的重新定向》，北京：新华出版社，2004 年。

［43］［美］保罗·莱文森著，何道宽译：《思想无羁——技术时代的认识论》，南京：南京大学出版社，2004 年。

［44］［美］曼纽尔·卡斯特著，夏铸九、王志弘译：《网络社会的崛起》，

北京：社会科学文献出版社，2001 年。

[45] [澳] 弗格斯·皮特著，章于炎译：《传感器与新闻》，北京：北京大学出版社，2017 年。

[46] [美] 艾·里斯、杰克·特劳特著，邓德隆、火华强译：《定位：争夺用户心智的战争》，北京：机械工业出版社，2017 年。

[47] [美] 斯特凡·韦茨著，任颂华译：《搜索：开启智能时代的新引擎》，北京：中信出版社，2017 年。

[48] [美] 罗伯特·斯考伯、谢尔·伊斯雷尔著，赵乾坤、周宝曜译：《即将到来的场景时代》，北京：北京联合出版公司，2014 年。

[49] [美] 尼古拉斯·卡尔著，刘纯毅译：《浅薄——互联网如何毒化了我们的大脑》，北京：中信出版社，2010 年。

[50] [美] 凯文·凯利著，熊祥译：《科技想要什么》，北京：中信出版社，2011 年。

[51] [美] 戴维·温伯格著，张岩译：《新数字秩序的革命》，北京：中信出版社，2008 年。

[52] [美] 凯斯·R. 桑斯坦著，毕竞悦译：《信息乌托邦：众人如何生产知识》，北京：法律出版社，2008 年。

[53] [美] 亨利·詹金斯著，杜永明译：《融合文化——新媒体和旧媒体的冲突地带》，北京：商务印书馆，2012 年。

[54] [荷] 简·梵·迪克著，蔡静译：《网络社会——新媒体的社会层面》(第二版)，北京：清华大学出版社，2014 年。

[55] [英] 安德鲁·查德威克著，任孟山译：《互联网政治学：国家、公民与新传播技术》，北京：华夏出版社，2010 年。

[56] [美] 阿莱克斯·彭特兰著，汪小帆、汪容译：《智慧社会——大数据与社会物理学》，杭州：浙江人民出版社，2015 年。

[57] [英] 尼克·波斯特洛姆著，张体伟、张玉青译：《超级智能》，北京：中信出版社，2015 年。

[58] [美] 乔治·H. 米德著，赵月瑟译：《心灵、自我与社会》，上海：上海译文出版社，2018 年。

[59] [美] 沃尔特·李普曼著，阎克文、江红译：《公众舆论》，上海：上海人民出版社，2006 年。

[60] [美] 哈罗德·拉斯韦尔、亚伯拉罕·卡普兰著，王菲易译：《权力与

社会：一项政治研究的框架》，上海：上海人民出版社，2012 年。

［61］［美］保罗·F. 拉扎斯菲尔德、伯纳德·贝雷尔森、黑兹尔·高德特著，唐茜译：《人民的选择：选民如何在总统选战中做决定（第三版）》，北京：中国人民大学出版社，2012 年。

［62］［美］罗伯特·K. 默顿著，唐少杰、齐心译：《社会理论和社会结构》，北京：译林出版社，2015 年。

［63］［美］韦尔伯·施拉姆著，金燕宁等译：《大众传播媒介与社会发展》，北京：华夏出版社，1990 年。

［64］［美］施拉姆著，何道宽译：《传播学概论》，北京：中国人民大学出版社，2010 年。

［65］［美］E. M. 罗杰斯著，殷晓蓉译：《传播学史：一种传记式的方法》，上海：上海译文出版社，2012 年。

［66］［美］约翰·杜翰姆·彼得斯著，邓建国译：《对空言说：传播的观念史》，上海：上海译文出版社，2017 年。

［67］［德］哈贝马斯著，曹卫东、王晓珏、刘北城等译：《公共领域的结构转型》，北京：学林出版社，1999 年。

［68］［英］斯图亚特·霍尔著，徐亮、陆兴华译：《表征：文化表象与意指实践》，北京：商务印书馆，2003 年。

［69］［英］斯图亚特·霍尔著，周敏、程孟利译：《文化研究 1983：一部理论史》，北京：商务印书馆，2021 年。

［70］［美］亨利·詹金斯著，郑熙青译：《文化盗猎者：电视粉丝与参与式文化》，北京：北京大学出版社，2016 年。

［71］［加］哈罗德·伊尼斯著，何道宽译：《传播的偏向》，北京：北京广播学院出版社，2013 年。

［72］［英］詹姆斯·柯兰、娜塔莉·芬顿、德斯·弗里德曼著，何道宽译：《互联网的误读》，北京：中国人民大学出版社，2014 年。

［73］［加］马歇尔·麦克卢汉著，何道宽译：《理解媒介：论人的延伸》，北京：商务印书馆，2000 年。

［74］［美］尼尔·波兹曼著，章艳译：《娱乐至死》，北京：中信出版社，2015 年。

［75］［美］保罗·莱文森著，何道宽译：《数字麦克卢汉：信息化新纪元指南》，北京：社会科学文献出版社，2001 年。

［76］［美］南希·K. 拜厄姆著，董晨宇、唐悦哲译：《交往在云端：数字时代的人际关系（第 2 版）》，北京：中国人民大学出版社，2020 年。

［77］［美］迈克尔·E. 罗洛夫著，王江龙译：《人际传播：社会交换论》，上海：上海译文出版社，1991 年。

［78］［美］凯瑟琳·米勒著，袁军等译：《组织传播》，北京：华夏出版社，2000 年。

［79］［美］马克斯韦尔·麦库姆斯著，郭镇之、徐培喜译：《议程设置：大众媒介与舆论（第 2 版）》，北京：北京大学出版社，2018 年。

［80］［英］丹尼斯·麦奎尔著，徐佳、董璐译：《麦奎尔大众传播理论（第六版）》，清华大学出版社，2019 年。

［81］［英］丹尼斯·麦奎尔著，祝建华译：《大众传播模式论》，上海：上海译文出版社，2008 年。

［82］［美］赛佛林、坦卡德著，郭镇之、徐培喜等译：《传播理论：起源、方法与应用（第 5 版）》，北京：中国传媒大学出版社，2006 年。

［83］［英］尼克·史蒂文森著，王文斌译：《认识媒介文化：社会理论与大众传播》，北京：商务印书馆，2001 年。

［84］［法］古斯塔夫·勒庞著，冯克利译：《乌合之众：大众心理研究》，北京：中央编译出版社，2005 年。

［85］［英］特伦斯·霍克斯著，瞿铁鹏译：《结构主义和符号学》，上海：上海译文出版社，1997 年。

［86］［法］米歇尔·福柯著，刘北成、杨远婴译：《规训与惩罚：监狱的诞生》，北京：生活·读书·新知三联书店，2003 年。

［87］［美］C. 赖特·米尔斯著，陈强、张永强译：《社会学的想象力》，北京：生活·读书·新知三联书店，2016 年。

［88］［美］凯斯·桑斯坦著，郭彬彬译：《极端的人群：群体行为的心理学》，北京：新华出版社，2010 年。

［89］［美］比尔·科瓦奇、汤姆·罗森斯蒂尔著，陆佳怡、孙志刚、刘海龙译：《真相：信息超载时代如何知道该相信什么》，北京：中国人民大学出版社，2014 年。

［90］［英］安东尼·吉登斯著，赵旭东、方文译：《现代性与自我认同：现代晚期的自我与社会》，北京：生活·读书·新知三联书店，1998 年。

［91］［英］安东尼·吉登斯著，周红云译：《失控的世界——全球化如何重塑我们的生活》，南昌：江西人民出版社，2001 年。

［92］［以］泰玛·利贝斯、［美］艾利休·凯茨著，刘自雄译：《意义的输出：〈达拉斯〉的跨文化解读》，北京：华夏出版社，2003 年。

［93］［美］凯西·奥尼尔著，马青玲译：《算法霸权》，北京：中信出版社，2018 年。

［94］［美］哈罗德·拉斯韦尔著，何道宽译：《社会传播的结构与功能》，北京：北京广播学院出版社，2013 年。

［95］［美］沃尔特·李普曼著，林牧茵译：《幻影公众》，北京：北京联合出版公司，2020 年。

［96］［美］辛普森著，王维佳、刘扬、李杰琼译：《胁迫之术：心理战与美国传播研究的兴起（1945—1960）》，上海：华东师范大学出版社，2017 年。

［97］［美］保罗·莱文森著，邬建中译：《人类历程回放：媒介进化论》，重庆：西南师范大学出版社，2017 年。

［98］［以］尤瓦尔·赫拉利著，林俊宏译：《人类简史：从动物到上帝》，北京：中信出版社，2014 年。

［99］［德］乌尔里希·贝克著，张文杰、何博闻译：《风险社会：新的现代性之路》，北京：译林出版社，2018 年。

［100］［美］曼纽尔·卡斯特著，曹荣湘译：《认同的力量》，北京：社会科学文献出版社，2006 年。

［101］［美］兰德尔·柯林斯著，林聚任、王鹏、宋丽译：《互动仪式链》，北京：商务印书馆，2012 年。

［102］［加］文森特·莫斯可著，黄典林译：《数字化崇拜：迷思、权力与赛博空间》，北京：北京大学出版社，2010 年。

［103］［英］尼古拉斯·盖恩、戴维·比尔著，刘君、周竞男译：《新媒介：关键概念》，上海：复旦大学出版社，2015 年。

［104］［美］托马斯·库恩著，张卜天译：《科学革命的结构》，北京：北京大学出版社，2022 年。

［105］［美］曼纽尔·卡斯特著，汤景泰、星辰译：《传播力》，北京：社会科学文献出版社，2018 年。

［106］［英］尼克·库尔德里著，崔玺译：《媒介仪式：一种批判的视角》，北京：中国人民大学出版社，2016 年。

后 记

　　纵观本研究，时间跨度较大，涉及学科专业较多，综合性较强，在研时间不止五年，有的子课题研究在立项前已经进行或完成。根据我国新媒体研究的现实情况，除了绪论和结语外，我们把所有内容划分为六章，尽可能涵盖新媒体研究的各个方面。本研究并没有统一采用研究综述的方法，而是根据实际需要采用多种研究方法。由于各子课题研究完成时间不同且彼此相对独立，虽经不断整合和修改，但整体性还是有所欠缺。加上参与研究的教师和研究生超过二十人且水平不一，研究团队的视野和水平存在局限性，只能做到初步的梳理和粗略的研究，因此我们认为称之为"爬梳"更为准确。

　　我要感谢课题组成员夏厦、赵娜、陈律言、邵泽宇、初令伟等老师所做的研究工作；特别感谢参加结项验收的各位专家——唐绪军教授、彭兰教授、邓建国教授、张小强教授、张学波教授，你们的批评和建议弥足珍贵。还要感谢副主编陈律言、暨南大学出版社冯琳等编辑在成书出版过程中认真细致的工作。

谭　天

2024 年 10 月